Japan-Pop without borders?

Transkulturalität und Subkulturen in der japanischen Populärkultur

d|u|p

Junge Japanforschung Düsseldorf

Band 2

Japan-Pop without borders?

Transkulturalität und Subkulturen in der japanischen Populärkultur

herausgegeben von Michiko Mae und Elisabeth Scherer

Institut für Modernes Japan
Heinrich-Heine-Universität Düsseldorf

d|u|p

Bibliografische Information der Deutschen Nationalbibliothek
Die Deutsche Nationalbibliothek verzeichnet diese Publikation in der Deutschen Nationalbibliografie; detaillierte bibliografische Daten sind im Internet über http://dnb.dnb.de abrufbar.

http://www.dupress.de
Redaktion und Lektorat: Elisabeth Scherer
Umschlaggestaltung: Nils Degenhardt (Illustration), Andreas Steinbrecher
Satz: David Niemann, Friedhelm Sowa, LaTeX
Herstellung: docupoint GmbH, Barleben
Gesetzt aus der Minion Pro, der Kozuka Mincho Pro und der URW Classico
ISBN 978-3-943460-99-5

Inhalt

Vorwort

Der erste Band der „Jungen Japanforschung Düsseldorf" zu japanischer Populärkultur hat ein großes Echo gefunden und ist inzwischen vergriffen. Seit seiner Publikation sind in diesem Forschungsfeld zahlreiche neue Publikationen erschienen, und auch an unserem Institut hat sich die Forschung in diesem Bereich intensiviert.

Die vorliegenden Aufsätze sind in einem engen Austausch der Autor/innen untereinander entstanden, mit regen Diskussionen, die auch über unser Institut hinausgingen. Im Jahr 2011 organisierten einige der Studierenden, die hier als Autorinnen und Autoren auftreten, ein studentisches Symposium unter dem Titel „Japanische Populärkultur als Hybrid", bei dem viele Ideen erstmals öffentlich vorgetragen wurden und ein Grundstein für diesen Band gelegt wurde. Dabei waren auch Studierende und Doktoranden anderer Universitäten zu Gast, die mit ihren Beiträgen die Vielfalt der japanischen Populärkultur deutlich machten. Einer dieser Gastbeiträge hat mit Oliver Kühnes Aufsatz zu ‚Beckii Cruel' nun auch den Weg in die Publikation gefunden.

Wichtig ist uns die Offenheit unserer Reihe: Es geht nicht so sehr um wissenschaftliche Erfahrung oder Position, sondern vor allem um Kreativität – und nicht zuletzt um Leidenschaft für die japanische Populärkultur. Diese bringen unsere Studierenden reichlich mit, und die „Junge Japanforschung Düsseldorf" ist ein Forum für dieses Potential. In diesem Kontext und mit dieser Überzeugung präsentieren wir hier Arbeiten aus den verschiedensten Phasen des akademischen Werdegangs – von Bachelor-Student/innen bis zu promovierten wissenschaftlichen Mitarbeiter/innen.

Unser Dank gilt dem Verlag düsseldorf university press und seinen Geschäftsführern Prof. Dr. Hans Süssmuth, Prof. Dr. Dieter Häussinger und Wolfgang Teubig, die nun schon den zweiten Band unserer studentischen Reihe in ihr Programm aufgenommen haben. Bei der Umsetzung des Bandes war uns unsere wissenschaftliche Hilfskraft Katharina Hülsmann eine große Hilfe – sie hat Korrektur gelesen, die Bilder zusammengestellt und ist auch Autorin eines Beitrags. Für die Illustrationen auf dem Einband danken wir Nils Degenhardt, den wir als Sieger des Manga-Wettbewerbs beim Japan-Tag 2014 kennengelernt haben. Für die aufwendige Vorbereitung des Textsatzes war David Niemann, einer unserer Studierenden, verantwortlich, und Andreas Steinbrecher hat auch diesmal die Gestaltung des Einbands übernommen; beiden danken wir für ihre wichtige Mitarbeit. Den Textsatz hat erneut Friedhelm Sowa verantwortet und damit wesentlich zu dem schönen Erscheinungsbild dieses Buches beigetragen; herzlichen Dank dafür. An unseren Arbeitstreffen und Diskussionsrunden zur japanischen Populärkultur waren neben den in diesem Band präsenten Autorinnen und Autoren auch unsere Studierenden Melissa Sohlich und Andreas van Straalen beteiligt, die uns mit ihren Beiträgen viele Anregungen gegeben haben.

Inzwischen haben einige der Autor/innen ihre Bachelor- oder Masterarbeit im Themenkreis der japanischen Populärkultur erfolgreich abgeschlossen. Wir hoffen, dass unser Wissenschaftsforum ihnen für ihre wissenschaftliche Arbeit wichtige Impulse geben konnte. Und dass die Leser/innen in unserem Buch interessante und spannende Anregungen finden werden.

Düsseldorf, im März 2015

Michiko Mae und Elisabeth Scherer

Japanische Populärkultur ohne Grenzen?

Elisabeth Scherer

Kulturelle Grenzen und Grenzüberschreitungen sind das Thema dieses Buches: Grenzen, die zur Schwelle werden, aber auch solche, die immer wieder ausgehandelt werden oder sogar neu hervortreten. Für den Bereich der Populärkultur wurde und wird kaum etwas mehr diskutiert als die Frage, ob und wo man Grenzen ziehen kann oder soll – sei es zwischen Hoch- und Massenkultur, zwischen Kunst und Pop, zwischen Mainstream und Subversion oder zwischen globalen und lokalen Phänomenen. Dies zeigt sich auch in der westlichen Rezeption japanischer Populärkultur, die mit Manga, Anime, Cosplay, Visual Kei usw. weltweit in den letzten 20 Jahren immer präsenter geworden ist.

Als Manga Anfang der 1990er Jahre neu in Deutschland aufkamen und Anime erstmals bewusst als japanische Produktionen wahrgenommen wurden, galten diese populärkulturellen Produkte als exotisch-bizarre Nische. Zwanzig Jahre später ist die Situation verändert, und es kommt sogar immer häufiger vor, dass japanische Populärkultur im Westen in die Nähe dessen gerückt wird, was als „Hochkultur“ bezeichnet wird. So stellen Museen zeitgenössische Kunst neben Anime-Cels aus – wie in der Ausstellung „Anime! High Art – Pop Culture“ in der Kunsthalle Bonn (2011/12) – oder bringen Manga mit japanischen Kunstformen wie Rollbildern und Ukiyo-e in Zusammenhang. Es zeigt sich hier das Bedürfnis nach einer festen Einordnung und Bewertung des Phänomens ‚Japanische Populärkultur‘, auch wenn dies aufgrund ihrer Vielfalt ein unmögliches Unterfangen ist. Denn, wie auch Stephan Köhn (2013) schreibt: *Anime ist nicht gleich Anime*, und Hokusai ist nicht gleich Miyazaki. Ein japanischer Künstler, der sich diese Hybridität zu Nutze macht und sehr bewusst mit Übergängen zwischen Kunst, Pop und Kommerz sowie mit verschiedenen Konzepten von *Japaneseness* arbeitet, ist Murakami Takashi. Er verkauft riesige Anime-Figuren aus Plastik für

Millionen und macht damit „als wertvolle Kunst gesellschaftsfähig, was in Japan als subkultureller Gebrauchsgegenstand funktioniert" (Berndt 2005: 6).

In der Rezeption japanischer Populärkultur wird zudem immer das spezifisch *Japanische* gesucht und herausgestellt – sei es in akademischen Publikationen, in denen zum Beispiel die Rede davon ist, dass für eine tiefere Beschäftigung mit Miyazaki Hayaos Anime ein „deep understanding of Japanese culture and tradition" (Ota 2011: 154) erforderlich sei, oder in Kampagnen der japanischen Regierung, die japanische Populärkultur zu einem wichtigen Exportgut erklärt hat. Unter dem Label „Cool Japan" – ein Begriff, den 2002 der Journalist Douglas McGray geprägt hat[1] – bewerben seit 2005 das japanische Außen- und Wirtschaftsministerium die Kreativindustrie des Landes. Wie die im Zuge dieser Kampagne entstandene Broschüre „Roots of Japan(s)" zeigt, gehört zu „Cool Japan" auch eine Rhetorik, die auf der Suche nach den „essential qualities of Japan" (METI 2011: 59) ist. Hier findet sich Hello Kitty neben Bonsai, und Jeans im Used-Look werden mit dem ästhetischen Konzept des *wabi-sabi* in Zusammenhang gebracht.

Tatsächlich befindet sich die japanische Populärkultur – wie auch dieses Buch aufzeigt – in einem beständigen Austauschprozess mit global zirkulierenden Motiven und Narrationen. Zeitgenössische Kulturen – so beschreibt es Wolfgang Welsch mit seinem Konzept der Transkulturalität – sind „denkbar stark miteinander verbunden und verflochten" (Welsch 2010: 43), und Phänomene wie die japanische Popkultur machen nicht an den Grenzen einer Einzelkultur halt. So bezeichnen Jaqueline Berndt und Bettina Kümmerling-Meibauer (2013: 1) Manga als „something that serves not only as a site where different cultures meet and intermingle, but also as something that is best understood as a cultural crossroads". Stephan Köhn (2013: 261 ff.) zeigt auf, wie sich japanische Animationskunst in Auseinandersetzung mit dem großen Vorbild Disney entwickelt hat und ihre Eigenheiten dabei vor allem aus ökonomischen Gründen hervortraten – und nicht etwa, weil sich Künstler wie Tezuka Osamu an Bildrollen, Kabuki oder Zen orientiert hätten. Und auch Cosplay, das Sich-Verkleiden als

[1] McGray veröffentlichte 2002 ein Feature unter dem Titel „Japan's Gross National Cool" in der Zeitschrift *Foreign Policy* (McGray 2002).

Manga- oder Anime-Figuren, ist „zwischen den Kulturen" entstanden, im Austausch von amerikanischen Science-Fiction-Fans und der japanischen Manga-/Anime-Szene (vgl. Winge 2006: 66 f.).

Eine weitere Möglichkeit der kulturellen Kategorisierung ist die Unterteilung in ‚Subkulturen', die sich in ihren Werten, in ihrem Erscheinungsbild und ihren Praktiken von der Gesamtgesellschaft unterscheiden. Vieles, was heute als fester Teil der Populärkultur gesehen wird, hat seinen Ausgang in solchen Subkulturen genommen, wie zum Beispiel Punk, Hip-Hop oder Surfen. Das Konzept der Subkultur gerät jedoch immer mehr in die Kritik, unter anderem, weil es so etwas wie eine „Hauptkultur" voraussetzt, von der sich die Angehörigen der Subkultur abgrenzen – vor dem Hintergrund der heute vorherrschenden Pluralität der Lebensformen und Werte ein nicht haltbarer Ansatz. Subkultur-Konzepte sind außerdem häufig auf ein bestimmtes Publikum bezogen, meist jugendlich und männlich, während es tatsächlich eine große Vielfalt von (sub-)kulturellen Gruppen gibt, die sich auch auf ältere Menschen erstreckt. Rupa Huq (2006) betont gerade die Partizipation älterer Menschen an der Populärkultur und spricht sich dafür aus, *Beyond Subculture* zu denken.

Zum Gesamtbild der japanischen Populärkultur gehören auch Gruppen, die allgemein als Subkulturen bezeichnet werden: Zum Beispiel sogenannte *Lolitas*, *gyaru* und Anhänger des *Visual Kei*. Doch auch wenn z. B. Kawamura (2013) diese Gruppen als klassische Subkulturen definiert, existieren hier viele fließende Übergänge zum Mainstream, was unter anderem dadurch deutlich wird, dass die zugehörige Mode im kommerziellen Rahmen verkauft wird, die Musik von großen Plattenfirmen vertrieben wird und stilistische Elemente auch von solchen Personen aufgegriffen bzw. konsumiert werden, die sich eigentlich nicht als Angehörige dieser Gruppen sehen. Das Beispiel der japanischen Populärkultur macht damit auch im Bereich dessen, was als „subkulturell" bezeichnet wird, die Schwierigkeit der Grenzziehungen sehr deutlich.

Anime und Manga waren die ersten japanischen populärkulturellen Produkte, die im Westen eine breite Begeisterung auslösten, doch es sollten nicht die einzigen bleiben: Von *Dragon Ball* und *Sailor Moon* war der Weg nicht weit zu japanischer Mode und zur Pop-Musik, und auch der japanische Horror (*J-Horror*) fand schnell eine eigene Anhängerschaft. Dieses Buch beschäftigt sich mit den drei Bereichen Pop-Musik, Mode und Horror, zum einen, weil ihnen bisher weniger Aufmerksamkeit zuteil wurde als dies bei Manga und Anime der Fall ist. Zum anderen sind aber gerade in diesen Bereichen sehr spannende Entwicklungen zu beobachten, die unter anderem damit zu tun haben, dass Jugendliche heute mit einer starken medialen Vernetzung aufwachsen, die ein hohes Maß an Intertextualität und Produktivität hervorbringt. Huq (2006: 161) schreibt über diese Generation: „In some ways they have ‚seen it all before' but in others they are actively using past pop resources in a process of reinterpretation to create new end products."

Ein Bereich, in dem sich dies zeigt, ist Koreanische Popmusik (K-Pop), die in Japan seit einigen Jahren sehr erfolgreich ist. Der Boom des K-Pop ist Teil der „koreanischen Welle" (*hallyu*), die in ganz Asien um sich greift und sich auch in der Beliebtheit koreanischer Fernsehserien, Filme, Essen, Mode usw. zeigt. Herausragend war der Erfolg der mittlerweile getrennten koreanischen Band TVXQ (Japanisch: *Tōhōshinki*, Koreanisch *Dong Bang Shin Ki*), die in Japan innerhalb von nur vier Jahren über 30 Singles und vier Alben herausbrachte sowie fünf Konzerttouren gab. Auch in Deutschland gibt es viele junge Menschen, die über den Konsum japanischer Populärkultur zum K-Pop gekommen sind und sich für Bands wie TVXQ begeistern. Lina Späth hat für ihren Beitrag einen weiblichen deutschen Fan der Band interviewt und stellt heraus, wie deutlich die Biographie dieser jungen Frau an ihr Fan-Sein geknüpft ist. Es entwickelt sich eine enge Beziehung zu den kulturell und geographisch weit entfernten Stars, die den Alltag strukturiert und den Freundeskreis bestimmt.

Das Beispiel des TVXQ-Fans zeigt außerdem, wie entscheidend das Internet für die Entwicklung von transkulturellen Strömungen abseits des US-amerikanischen Pop-Business ist. Junge Menschen können durch Online-Plattformen viel leichter als früher Populärkultur aus ‚fernen' Kulturkreisen kennen lernen. Über das Netz haben die Fans Zugang zu Musik, Videos, Bildern und Artikeln sowie die Möglichkeit, sich mit Gleichgesinnten auszutauschen und eigene Fan-Produktionen miteinander zu teilen. Marco Höhn (2008: 195) bezeichnet diese Formen der Jugendkultur als „translokale Medienkulturen", deren Sinn und

Bedeutung „in deterritorialer kommunikativer Konnektivität ausgehandelt werden", die aber immer auch noch eine lokale Dimension haben, zum Beispiel durch Fan-Treffen im ‚realen Leben'.

Auch Beckii Cruel, ein ‚transkultureller Popstar', ist ein Kind dieser weltweiten Vernetzung. Geboren als Rebecca Flint auf einer britischen Insel, entschloss sich die damals 13-Jährige im Jahr 2009, ein Tanz-Video bei YouTube hochzuladen. Ihre Choreographie im Cosplay, die einem bekannten Anime-Song folgte, wurde schnell zum Internet-Hit und war für Flint der Auftakt zu einer Karriere als Popstar in Japan, die von 2009 bis 2011 andauerte. Oliver Kühne, der sich dem Phänomen Beckii in diesem Band widmet, sieht hier dennoch keinen Grund, von einem „grenzenlosen" Pop zu sprechen. Zwar bewirken die neuen Medien eine neue Pluralisierung und Hybridisierung, zugleich existiert aber abseits der digitalen Fan-Gemeinschaften weiter die Tendenz, das ‚Fremde' als solches zu markieren und zu stigmatisieren. Kühne zeigt dies an einer Dokumentation der BBC über Beckii auf, in der japanische Populärkultur und deren Fans als exotische Kuriositäten vorgeführt werden.

Auch Visual Kei wird in westlichen Medien immer wieder als bizarre Mode-Erscheinung charakterisiert. Mit „Verkleiden, bi werden und Japanisch lernen" wurden zum Beispiel im *Spiegel* (Fischer 2009: 82) die Voraussetzungen für den ‚Eintritt' in diese Jugendkultur beschrieben. Visual Kei ist eine japanische Musikrichtung, bei der es – wie der Name schon andeutet – sehr stark um das Visuelle geht. Die Stars des Visual Kei wirken androgyn, tragen glamouröse Kleidung und wilde Frisuren, und ihr Stil wird häufig als ein Versuch gedeutet, aus dem Alltag der japanischen Leistungsgesellschaft auszubrechen. Jana Katzenberg zeigt jedoch in ihrem Beitrag auf, dass es sich bei Visual Kei in Japan keineswegs nur um eine subkulturelle Nische handelt, sondern die Vermarktung der Gruppen von den typischen Industriestrukturen des kommerziellen japanischen Musikmarktes geprägt ist. Viele Bands der ersten Stunde haben im Amateur- und Indie-Bereich angefangen, das Ziel war jedoch meist, einen Major-Vertrag bei einer großen Plattenfirma zu erhalten.

Ähnlich verhält es sich mit der japanischen *gyaru*-Kultur, die Simon Essler in den Fokus nimmt. Bei den *gyaru* handelt es sich um junge Frauen, die einen bestimmten Kleidungs- und Make-up-Stil bevorzugen, der sich zum Beispiel in bunten Kontaktlinsen, hell gefärbten Haaren und Miniröcken äußert. Wie Essler aufzeigt, weisen die *gyaru* viele Eigenschaften einer Subkultur auf: Sie teilen eine bestimmte äußere Erscheinung, sind über Veranstaltungen, Zeitschriften etc. gut vernetzt, treffen sich an bestimmten Orten und sind sogar durch einen eigenen Sprachstil erkennbar. In letzter Zeit nimmt jedoch bei den *gyaru* die Tendenz ab, sich optisch stark abzugrenzen – was sich z. B. im Verschwinden der Untergruppe *ganguro*, die durch stark gebräunte Haut gekennzeichnet ist, äußert –, und Elemente der *gyaru*-Kultur wie künstliche Fingernägel und gefärbte Haare sind in den Mainstream übergegangen. Vor dem Hintergrund dieser Angleichungsprozesse nimmt es nicht Wunder, dass im Jahr 2014 die zwei wichtigsten *gyaru*-Zeitschriften, *Egg* und *Koakuma Ageha*, kurz hintereinander eingestellt wurden.

Zwischen Subkultur, Mainstream und Haute Couture bewegt sich die Mode von Vivienne Westwood, deren Rezeption in Japan Franziska Ritt für unseren Band aufgearbeitet hat. Entstanden im Umfeld von Punk, standen Vivienne Westwoods Entwürfe in Japan vor allem in der Anfangszeit, in den 1970er und 1980er Jahren, für eine subkulturelle Authentizität – die ihnen auch noch heute anhaftet. Zugleich taucht die Marke aber auch in der Populärkultur auf, wie in dem Manga NANA (Veröffentlichung seit 2000), und Westwood-Accessoires werden in Kooperation mit dem Handelskonzern Itōchū in allen größeren Kaufhäusern für die breite Masse angeboten. Durch die Marke werden in Japan, wie Ritt verdeutlicht, Westwoods vielfältige, zum Teil widersprüchliche Versionen von Britishness transportiert. Die mit dem Label verknüpften Bilder Großbritanniens umfassen Punk und das Bild Londons als *street-fashion*-Metropole ebenso wie britische Traditionen und Handwerkskunst. Der Konsum von Westwood-Produkten in Japan steht damit immer auch in Zusammenhang mit Vorstellungen von Subkultur und Britishness.

Ein Bereich, in dem schon sehr früh ein Austausch zwischen Japan und dem Westen einsetzte, ist der des Grotesken, Übernatürlichen und Unheimlichen. Menschen in Europa begeisterten sich für japanische Holzschnitte, auf denen Geister und Ungeheuer zu sehen waren, Lafcadio Hearn adaptierte japanische Geistergeschichten in seinen berühmten Erzählungen, und in Japan wiederum traf der westliche Spiritismus auf fruchtbaren Boden. Heute ist häufig die Rede von einem „genuin japanischen Horror", vor allem, wenn es um die Filme des J-Horror wie *Ringu* geht, die in Hollywood in den 2000er Jahren eine Remake-Welle ausgelöst haben. Der letzte Teil des Bandes thematisiert japanische Horror-Motive und -Narrationen und zeigt auf, welche vielfältigen Austauschprozesse hier schon lange das Genre prägen.

Elisabeth Scherer widmet sich den Filmen des J-Horror-Genres und stellt fest, dass japanischer Horror auch deshalb international so erfolgreich wurde, weil er an westliche Horror-Konventionen anknüpft und sich zugleich mit der unheimlichen Seite des Lebens in hochentwickelten urbanen Gesellschaften beschäftigt. Im Bereich des Übernatürlichen gab es in Japan schon immer transkulturelle Strömungen, wie die Adaption chinesischer Literatur, den Einfluss des westlichen Spiritismus und die Aufnahme von globalen Horror-Konventionen. Den weiblichen Geistern des japanischen Kinos wohnt das Potential inne, virulente gesellschaftliche Ängste zu verkörpern – im Falle des J-Horrors hauptsächlich die Angst vor dem Verlust der Errungenschaften der Moderne, vor dem Verfall familiärer Strukturen und vor der Technik, der immer auch etwas Unheimliches anhaftet. Japanische weibliche Geister, so das Fazit, sind vielgereiste Wesen, die immer offen waren für Transformationen und transnationale Kooperationen.

Vampire würde man auf den ersten Blick sicher nicht in Japan verorten, sie haben sich aber in der japanischen Populärkultur mittlerweile einen festen Platz erobert. Adaptionen des westlichen Vampirs in Literatur und Film breiteten sich seit der Nachkriegszeit in Japan aus und sind teilweise von sehr kreativen Verbindungen verschiedenster japanischer und westlicher Stilelemente geprägt. Sebastian Boehnert behandelt in seinem Aufsatz den Roman *Shiki* („Leichendämon", 1998) von Ono Fuyumi, bei dem es sich um eine Adaption von Stephen Kings *'Salem's Lot* („Brennen muss Salem", 1975) handelt. Ono übernimmt zwar das Vampir-Motiv und das Handlungsgerüst von King, verlegt die Geschichte jedoch in ein japanisches Setting und bezieht sich auf japanische gesellschaftliche Diskurse. In diesem Sinne ist Onos Roman zwar eindeutig transkulturell, entfaltet aber auch einige Bedeutungsebenen als ein in einem japanischen Kontext geschriebener Roman.

Der Bereich der Folklore, d. h. Volkserzählungen, Sitten und Bräuche, gilt im Allgemeinen als besonders lokal verankert und traditionell. Dennoch sind populärkulturelle Produkte wie die US-Serie *Supernatural*, die sich auf amerikanische Folklore des Unheimlichen bezieht, weltweit sehr beliebt und rufen keine Verständnisprobleme hervor. Katharina Hülsmann verdeutlicht am Beispiel von *Supernatural* und japanischen folkloristischen Praktiken, dass gerade auch in diesem Bereich sehr große Parallelen zu finden sind und die Praktiken längst nicht so regional beschränkt sind, wie es zunächst den Anschein erwecken mag. Die japanische Wahrsage-Praktik *kokkuri-san* beispielsweise hat sich erst im Austausch zwischen Japan und dem Westen entwickelt, ist also per se transkulturell. Darüber hinaus zeigen sich ähnliche Muster in der Rezeption dieser Praktiken: Meist verbreitet sich das Wissen darüber über Populärkultur, die Praktiken werden im Jugendalter ausgetestet und stehen nicht selten in Zusammenhang mit erster Verliebtheit.

„Japan Pop without borders?" – Hinter dem Titel unseres Buches steht ein Fragezeichen, kein Ausrufezeichen. Wie die Beiträge der Autorinnen und Autoren zeigen, besitzt die japanische Populärkultur eine große Offenheit, die sich darin äußert, dass sie sehr viele global zirkulierende Elemente in sich aufnimmt und zugleich Menschen aus aller Welt dazu anregt, aktiv zu partizipieren und eigene Kreationen hervorzubringen. Damit lässt sich auch die große Faszination erklären, die japanische Populärkultur seit den 1990er Jahren weltweit auslöst. Zugleich gibt es aber auch im Bereich der japanischen Populärkultur das Bedürfnis, ‚eigenes' vom ‚anderen' abzugrenzen, Kategorisierungen zu finden und festzuhalten, was als ‚normal' gilt und was nicht. So werden dann Dinge als besonders ‚japanisch', ‚subkulturell', als ‚ganz anders' oder sogar ‚pervers' bezeichnet. Doch bei genauerem Hinsehen sind es meist gerade diese Dinge, die von der Offenheit der (Pop-)Kultur Zeugnis ablegen. Es lohnt sich also, den Blick genauer auf die vermeintlichen Grenzen zu richten – wie es hier im Buch geschieht.

Literatur

Berndt, Jaqueline (2005): „Beweglich, flächig, glatt: ‚Japan' und ‚Manga' in den Arbeiten des Künstlers Murakami Takashi". In: Köhn, Stephan (Hg.) (2005): *Facetten der japanischen Populär- und Medienkultur*. Wiesbaden: Harassowitz.

Berndt, Jaqueline; Kümmerling-Meibauer, Bettina (2013): „Introduction – Studying Manga across Cultures". In: Berndt, Jaqueline; Kümmerling-Meibauer, Bettina (Hg.) (2013): *Manga's Cultural Crossroads*. New York, London: Routledge.

Fischer, Marc (2009): „Das Reich der Sanften". In: *Spiegel Special* 1/2009, S. 82–91.

Höhn, Marco (2008): „Visual Kei: Vom Wandel einer ‚japanischen Jugendkultur' zu einer translokalen Medienkultur". In: Thomas, Tanja (Hg.): *Medienkultur und soziales Handeln*. Wiesbaden: VS Verlag, S. 193–207.

Huq, Rupa (2006): *Beyond Subculture. Pop, Youth and Identity in a Postcolonial World*. London: Routledge.

Kawamura, Yuniya (2013): *Fashioning Japanese Subcultures*. London: Bloomsbury.

Köhn, Stephan (2013): „Anime ist nicht gleich Anime. Zur ambivalenten Rezeption japanischer Zeichentrickproduktionen in Deutschland am Beispiel von Miyazaki Hayaos ‚Chihiros Reise ins Zauberland'". In: Mae, Michiko; Scherer, Elisabeth (Hg.): *Nipponspiration. Japonismus und japanische Populärkultur im deutschsprachigen Raum*. Köln: Böhlau, S. 259–277.

McGray, Douglas (2002): *„Japan's Gross National Cool"*, *Foreign Policy 1. Mai 2002; via:* http://www.foreignpolicy.com/articles/2002/05/01/japans_gross_national_cool [28.7.2014].

METI (2011): *Roots of Japan(s). Unearthing the Cultural Matrix of Japan*; via: http://www.meti.go.jp/policy/mono_info_service/mono/creative/OmokageNihon.pdf [28.7.2014].

Ota, Norio (2011): „Wakon-Yosai 和魂洋才 and Globalization". In: Holroyd, Carin; Coantes, Ken (Hg.): *Japan in the Age of Globalization*. London: Routledge, S. 148–157.

Welsch, Wolfgang (2010): „Was ist eigentlich Transkulturalität?". In: Darowska, Lucyna; Lüttenberg, Thomas; Machold, Claudia (Hg.): *Hochschule als transkultureller Raum?: Kultur, Bildung und Differenz in der Universität*. Bielefeld: Transcript, S. 39–66.

Winge, Theresa (2006): „Costuming the Imagination: Origins of Anime and Manga Cosplay", *Mechademia* Vol. 1, *Emerging Worlds of Anime and Manga*, S. 65–76.

I. Pop-Musik

Vom Anime-Konsum zur K-Pop-„Fernbeziehung“ Untersuchung einer Fan-Biographie

Lina Späth

1 Einleitung

In der heutigen globalisierten Welt nimmt die japanische Popkultur einen bedeutsamen Platz ein (vgl. Allen u. Sakamoto 2006: 1). Allerdings ist zu beobachten, dass der Boom von Manga, Anime, japanischen Fernsehserien (*terebi dorama*) und J-Pop in den letzten Jahren zurückgegangen ist und teilweise von der sogenannten „Korea-Welle“ (*Hallyu*) abgelöst wurde (vgl. Iwabuchi 2011: 264). *Hallyu* bezeichnet die Ausbreitung der koreanischen Popkultur, die aus Fernsehserien, Pop-Musik, Idols[1] sowie Kinofilmen besteht und die das erste Mal in den 1990er Jahren auftrat, als koreanische Fernsehserien in Asien besonders populär wurden (vgl. Laurel 2012: 80). Ab 2010 überschwemmte die koreanische Welle auch den Westen (ebd.: 86), vor allem mit K-Pop, für den sich hier vorwiegend ein jugendliches Publikum begeistert.

Bei diesem vielseitigen Angebot ist es nicht verwunderlich, dass die Fangemeinde[2] von asiatischer Popkultur auch in Europa wächst und gedeiht. Wie die Fangemeinschaft in Europa aussieht, wie sich die Beziehung zwischen Fan und Idol darstellt und welche Einflüsse asiatische Popkultur auf den Alltag und den individuellen Lebensweg eines deutschen Fans hat, möchte ich in dieser Arbeit erläutern. In einem leitfadengestützten Interview habe ich einen weiblichen Fan der in Korea und Japan erfolgreichen Band *Dong Bang Shin Ki* zu ihrem Fan-Sein befragt. In der Analyse des Interviews gehe ich der Frage nach, welchen

[1] Im Gegensatz zum deutschen Wort „Idol“ hat der in Asien gebräuchliche, aus dem Englischen stammende Begriff *Idol* eine andere Bedeutung: Bei Idols handelt es sich um populäre Personen mit jugendlichem Aussehen, die in verschiedenen Medienbereichen vermarktet werden. Idols gelten als Multitalente und sind meistens sowohl im Musikbusiness als auch schauspielerisch oder als Model tätig (vgl. Galbraith / Karlin 2012: 2).

[2] Im weiteren Verlauf der Arbeit auch als „Fandom“ bezeichnet. Dieser Begriff kommt aus dem Englischen und hat sich besonders in der Selbstbezeichnung von Fangemeinden, die über das Internet kommunizieren, aber auch im akademischen Diskurs der *Fan Studies* durchgesetzt.

Stellenwert die Band im Leben des Fans hat und ob sich Alltag, Lebensweg und Zukunftsperspektiven durch das Fandom verändert haben.

Das Thema der Globalisierung asiatischer Popkultur wurde sehr umfangreich von Iwabuchi Koichi erforscht. Seine Arbeiten liefern einen eingehenden Überblick über die Ausbreitung und Beliebtheit von Popkultur aus verschiedenen asiatischen Ländern, besonders Japan und Korea. Der Fokus liegt bei Iwabuchi auf Popkultur als „Soft Power" und auf den kulturellen Strömungen zwischen verschiedenen Nationen. Allerdings befasst er sich dabei nur wenig mit westlichem Fandom und wenn, dann bezieht er sich auf Fans aus den USA. Zudem beschäftigt sich Iwabuchi in seinen Arbeiten nicht mit individuellen Fällen.

Eine Grundlage für die Erforschung des Fandom in Europa bietet ein Aufsatz von Jean-Marie Bouissou (2012), der die Popularität von Manga in Europa behandelt. Basis seiner Untersuchung ist eine Umfrage, die das Manga-Network in den Jahren 2006 und 2007 unter europäischen Manga-Fans durchgeführt hat. Auch aus einem Aufsatz von Christine R. Yano (2004), in dem diese sich selbst und japanische *Enka*-Fans (Schlager-Fans) im Hinblick auf die Beziehung zwischen Fan und Star reflektiert und analysiert, lassen sich viele Parallelen zu europäischen Fans herausarbeiten. Insbesondere maßgebend für die vorliegende Arbeit war jedoch der Artikel *Hallyu Doin'* von Abigail Laurel (2012), der nicht nur einen Abriss der Geschichte und Ausbreitung der koreanischen Welle beinhaltet, sondern auch das Thema K-Pop-Fandom im Westen differenziert analysiert.

In der Literatur zu asiatischer Popkultur wird das Feld „Fankultur" nur selten anhand von individuellen Fällen behandelt; deshalb habe ich mich dazu entschieden, ein Interview zur Grundlage meiner Forschung zu machen. Mit nur einem Interview kann ich selbstverständlich keine allgemeingültigen Aussagen über das K-Pop-Fandom in Europa treffen. Es ist jedoch möglich, bestimmte Muster in einer individuellen Fanbiographie aufzuzeigen und diese auf die Ergebnisse bereits bestehender Forschung zu beziehen.

Zunächst werden im Folgenden als Hintergrund die Verbreitung der japanischen und koreanischen Popkultur in Europa und das dazugehörige Fandom beleuchtet. Es folgen ein Einblick in die verwendete Methodik sowie ein Überblick über die Geschichte der Band *Dong Bang Shin Ki*. Die nachfolgende Analyse des Interviews geht dann auf die Beziehung zwischen einem europäischen Fan und der Band *Dong Bang Shin Ki* sowie auf deren Einfluss auf Alltag und Lebensplanung des Fans ein.

2 Japanische und koreanische Popkultur in Europa

2.1 Der Erfolg der japanischen Popkultur und deren Einfluss auf die Fangemeinschaft in Europa

Seit den 1980er Jahren nehmen Zeichentrickfilme aus Japan (Anime) einen festen Platz im deutschen Nachmittagsfernsehprogramm ein. Für die meisten Menschen Mitte 20 sind Anime-Serien, wie z. B. *Pokémon*, *Sailor Moon* oder *Detektiv Conan*, ein Bestandteil ihrer Kindheitserinnerungen. Lange Zeit hatten Manga und Anime den Ruf, billig produzierte Unterhaltung für die Unterschicht zu sein; das wurde jedoch in einer 2006 bis 2007 durchgeführten Internetumfrage unter europäischen Manga-Fans widerlegt (vgl. Bouissou 2012: 52): Die meisten Manga-Leser sind gut ausgebildete junge Menschen der Mittel- oder Oberschicht.

Ein Großteil dieser Fans kommt durch Manga und Anime das erste Mal in Kontakt mit Japan und einer asiatischen Kultur (vgl. Bouissou 2012: 51). Durch die intensivere Beschäftigung mit den Inhalten der Serien wachsen die Neugier sowie das Interesse an Japan selbst, wie die Daten aus der Fan-Umfrage belegen. Viele der Befragten möchten nach Japan reisen, die Sprache erlernen und Japaner kennenlernen, um noch mehr über die Kultur zu erfahren. In einigen ist sogar der Wunsch herangewachsen, auch in Zukunft mit Japan zu tun zu haben und in einem Beruf mit Bezug zu ihrem Lieblingsland arbeiten zu dürfen. Diese Wünsche zeigen, welchen Stellenwert die japanische Popkultur für die Fans haben kann: Sie ist so begeisternd und inspirierend, dass sie längerfristigen Einfluss auf deren Lebensplanung hat.

Die Verbundenheit, die ein Fan mit dem Ursprungsland seiner Helden und Lieblingsgeschichten hat, kann manchmal so groß sein, dass er sich wünscht, Japaner werden zu können und damit Teil der zauberhaften Welt zu sein, die er aus den Manga und Anime kennt (vgl. Iwabuchi 2002: 98). Manche Fans fühlen sich im falschen Land geboren und versuchen, ihre Erscheinung und ihr Verhalten besonders japanisch wirken zu lassen; das konnte ich auch persönlich bei einigen Japan-begeisterten Freundinnen feststellen. Diese begannen beispielsweise, besonders niedliche Kleidung zu tragen oder hielten die Hände beim Lachen vor den Mund, wie man es bei japanischen Frauen beobachten kann. Die Begeisterung für Manga und Anime führt also manchmal zu einer Veränderung der Person, auch wenn sich dies auf Äußerlichkeiten oder Gesten beschränkt.

Neben Manga und Anime ist J-Pop – japanische Popmusik – ein Bereich, der auch viele westliche Fans anzieht. Zum „japanischen Pop" gehören laut der *Recording Industry Association of Japan (RIAJ)* Songs, die auf Japanisch gesungen werden, von einem japanischen Interpreten stammen oder in Japan produziert werden (vgl. Condry 2011: 238). Japanische Pop-Idols sind meist sehr jung, singen, schauspielern und strahlen einem von Werbeplakaten entgegen. Das Image der Jungen und Mädchen ist dabei bewusst unschuldig und kumpelhaft gehalten, so dass sie für viele Jugendliche in Japan einen Partner und eine mentale Unterstützung im Alltag darstellen können (vgl. Aoyagi 2000: 311). Vor allem weil japanische Pop-Idols keine Starallüren zeigten, könnten sich die jungen Japaner mit ihnen identifizieren, argumentiert Aoyagi (2000: 312). Diese Art der Identifikation mit dem „Produkt" Pop-Idol ist der Schlüssel zum Herzen eines potentiellen Fans sowie zum Erfolg der vermarkteten Person (vgl. Iwabuchi 2011: 266).

Es stellt sich die Frage, ob diese Eigenheiten des japanischen Marktes, der die Vermarktung von Pop-Idols durch Attribute wie Puppenhaftigkeit und scheinbare Makellosigkeit begünstigt, sich auch auf eine Zielgruppe innerhalb Europas übertragen lässt. Für junge Mädchen in Deutschland, die hier einen Großteil der Japan-Fangemeinde ausmachen (vgl. Bouissou 2012: 52), ist ein Charakteristikum besonders anziehend: die Niedlichkeit (*kawaii*). Die meisten Fans japanischer Popkultur stoßen über Manga und Anime irgendwann auf andere Phänomene von „Cool Japan" und sind die ausgeprägte Niedlichkeit vieler dieser Produkte bereits gewöhnt, bzw. sehen gerade in ihr eine besondere Anziehungskraft.

2.2 Die Ausbreitung der koreanischen Welle (*Hallyu*) und K-Pop-Fans in Europa

Seit dem 21. Jahrhundert wird J-Pop zunehmend von seinem koreanischen Gegenstück K-Pop beeinflusst, das etwas erwachsener und westlicher wirkt (vgl. Hambelton 2012: 153). Ein Beispiel ist die Sängerin *BoA*, die als junge Frau nach Japan ging und die Sprache lernte, so dass viele Konsumenten am Anfang nicht wussten, dass sie eigentlich Koreanerin ist (vgl. Park 2011: 23).

Hallyu-Stars kamen nicht nur mit ihren koreanischen Songs nach Japan, sondern auch mit gezielt für den japanischen Musikmarkt produzierten Singles und Alben auf Japanisch. Besonders beeindruckend ist die Zahl der Veröffentlichungen der fünfköpfigen Boygroup *Dong Bang Shin Ki*, die innerhalb von vier Jahren über 30 Singles und vier Alben in Japan herausbrachte sowie fünf Konzerttouren gab (Music Japan Plus). Auf die Biographie und den Erfolg dieser Band in Japan werde ich später noch einmal genauer eingehen. Man kann sagen, dass *Dong Bang Shin Ki* den Weg für andere koreanische Künstler, die in Japan Fuß fassen wollten, geebnet hat. Wie bereits erwähnt ist *Hallyu* inzwischen aber kein rein auf Asien beschränktes Phänomen mehr: In Zeiten von YouTube, Twitter und Tumblr verbreiten sich Informationen nicht nur rasend schnell, es wird auch immer leichter, überall jegliche Art von Medieninhalten – und damit auch asiatische Pop-Musik – zu konsumieren.

Weltweite Aufmerksamkeit erlangte K-Pop vor allem im Jahr 2011, als die populäre Boygroup *BIG BANG* bei den MTV European Music Awards (EMA) in Belfast den Preis für den *Best Worldwide Act* erhielt (Allkpop). Manch ein Zuschauer mag sich ein wenig verwundert gefragt haben, wer diese fünf jungen asiatischen Männer in den ausgefallenen Outfits sind, während das K-Pop-Fandom in Europa *BIG BANG*s Sieg feierte. Den größten globalen Erfolg eines koreanischen Künstlers konnte *BIG BANG*s Plattenfirmenkollege *PSY* mit seinem *Gangnam Style* verbuchen; das Musikvideo dazu wurde über 1,2 Milliarden Mal angeklickt (vgl. Spiegel Online, 23.01.2013). Damit ist der Musiker nicht nur Rekordhalter, sondern auch eine Ikone in Korea: Er hat die Mauer zwischen dem asiatischen und dem westlichen Musikmarkt durchbrochen, war mit seinem Hit weltweit in den Charts hoch platziert, tauchte in amerikanischen sowie europäischen Fernsehshows auf, und das Interesse für Stars aus Südkorea ist dadurch zumindest vorübergehend gewachsen.

Offiziell hatte K-Pop im Juni 2011 sein „Debüt“ in Europa (vgl. Laurel 2012: 87), mit einem Konzert von fünf Bands der Musikagentur *SM-Entertainment* unter dem Titel *SMtown in Paris*. Zehntausende Fans aus ganz Europa reisten an, um ihre Lieblingsbands, die sie bis dahin nur auf Computerbildschirmen hatten anschauen können, live zu sehen[3]. Dieser hohe Aufwand der Fans, von denen viele weite Anreisen auf sich nahmen, erinnert an eines der legendären Konzerte der Rolling Stones – aber auf der Bühne standen die jungen Männer und Frauen der Bands *f(x)*, *Girls' Generation*, *SHINee*, *Super Junior* und *TVXQ* (vgl. Laurel 2012: 90). Die meisten koreanischen Idols konnten sich über YouTube und andere Internetseiten bereits kleinere Fangemeinden in Europa erschließen, obwohl sie selbst noch kein Album in den jeweiligen Ländern veröffentlicht haben (vgl. Laurel 2012: 93). Den internationalen Erfolg von K-Pop erklärt Abigail Laurel durch den Abwechslungsreichtum sowie die Eingängigkeit der Songs – die Beats seien markant und die Musikqualität äußerst hoch (Laurel 2012: 87). Aber auch das meist makellose Aussehen der Interpreten spiele eine Rolle.

Das westliche K-Pop-Fandom organisiert sich über das Internet, da der Konsum von koreanischer Musik und Videos nur über Internetseiten wie YouTube möglich ist. Auf Videoplattformen stellen Fans zudem selbst erarbeitete Übersetzungen und Untertitel für Shows auf Koreanisch zur Verfügung. Eine wichtige Plattform ist außerdem die Blogging-Seite Tumblr, über die sich Informationen rasend schnell verbreiten, und auf der man als Benutzer die Möglichkeit hat, mit vielen K-Pop-Fans Kontakt aufzunehmen (vgl. Laurel 2012: 91). Christine R. Yano bezeichnet ein Fandom als ein „Paralleluniversum“, in dem sich alles um das Idol dreht (Yano 2004: 44). Vor allem in Hinblick auf Tumblr erscheint mir diese Formulierung sehr treffend, da hier unzählige Fandom-Sparten beheimatet sind. Abigail Laurel legte für ihre Forschungen einen eigenen Blog auf Tumblr an und nahm so Kontakt zu K-Pop-Fans auf (vgl. Laurel 2012: 91). Sie wollte vor allem herausfinden, was die koreanische Popkultur den jungen Menschen

3 Die Preise der Tickets reichten von 51 Euro für die Stehplätze bis hin zu über 100 Euro für Sitzplätze mit bester Sicht auf die Bühne (Kome World).

bedeutet. Ein Fan teilte ihr mit: „[…] I don't know why I love K-Pop, I just do […] For some odd reason, K-Pop is really important to me.“ (Laurel 2012: 92). Ein weiterer Fan schrieb: „Korean Music has really changed my whole life & knowing myself better“ (ebd.). Das zweite Zitat zeigt, dass K-Pop nicht nur ein Hobby ist, sondern nach der Selbsteinschätzung des Fans auch Einfluss auf das eigene Leben nehmen kann. Äußerlich zeigt sich dieser Einfluss – auch bei einer beträchtlichen Anzahl europäischer Fans – durch Poster, Federmäppchen und anderes Merchandise, das die jungen Konsumenten durch ihren Alltag begleitet (vgl. Laurel 2012: 88).

3 Der Einfluss von asiatischer Popkultur auf Emotionen, Alltag und Lebensweg eines europäischen Fans

In den folgenden Abschnitten beziehe ich mich auf Erkenntnisse, die ich bei einem leitfadengestützten Interview mit einem weiblichen Fan asiatischer Popkultur gewonnen habe. Bei der Transkription habe ich mich an Bernart und Krapp (1998) orientiert. Im Anschluss an meine Recherche zum Thema Popkultur in Japan und Korea erarbeitete ich mithilfe eines Brainstormings Fragen, bei denen ich einen Schwerpunkt auf die Alltagsrelevanz des Idols und die Identifikation mit der Fangemeinde legte. Ich lernte meine Interviewpartnerin N. im Herbst als gesprächigen Hardcore-Fan der Band *Dong Bang Shin Ki* kennen. Die junge Frau ist nicht nur Fan dieser koreanischen Gruppe, sondern begeistert sich generell für asiatische Popkultur. Daher erschien sie mir sehr geeignet für ein Interview.

Bei dem ca. 50-minütigen Gespräch im März 2013 war es mein Ziel, möglichst viel über die Verbindung zwischen Fan und Lieblingsband zu erfahren. Zudem wollte ich einen Einblick in den Alltag der Interviewpartnerin erhalten und erfahren, welche Rolle die Band *Dong Bang Shin Ki* darin spielt.

3.1 Die Band *Dong Bang Shin Ki*

Dong Bang Shin Ki[4] bedeutet „Die aufstrebenden Götter des Ostens“ und ist der Name einer fünfköpfigen Boygroup aus Südkorea, bestehend aus den Mit-

[4] *Dong Bang Shin Ki* ist die koreanische Umschrift des chinesischen *Tong Vang Xien Qi* (東方神起), das mit *TVXQ* abgekürzt wird; auf Japanisch heißt die Band *Tōhōshinki* (Mtvk).

gliedern Jaejoong, Yunho, Junsu, Yoochun und Changmin (vgl. Abb. 1). Die Band erlangte nicht nur durch unzählige Veröffentlichungen in Korea und Japan Popularität in ganz Asien, sondern ihr Fanclub *Cassiopeia*[5] ist auch der weltweit größte Fanclub, mit zu Blütezeiten 800 000 Mitgliedern – und dies umfasst nur die offiziell eingeschriebenen Fans in Asien (Mwave: Internet).

Abbildung 1: Die Band *Dong Bang Shin Ki* im Jahr 2007 in Paris. Quelle: Wikimedia Commons, Ninjacatherine.

Die Band debütierte Weihnachten 2003 unter der erfolgreichen Musikagentur *SM-Entertainment* und wurde nicht nur in Korea, sondern auch im Nachbarland Japan vermarktet, wo sie nach der ersten Oricon-Chartplatzierung mit ihrer zweiten Single *Somebody to Love* große Aufmerksamkeit erregte. Die Gruppenmitglieder lernten während ihrer parallelen Promotion-Touren in zwei Ländern außerdem noch Japanisch, um die Sprachbarriere durchbrechen zu können. Mit

5 *Cassiopeia* ist nicht nur der Name des offiziellen Fanclubs, auch nicht eingeschriebene Fans identifizieren sich damit und nennen sich selbst *Cassies*.

ihrer Single *Purple Line* erreichten *Dong Bang Shin Ki* dann im Jahr 2008 die Spitze der Oricon Charts. Auch danach hielt ihre Popularität an, und *Dong Bang Shin Ki* waren die ersten nichtjapanischen Interpreten, die sieben Mal den ersten Platz der Oricon-Charts erreichten. Auch in Korea blieb die Band populär und gewann zusätzlich durch Konzerte in ganz Asien weitere Fans (Music Japan Plus: Internet).

Ende 2009 allerdings wurde bekannt gegeben, dass sich die Band aufgrund eines laufenden Rechtsstreits trenne. Die Bandmitglieder Jaejoong, Yoochun und Junsu verließen *SM-Entertainment* und bildeten die Gruppe *JYJ*, während Yunho und Changmin weiterhin als *Dong Bang Shin Ki* vermarktet werden (Mtvk: Internet). Von den Fans werden die beiden Verbliebenen meistens *HoMin* und nicht *Dong Bang Shin Ki* genannt, weil sie den Bandnamen mit allen fünf Mitgliedern assoziieren. Auch ich werde die Namen im Folgenden so verwenden.

3.2 Fanbiografie

Zum Zeitpunkt des Interviews war N. 17 Jahre alt und war Schülerin in der gymnasialen Oberstufe. Wie viele Fans asiatischer Popkultur ist N. durch Anime und Manga zum ersten Mal in Berührung mit Japan gekommen. Zwar mochte sie schon vorher die japanische Küche, doch abgesehen davon hatte sie kein Interesse an oder eine Verbindung zu dem Land. Diese Angabe deckt sich auch mit denen der meisten Teilnehmer der bereits erwähnten Internetbefragung europäischer Manga-Fans, die im Normalfall vor ihrem ersten Manga kein Wissen über Japan hatten (vgl. Bouissou 2012: 51). Obwohl N. bereits in Kindertagen Anime im Fernsehprogramm schaute, war ihr damals „völlig unklar, dass das aus Asien kommt“. Erst im Sommer 2007 lernte sie durch einen ihrer Brüder die Serie *Naruto* näher kennen und begeisterte sich sofort für sie. Dann begann sie sich auch für andere Medien aus Japan und den asiatischen Nachbarländern zu interessieren; zum Beispiel ist sie ein Fan von koreanischen Fernsehserien.

Bevor sie etwa ein Jahr später im Internetforum *Crunchyroll* zufällig auf *Dong Bang Shin Ki* stieß, beschäftigte sie sich neben Manga und Anime auch mit japanischer Musik, die sie hauptsächlich durch Anime-Titelsongs entdeckt hatte – zum Beispiel das Elektrorock-Duo *LM.C* oder *Gackt*. Da sich N. bereits seit

Mitte 2008 als Teil des Fanclubs *Cassiopeia* sieht, hatte sie noch die Chance, die Band in ihrer Ursprungs-Zusammensetzung zu erleben, wenn auch nur über das Internet, *Variety*- sowie Musikshows und nicht live. Diese Möglichkeit ergab sich erst ein paar Jahre später: 2011 fuhr sie zu *Smtown in Paris*, um Yunho und Changmin zu sehen, später im Jahr nach Berlin zum Konzert von *JYJ*, und ein Jahr danach besuchte sie einen Solo-Auftritt von Junsu in Oberhausen.

Während einer Reise nach Japan, Anfang 2012, hatte sie keine Möglichkeit, ihre Lieblingsband live zu sehen, weil *Dong Bang Shin Ki* zu diesem Zeitpunkt schon getrennt waren. Dafür war N. begeistert von den vielen Merchandise-Produkten, die man in Japan problemlos erwerben konnte. *Dong Bang Shin Ki* begleite sie inzwischen seit fünf Jahren, spiele eine bedeutende Rolle in ihrem Leben und habe einen festen Platz in ihrem Herzen, erklärt N.

3.3 Die Beziehung und emotionale Bindung zwischen europäischem Fan und Idol

> *Dong Bang Shin Ki* ist keine Phase, *Dong Bang Shin Ki* ist die beste Band, und die muss man einfach immer lieben. (N.)

Christine R. Yano (2004: 46) stellt treffend fest, dass die Beziehung zwischen Fan und Idol nicht rational erklärbar sei, denn wie sollte man die Zuneigung gegenüber einem Menschen, der tausende Kilometer entfernt ist und den man nur über einen Bildschirm kennt, erklären? Fans fühlen sich selbst dann schon mit ihrem Star verbunden, wenn der Kontakt ausschließlich über ein Medium stattfindet (vgl. Yano 2004: 45). Was aber genau macht für die Fans den Reiz dieser Idol-Verehrung aus? Welche Bedeutung hat ihre Lieblingsband für meine Interviewpartnerin?

Gründe für ihre Faszination für *Dong Bang Shin Ki* sind nach Angaben von N. das Gesangstalent der Interpreten, ihre Persönlichkeiten[6] und die Beziehungen der Bandmitglieder untereinander; sie seien „wie eine Familie". Hier zeigt sich eine Parallele zu den von N. ebenfalls geschätzten koreanischen Fernsehserien,

[6] Die Musikindustrie legt dabei Wert darauf, verschiedene Persönlichkeitstypen innerhalb einer Band abzudecken, um eine möglichst breite Masse potentieller Fans anzusprechen (vgl. Park 2011: 24).

in denen zwischenmenschliche Beziehungen eines der essenziellen Themen darstellen (vgl. auch Iwabuchi 2011: 268). Ob dieses Image ein geschicktes Konstrukt der Agentur ist, oder die Bandmitglieder sich wirklich stark verbunden fühlen, lässt sich schwer beantworten. Fans wie N. sind natürlich von letzterem überzeugt; auf meine Frage, warum sie sich der Authentizität der Charaktere so sicher sei, erwidert sie: „Weil ich viele Shows [...] gesehen habe, in denen sie sich [...] nicht verstellen.“ Diese Shows heißen in Korea (ebenso wie in Japan) *Variety* und sie sind ein fester Bestandteil der dortigen Fernsehkultur. Prominente werden je nach Format bei diversen, für den Zuschauer unterhaltsamen Aufgaben oder im Alltag mit der Kamera begleitet, wodurch die Fans ihre Idols von einer persönlichen Seite erleben können. Durch die *Variety*-Shows bekommt man als Zuschauer leicht den Eindruck, die Menschen auf dem Bildschirm wirklich kennen lernen zu können, da die Eigenheiten der Stars wie Humor, Talente und Schwächen, Ängste und Vorlieben anschaulich vermittelt werden. Ein Fan, der so viele Shows mit seinem Idol konsumiert wie möglich, nimmt tatsächlich an, den Menschen hinter dem Image zu kennen. Auch meine Interviewpartnerin spricht in unserem Gespräch manchmal von den Bandmitgliedern, als wären sie ihre Freunde. Über die Wünsche der Fans bei einem Konzert, das sie besucht hat, sagt sie zum Beispiel: „[...] viele haben halt mit dem Gedanken gespielt, sich zu wünschen, dass er einen der alten *Dong Bang Shin Ki* Songs singt, und wir wissen genau, dass Junsu das auch will“.

Die Beziehung zum Star ist aus der Sicht des Fans sehr innig, wie auch Christine R. Yano herausarbeitet. Zwar behandelt sie die Beziehung zwischen Fans und Stars in Japan, doch kann man vor allem in Hinblick auf Emotionen viele Parallelen zu den K-Pop-Fans in Europa finden. Yano schreibt, dass Fans davon sprechen, ihr Idol auf Konzerten und bei Autogrammstunden zu *treffen*, nicht zu sehen (Yano 2004: 42). Sie beschreibt außerdem die starke Asymmetrie in der Verbindung von Fans und Stars: „[...] [I]t is a relationship between one and many, the depth, investment, commitment and intensity can hardly be equal on both sides.“ (Yano 2004: 47). Im Falle von *Dong Bang Shin Ki* handelt es sich um eine Beziehung zwischen fünf Männern und gut einer Million Fans.

N. spricht an mehreren Stellen im Interview von „wir" anstatt von sich als einzelner Person; ihr ist also bewusst, dass die Aufmerksamkeit der Bandmitglieder keinem Individuum gilt, sondern der Masse. Indem sie sich mit der Fangemeinschaft identifizieren, nehmen Fans aber bewusst eine Position als Teil der Masse ein. Es sind ja auch gerade die anderen Mitglieder der Fangemeinde, mit denen Fans sich am besten über ihre Gefühle bezüglich des gemeinsamen Fanobjektes austauschen können, mit denen sie Gespräche darüber führen, wie hübsch die Mitglieder im neuen Musikvideo aussehen, wie gut ihnen die schicken Outfits stehen, wie sexy die neuen Frisuren sind etc. Durch gleiche Interessen und das Erleben der gleichen Emotionen, die jeder Fan in individueller Dimension erlebt (z. B. wenn das „Comeback"[7] der Lieblingsband zu lange auf sich warten lässt oder – im Falle von *Cassiopeia* – die Gruppe sich trennt), entstehen Freundschaften und ein Zusammengehörigkeitsgefühl.

Im Gegensatz zu anderen Fangemeinschaften in Deutschland scheint im K-Pop-Fandom aus der Sicht meiner Interviewpartnerin eine freundliche Atmosphäre zu herrschen, wodurch Sympathie entsteht und die Identifikation leichter fällt. Die gemeinsame Leidenschaft lässt Fans extremer und euphorischer reagieren, als wenn sie alleine wären (vgl. Yano 2004: 45). Besonders intensiv fallen die Gefühle bei einem Konzert aus, bei dem man die Objekte der Begierde tatsächlich vor sich hat, ohne einen Bildschirm und tausende von Kilometern dazwischen. Tatsächlich sind es – vor allem in Europa, wo die Events in relativ kleinen Hallen stattfinden, da sich K-Pop noch nicht auf dem europäischen Markt durchsetzen konnte – nur wenige Meter Distanz zwischen Fan und Idol, wodurch sich die Fans ihren Stars auch physisch näher fühlen. Für Fans in Deutschland sind aber Gelegenheiten, ihre Lieblingsbands im eigenen Land live zu sehen, sehr rar, weil „diese ganz großen Sachen […] immer in Paris und London [sind]".

Die ‚Fernbeziehung' eines europäischen Fans zu seinem koreanischen Idol fühlt sich anders an als die der Fans vor Ort, die „auf Konzerte […] [und] Fansigns[8] gehen, […] die [Stars] treffen, […] am ersten Tag die CDs kaufen […]"

[7] Comeback bezeichnet auf dem koreanischen Musikmarkt die Neuerscheinung einer Single oder eines Albums mit dazugehörigem Musikvideo.

[8] Eine Autogrammstunde, bei denen die Fans die Möglichkeit haben, ihre Idols zu treffen, ihnen Geschenke zu geben und sich kurz mit ihnen zu unterhalten. Oft sind diese Veranstaltungen exklusiv und die teilnehmenden Fans werden im Voraus ausgelost.

können. N.s Neid gegenüber den ‚einheimischen‘ *Cassies*, die ihren Stars viel näher sein können, scheint im Interview deutlich durch. Selbst wenn das deutsche Fandom versucht, mit Fanprojekten die Aufmerksamkeit der Bandmitglieder auf sich zu lenken, bleiben die Sprachbarriere und die nur mit einem teuren Flug überwindbare Distanz. Dies führt dazu, dass K-Pop-Stars in Europa anders wahrgenommen werden: „[F]ür uns sind sie mehr so was [...] wie Idols [...], wie Übermenschen, die man nicht anfassen kann [...], einfach weil sie so weit weg sind und [...] so unerreichbar sind.“ Für Fans in Europa stehen die Idols aus Asien auf einer anderen Ebene; auch wenn sie ihre Stars nur zweidimensional auf den Bildschirmen ihrer Computer erleben können, tut dies ihrer Leidenschaft keinen Abbruch.

An verschiedenen Stellen im Interview betont N., dass es ihr nicht um einzelne Bandmitglieder, sondern in erster Linie um die Musik und um das Talent der Stars gehe. *Dong Bang Shin Ki* sind für ihre guten Solostimmen und herausragenden A-Capella-Fähigkeiten bekannt; besonders die Stimmharmonie der fünf Bandmitglieder sowie die Melodien der Lieder sind N. wichtiger als die Songtexte. Die Musik ihrer Lieblingsband stellt ein Ideal für sie dar, an dem sie andere Künstler misst. Sie äußert sich in Bezug auf andere asiatische Interpreten und deren Fans leicht abwertend: „[...] ich glaube, das ist das wichtigste an Musik [...], dass die Sänger auch singen können und nicht [...] nur rumtanzen oder rappen und es nicht mal können [...] [J]a, es geht um Musik. Das wissen viele nicht, deswegen stehen sie auf *Super Junior* zum Beispiel“. Sie wirft anderen Bands mangelnde Fähigkeiten vor und unterstellt deren Fans indirekt einen schlechten Musikgeschmack.

Hinter dieser Kritik steht die feste Überzeugung, dass die Lieblingsgruppe *Dong Bang Shin Ki* die Elite sei. Eine gewisse Arroganz des Fandoms wird im Interview auch zugegeben und angesprochen: „*Cassiopeia* ist ziemlich arrogant [...], weil *Dong Bang Shin Ki* Götter sind und weil sie die besten sind [...]“. Diese Argumentation mag für einen *Cassie* schlüssig sein, für eine Person, die nicht mit dem Fandom in Berührung steht, klingt sie allerdings verklärt, vor allem, weil die Gruppenmitglieder im Interview mehrfach mit Gottheiten gleichgestellt werden: „[F]ür mich sind *Dong Bang Shin Ki* [...] Götter“. Dies lässt den Schluss auf einen hohen Stellenwert der Band im Leben des Fans zu. Diese Verklärung führt nicht selten zu Fanatismus, der in gesundem Maße zu einem Fandom dazu gehört, aber auch von der Gemeinschaft sanktioniert wird, sobald er zu extreme Züge annimmt. Abgesehen von aufdringlichen *Sasaeng-Fans*[9], die es in Europa aufgrund mangelnder Möglichkeiten, den asiatischen Star zu verfolgen, nicht gibt, bewertet die Interviewpartnerin auch das arrogante Verhalten einiger europäischer Fans als schlecht: „Es gibt halt diese Fans, die denken, sie sind was ganz besonderes [...] die sagen auch von sich selber [...], dass sie *Cassies* sind, aber sie akzeptieren andere nicht." Sie halten sich nach N.s Aussage für „bessere Fans".

Die Gespaltenheit des Fandoms hängt eng mit der Trennung der Band zusammen, die im Verlauf des Interviews immer wieder angesprochen und mit schmerzlichen Erinnerungen in Verbindung gebracht wird. Seit *Dong Bang Shin Ki* nicht mehr zu fünft auftreten, ist auch die Fangemeinschaft in mehrere Lager gespalten: „[...] ein paar [...] Fans [...] denken, sie müssten sich auf eine Seite stellen, entweder *HoMin* oder *JYJ*. Und [...] wegen solchen Leuten ist das Fandom [...] total kaputt", beschwert N. sich, denn ihrer Meinung nach ist „man ein richtiger *Dong Bang Shin Ki Fan* [...] [wenn] man alle fünf unterstützt." Schließlich sei die Band nur zu fünft komplett und die meisten Fans gäben auch die Hoffnung nicht auf, dass sie wieder zueinander finden. In diesem Punkt sei der Großteil des Fandoms sich einig; alle wünschen sich, „dass alles wieder gut wird".

2009 verließen Jaejoong, Yoochun und Junsu, wie bereits erwähnt, nach einem Gerichtsstreit mit der Agentur die Band. Dieses Ereignis hat die Fangemeinschaft weltweit in Trauer gestürzt; wie tief der Schmerz darüber immer noch sitzt, macht N. in unserem Gespräch deutlich:

> Yunho und Changmin sind [...] bei SM geblieben und die andern drei sind gegangen, und da ist natürlich eine ganze Welt für das Fandom zusammengebrochen. Auch für mich. [...] [I]ch hätte nie gedacht, dass das passieren könnte. Und ich werd niemals vergessen den Moment, in dem ich die News gelesen habe, dass die [...] tatsächlich sich getrennt haben.

Der Schock über dieses Ereignis war so groß, dass N. ein ganzes Jahr Abstand zur Musik ihrer Lieblingsband gehalten hat, weil sie sonst nach ihrer Aussage von

[9] *Sasaeng-Fans* ist eine Bezeichnung für krankhaft besessene Fans in Korea, die ihren Idols nachstellen und sie manchmal sogar verletzen (vgl. Lansky 2012).

ihrer Trauer übermannt worden wäre. Bei dem Interview fällt mir auf, dass die traurigen Erinnerungen an und Gefühle für *Dong Bang Shin Ki* vorherrschen. Als N. von ihrem Besuch bei *Smtown in Paris* berichtet, erfahre ich beispielsweise, dass sie „schrecklich geweint“ habe. „Ich habe mir die ganze Zeit gedacht: Wieso können sie nicht zu fünft auf der Bühne stehen? Das wäre doch um einiges besser.“

3.4 Die Bedeutung der Band und deren Einfluss auf Alltag und Lebensweg eines europäischen Fans

> [W]enn ich einen Wunsch auf der Welt frei hätte, würde ich [...] mir keinen Weltfrieden wünschen [...], ich würde mir wünschen, dass *Tohoshinki* wieder zusammen kommen. (N.)

Dieses Zitat macht den Stellenwert von *Dong Bang Shin Ki* für meine Interviewpartnerin sehr deutlich. Seitdem sie die Band kennt, haben sich ihre Prioritäten verschoben; z. B.:

> [I]ch werde *Dong Bang Shin Ki* immer lieben und deswegen sage ich, dass ich ein sehr loyaler Fan bin und [...] ich bin vielleicht extrem in der Hinsicht, dass ich *Dong Bang Shin Ki* über alles andere stelle – natürlich jetzt nicht über mein Leben oder so, aber halt über vieles andere.

Ein weiteres Beispiel ist die Tatsache, dass sie für ein Konzert der Schule ferngeblieben ist. Außerdem ist sie davon überzeugt, dass die fünf Koreaner sie auch in ihrem weiteren Leben begleiten werden. Dies überschneidet sich mit den Selbsteinschätzungen der Europäer, die an der Manga-Network-Umfrage teilnahmen und davon ausgingen, auch in fortgeschrittenem Alter noch Fan japanischer Popkultur zu sein (vgl. Bouissou 2012: 51).

In N.s alltäglichem Leben nimmt *Dong Bang Shin Ki* vor allem die Rolle eines Hobbys ein. Den größten Teil des Tages beschäftigt sie sich mit ihnen, sieht sich Videos an und hört die zahlreichen Alben. Für sie ist – wie oben bereits erwähnt – die Musik das wesentliche. Sogar bei Freizeitbeschäftigungen, die nichts mit asiatischer Popkultur zu tun haben, lauscht sie den Songs ihrer Lieblingsband.

Das Fan-Sein beeinflusst N.s Alltag vor allem auch insofern, als es zeitlich einen sehr großen Raum einnimmt. Fan-Aktivitäten kosten grundsätzlich viel

Zeit: Fans in Asien stehen mitten in der Nacht auf, um ihre Stars am Flughafen abzufangen und fotografieren zu können; Fans weltweit arbeiten stundenlang an der Übersetzung und der Erstellung von Untertiteln für diverse Videos, und Fans in Europa warten wochenlang sehnsüchtig auf Pakete aus Korea oder Japan. Auch N. hat beispielsweise viel Zeit dafür investiert, vor einer Parisreise mit ihrer Familie den Film zu einem Fotobuch von *Dong Bang Shin Ki* zu analysieren und dann vor Ort nachzuempfinden: „[Ich] hab mir alle Plätze aufgeschrieben, wo sie waren. Und als ich in Paris war, habe ich so gut wie alle von diesen Plätzen abgeklappert und habe Fotos gemacht [...] und meine Mutter durch ganz Paris gescheucht." Sogar die Familie kommt so mit der Leidenschaft in Berührung, wenn auch nur indirekt.

Neben dem Zeitaufwand gibt es zudem einen nicht unerheblichen monetären Aufwand für CDs und Merchandising-Produkte, die man in Deutschland nicht erwerben kann und deswegen aus Asien importieren muss, was meistens mit hohen Versandkosten verbunden ist. Viel Geld kosten auch Reisen zu den großen Konzerten nach Paris oder London und eine Unterkunft dort. N. berichtet lebhaft von einer Übernachtung am Pariser Flughafen im Anschluss an einen Konzertbesuch im Sommer 2011, weil die Flüge so ungünstig lagen und es sich nicht lohnte, die Nacht in einem Hotel zu verbringen: „Das eine Pariser Terminal ist immer offen nachts, deswegen schlafen da immer die Penner und wir haben da auch geschlafen und die haben so gestunken." Doch diese unangenehme Erfahrung habe sie auf sich genommen, um ihre Idole einmal auf der Bühne sehen zu können.

Wie wichtig meiner Interviewpartnerin solche Konzertbesuche sind, zeigt sich an einem weiteren Beispiel. Sie habe mit „Fieber und Husten und Halsschmerzen" das Konzert von Junsu besucht, und sie rechtfertigt ihr Handeln so: „Junsu kommt nicht jeden Tag nach Deutschland. [...] [D]a kann ich auf gar keinen Fall zu Hause bleiben, nur weil ich ein bisschen erkältet bin." N. ist sich bewusst, dass sie mehr für *Dong Bang Shin Ki* tut als andere Fans; sie hat das Gefühl, dass die Gruppe der fünf Koreaner sie „über Grenzen gehen lässt". Das zeigt, dass *Dong Bang Shin Ki* nach ihrem Empfinden auch Einfluss auf ihren Charakter hat.

Der Wunsch nach einer Wiedervereinigung der Band ist für sie allgegenwärtig, und die Band beeinflusst nicht nur die Gefühlswelt, sondern auch den Alltag von N. Sie erzählt: „[S]o gut wie alles, was ich sehe, kann mich an *Tohoshinki* erinnern. Die kleinste Sache, was natürlich auch oft negativ ist, weil ich dann traurig werde“. Ihr tägliches Leben ist also voll von Dingen, die sie in Verbindung mit ihrer Lieblingsband und damit mit der Trennung stellt. *Dong Bang Shin Ki* ist fest in ihren Tagesablauf integriert: Auf dem Schulweg hört sie die Musik des Quintetts, und zu Hause beschäftigt sie sich größtenteils mit der koreanischen Boygroup. Trotz der schmerzlichen Gedanken an die Trennung sind für sie die Liebe zur Band und die Erinnerungen an die Zeit, als *Dong Bang Shin Ki* noch komplett war, sehr stark.

Nach N.s Angaben hatte die Begeisterung für die koreanische Band insgesamt einen durchaus positiven Einfluss auf ihr Leben. Zunächst einmal habe die Begeisterung für die asiatische Popkultur ihren Horizont erweitert, besonders was Fremdsprachen angeht. Abgesehen davon, dass Fans sich im Internet auf Englisch verständigen und dadurch mehr Sicherheit im Umgang mit dieser Fremdsprache erlangen, ist der Wunsch, sich in Asien mit anderen Fans, oder vielleicht sogar den Interpreten, verständigen zu können, auch groß – und damit wächst die Bereitschaft, asiatische Sprachen zu lernen. N. besuchte während ihrer Schulzeit Japanischunterricht und lernt inzwischen Koreanisch an der Volkshochschule.

Bevor N. im jungen Teenager-Alter auf asiatische Popkultur stieß, war sie nach eigenen Aussagen „auf keinem sehr guten Weg“. Sie hatte einen Freundeskreis, der sich ausprobieren wollte und später auf Abwege geriet. N. berichtet von ihrer ehemals besten Freundin, die anfing Drogen zu nehmen und von der Schule abging. Sie geht davon aus, dass es ihr ähnlich ergangen wäre, wenn ihr Interesse für asiatische Popkultur nicht gewesen wäre: „*Dong Bang Shin Ki* hat mich in meinem Zimmer gehalten, hat mich davon abgehalten, solche Sachen zu machen und haben mich [...] wahrscheinlich davor bewahrt, ein Loser zu werden.“ Zwar habe sie dadurch nicht mehr so viel Zeit mit ihren Freunden verbracht, weil sie meistens vor dem Computer saß; zumindest sei ihr Hobby aber ein sicheres gewesen: „[I]ch habe keine falschen Schritte gemacht, weil ich mich überhaupt nicht bewegt habe." Das mag traurig klingen, jedoch sieht N. ihr Interesse an Japan und anderen asiatischen Ländern und die daraus resultierende Abgrenzung von ihren damaligen sozialen Kontakten nicht negativ, im Gegenteil: „[I]ch wäre jetzt eine Person, die ich [...] verabscheue, ich wäre wahrscheinlich unglaublich laut und [...] einfach total anders auch vom Charakter her." Ihr Fandom habe ihr außerdem dabei geholfen, den richtigen Weg für die Zukunft einzuschlagen:

> [I]ch hätte bestimmt die Schule nicht geschafft, weil ich so viel Scheiße gebaut hätte, so wie alle anderen Freunde, die damals in meinem Freundeskreis waren, davon ist keiner auf meiner Schule oder in der Stufe geblieben. Die sind alle abgegangen oder sitzengeblieben und ich wäre mit Sicherheit keine Ausnahme gewesen.

Diese Aussage demonstriert, wie groß der Einfluss auf den Lebensweg eines Fans sein kann; die Zukunftsperspektiven von N. haben sich ihrem Empfinden nach innerhalb von fünf Jahren durch *Dong Bang Shin Ki* und durch ihre Begeisterung für asiatische Kultur und Subkultur gewandelt.

4 Fazit

Die Interviewanalyse hat gezeigt, dass Popkultur aus Asien nicht nur eine Freizeitbeschäftigung ist, sondern verschiedene Bereiche des Lebens sowie die Gefühlswelt eines einzelnen Fans stark beeinflussen kann. Allerdings muss sich eine starke Leidenschaft für das Produkt entwickelt haben, damit durch die emotionale Bindung des Fans zu dem Idol eine Grundlage für die Beeinflussung des eigenen Lebens gegeben ist. Oberflächliche Veränderungen wie das Dekorieren der Zimmerwände mit Postern des Lieblingsstars sind meist nur der Anfang. Die größte und für Freunde und Verwandte am stärksten spürbare Veränderung ist wohl die des Sozialverhaltens: Da Informationen und Videos hauptsächlich über das Internet zu beziehen sind und man sich dort mit Gleichgesinnten auf der ganzen Welt austauschen kann, verbringt ein Fan asiatischer Populärkultur möglichst viel Zeit am Computer.

Das World Wide Web ist nicht nur die Verbindung zu anderen Fans, sondern auch der Zugang zu weiteren Medien. Die meisten an Manga, Anime und japanischer Musik interessierten jungen Menschen stoßen durch Zufall über YouTube und ähnliche Plattformen auf andere asiatische Interpreten, wie zum Beispiel auf das breite Spektrum an koreanischen Idols. Japan spielt meist eine wichtige Rolle im Lebensweg der Fans als eine Art „Initialzünder“. Der Kontakt mit Manga und Anime ist bei einer Mehrzahl der Fans der erste Kontakt mit einer asiatischen Kultur überhaupt. Durch die japanische Popkultur kommen die Asien-begeisterten Jugendlichen dann zu K-Pop oder anderen Produkten asiatischer Populärkultur.

Die Beziehung zwischen Fan und dem Tausende Kilometer entfernten Star ist aus Sicht des Fans sehr intensiv (schließlich beschäftigt er sich in jeder freien Minute mit seinem Idol), für sein Objekt der Begierde kann er jedoch nur einer unter vielen sein. Es ist eine einseitige Liebe, und von einer richtigen „Beziehung“ kann hier kaum die Rede sein. Nachvollziehen kann ich persönlich die Emotionen von Fans jedoch sehr gut, weil ich mich selbst in einem Fandom bewege und diese Sehnsüchte und Gefühle daher gut kenne.

Literatur

Aoyagi, Hiroshi (2000): „Pop idols and the Asian identity“. In: Craig, Timothy (Hg.) (2000): *Japan Pop! Inside the World of Japanese Popular Culture*. Armong: M. E. Sharpe, S. 309–326.

Allen, Matthew; Sakamoto, Rumi (2006): „Introduction – Inside-out Japan? Popular culture and globalization in the context of Japan“. In: Allen, Matthew; Sakamoto, Rumi (Hg.): *Popular Culture, Globalization and Japan*. Oxon: Routledge, S. 1–12.

Bernart, Yvonne; Krapp, Stefanie (1998): *Das narrative Interview – Ein Leitfaden zur konstruktiven Auswertung (Forschung, Statistik & Methoden, Bd. 2)*. Landau: Verlag Empirische Pädagogik.

Bouissou, Jean-Marie (2012): „Popular culture as a tool for soft power: myth or reality? *Manga* in four European countries“. In: Ben-Ari, Eyal; Otmazgin, Nissim (Hg.): *Popular Culture and the State in East and Southeast Asia*. Oxon: Routledge, S. 46–64.

Condry, Ian (2011): „Popular music in Japan“. In: Bestor, Victoria Lyon; Bestor, Theodore C; Yamagata, Akiko (Hg.): *Routledge Handbook of Japanese Culture and Society*. Oxon: Routledge, S. 238–250.

Hambelton, Alexandra (2012): „Idol as Accidental Activist: Agnes Chan, Feminism, and Motherhood in Japan“. In: Galbraith, Patrick W.; Karlin, Jason G: *Idols and Celebrity in Japanese Media Culture*. Hampshire; New York: Palgrave Macmillian, S. 153–165.

Iwabuchi, Koichi (2002): „‚Soft' Nationalism and Narcissism – Japanese popular culture goes global". In: Rojek, Chris (Hg.): *Popular Culture – Critical Concepts in Media and Cultural Studies.* Oxon: Routledge, S. 90–111.

Iwabuchi, Koichi (2011): „Cultural flows: Japan and East Asia". In: Bestor, Victoria Lyon; Bestor, Theodore C; Yamagata, Akiko (Hg.): *Routledge Handbook of Japanese Culture and Society.* Oxon: Routledge, S. 263–272.

Yano, Christine R. (2004): „Letters from the Heart – Negotiating Fan-Star Relationships in Japanese Popular Music". In: Kelly, William W. (Hg.): *Fanning the Flames – Fans and Consumer Culture in Contemporary Japan.* Albany: State University of New York Press, S. 41–58.

Internetquellen

Allkpop (2011): „Big Bang wins ‚Best Worldwide Act' at MTV's 2011 Europe Music Awards"; http://www.allkpop.com/2011/11/big-bang-wins-best-worldwide-act-at-mtvs-2011-europe-music-awards [27.3.2013].

Galbraith, Patrick W. und Karlin, Jason G. (2012): „Idols and Celebrity in Japanese Media Culture"; http://www.palgraveconnect.com/pc/mediaculture2012/browse/inside/97811372 83788.html [28.10.2013].

Kome World: „Preise für das SM Town Konzert in Paris"; http://www.kome-world.com/de/news-11238-preise-fyr-das-sm-town-konzert-in-paris.html [27.3.2013].

Lansky, Sam (2012): „Hallyu Tsunami: The Unstoppable (and Terrifying) Rise of K-Pop Fandom"; http://www.grantland.com/blog/hollywood-prospectus/post/_/id/57109/k-pop [Stand: 1.4.2013].

Laurel, Abigail (2012): „Hallyu Doin' – An examination of the Korean Wave"; http://confluence.gallatin.nyu.edu/assets/GRJ-2012.pdf#page=88 [26.4.2013].

Music Japan Plus: „Tohoshinki"; http://de.musicjapanplus.jp/artistdb/?action=biography&artist_id=228 [1.4.2013].

Mtvk: „TVXQ"; http://www.mtvk.com/artists/tvxq/ [1.4.2013].

Mwave: „TVXQ!"; http://mwave.interest.me/kstar/81169/tvxq/video [1.4.2013].

Park, Judy (2011): „The Aesthetic Style of Korean Singers in Japan: A Review of Hallyu from the Perspective of Fashion"; http://www.ijbssnet.com/journals/Vol_2_No_19_Special_Issue_October_2011/3.pdf [28.4.2013].

Spiegel Online: „Youtube: Mehr als acht Millionen Dollar für ‚Gangnam Style'"; http://www.spiegel.de/kultur/musik/gangnam-style-erspielt-acht-millionen-dollar-auf-youtube-a-879137.html [27.3.2013].

(Trans-)Kulturelle Grenzgänger: Internet-basierte Kulturhybridisierung am Beispiel Beckii Cruels

Oliver E. Kühne

1 Einleitung[1]

Wie bewerten wir „Kultur" heute im Zeitalter von zahllosen kulturellen Phänomenen, die sich global und immer schneller durch das Internet verbreiten? Kann man gegenwärtig noch von nationalen Kulturräumen sprechen, obwohl das Internet scheinbar alle etablierten Grenzen zu verwischen vermag? Der Philosoph Zygmunt Bauman schreibt, dass die Menschheit sich gegenwärtig in einem *flüssigen* Zeitalter befinde. Man habe sich von den großen Sicherheiten der Gesellschaft verabschiedet und sich dem reinen Konsumieren zugewendet (vgl. Bauman 2000). Die Pluralisierung und Hybridisierung scheint alles Kulturelle ineinander- und zerfließen zu lassen. Doch wie zutreffend ist die Prognose, dass wir in nicht allzu ferner Zukunft allen Menschen, gleich welcher Nationalität (ob Industrienation oder nicht), in einem staatenlosen, transkulturellen Raum begegnen werden, in dem keine klaren Grenzen oder Divergenzen mehr existieren? Anhand der transkulturellen Grenzgängerin Rebecca Flint, alias Beckii Cruel, einer Engländerin, die im Jahr 2009 als YouTube-Phänomen von einer japanischen Casting-Firma unter Vertrag genommen und in Japan als *josei aidoru* („gecastetes weibliches Talent") oder kurz Idol (gecastete Werbe- und Medien-Stars) vermarktet wurde, soll in diesem Artikel gezeigt werden, dass kulturspezifische Eigenheiten (Wertekanones oder Normvorstellungen) auch heute die Rezeption der breiten medialen Konsumentenschicht prägen und dass wir uns eher weiter von einer globalen Einheit entfernen, als dass wir uns ihr annähern. Vielmehr bildet die digitale Welt des Internets heute zunehmend einen dritten ‚staatenlosen' und hybriden Raum kulturellen Erlebens, der allerdings nicht mit Entwicklungen in der alltäglichen Realität einherzugehen scheint.

[1] Ich möchte mich bei Rebecca Flint und ihrer Familie dafür bedanken, dass sie sich ausgiebig Zeit für mein Interview mit ihnen genommen haben und dass sie mir großzügigerweise alle Bilder auf Rebeccas Homepage zur wissenschaftlichen Nutzung freigegeben haben.

Es soll aufgezeigt werden, dass die Medien- und Massenrezeption von transnationalen Kulturphänomenen, wie dem der Idol-Persona Beckii Cruel, deutlich macht, wie stark die mediale/öffentliche Wahrnehmung von lokalen Erwartungen an Geschlechter-Performanz und nationalen Stereotypen geprägt ist und dass auch im gegenwärtigen Japan ein eher „kosmetischer Multikulturalismus" (vgl. Morris-Suzuki 2001: 185–186 und Ko 2010: 26–31) festgestellt werden kann.

Nach einer kurzen Beschreibung des kulturellen Terrains, auf dem sich Beckii Cruel bewegt, werden die theoretische Herangehensweise sowie das kritische Verhältnis zur These einer sich „verflüssigenden Kulturwelt" skizziert. Auf dieser Basis werden, nach einer Kurzdarstellung des Idol-Business in Japan, Beckii als Kulturphänomen der Gegenwart und die Darstellung ihrer Person durch die BBC analysiert. Ansatz meiner Analyse einer BBC-Dokumentation zu Rebecca Flint ist es, die dem Text zugrunde liegenden gesellschaftlichen und kulturellen Diskurse zu entschlüsseln und auf ihre impliziten Wertungen hin zu untersuchen. Dabei werden zwei große Gegensatzpaare offenbar, die von den Machern ins Zentrum gestellt werden: *Japan-Westen* und *pervers-konform*. Zudem geht es mir darum, wie Beckiis Weiblichkeit konnotiert, kommentiert und konstruiert wird.

2 (Fan-)Kultur im Internetzeitalter: Japanische Populärkultur als ein Phänomen transkultureller Pluralisierung

Vor Beginn des Internetzeitalters war man als Anhänger oder Fan gewisser populärer Kulturströmungen, wie neuerer Musik-Genres, Kunstgattungen, Autoren, Filme oder bestimmter Trends, darauf angewiesen, sich Wissen und Informationen durch stark gefilterte Medienkanäle zu besorgen. Dazu zählten unter anderem genre-bezogene Zeitschriften, Fernsehprogramme, Radiosendungen, Mundpropaganda oder Plakate. Wollte man in den 1970er Jahren z. B. wissen, wann die Band *The Rolling Stones* eine Europa-Tour plante, so war man als Privatperson zwangsläufig auf eine gewisse Art von Medienaufmerksamkeit angewiesen, da sonst keine spezifischen Informationen in das allgemein erhältliche Informationsnetz eingespeist und zugänglich gemacht wurden. Im Umkehrschluss bedeutete dies natürlich auch eine gewisse nationale Vorprägung, da Interessierten die Informationen nur in ihrem Sprachraum zugänglich waren. Alternative Informationsnetzwerke waren nur der Kontakt zu sogenannten Gatekeepern[2], ausländisches Fernsehen und/oder ausländische Zeitschriften.[3] Mit dem Internet existiert nun ein Raum, durch den sich nicht nur kulturelle Strömungen und subkulturell geprägte Fankulturen immer schneller verbreiten und internationalisieren, sondern der auch selbst neue kulturelle Strömungen hervorbringen kann. Dass genau dieser nicht streng national vorgeprägte Raum erst gewisse transkulturelle[4] Hybridkulturen[5] zwischen Japan und *dem Westen*[6] ermöglicht hat und welchen immensen identifikatorischen Einfluss diese Strömungen heute bereits besitzen, sehen wir an Fankulturen und Fandoms, die durch gesteigertes Interesse an der japanischen Populärkultur entstanden sind, wie Cosplay[7], Visual-kei und Lolita-Mode (vgl. von Gross 2010). Akteure dieser japanisch geprägten Kulturströmungen findet man im „real life" an Wochenenden auf der Immermannstraße in Düsseldorf oder an anderen urba-

[2] Laut Shoemaker & Vos beschreibt der Begriff *gatekeeping* den „[...] process of culling and crafting countless bits of information into the limited number of messages that reach people every day, and it is the center of the media's role in modern public life" (2009: 1). Ein *Gatekeeper* spielt in diesem Kontext also die Rolle einer Person, die Zugriff auf spezifisches Wissen hat und dies verteilt oder vorenthält (vgl. Shoemaker/Vos 2009).

[3] Dass in dieser „Schattenkulturökonomie", wie die Kulturökonomie von Fandoms auch genannt wird, große Unterschiede zwischen privilegierten und unterprivilegierten Teilnehmern herrschen, stellt bereits John Fiske fest. Siehe zudem allgemein zu Fandoms und Fankulturen weiterführend Fiske 1992 und Jenson 1992.

[4] Der Begriff „Transkulturalismus" wird hier nach Wolfgang Welsch verstanden und ist zu trennen von Begriffen wie *cross culture* oder Multikulturalismus (vgl. Welsch 2005 und Taylor 2012), da Transkulturalität das sich Überschneiden und Vermischen von Kulturphänomenen beschreibt und nicht das klassische Nebeneinander von Kulturen, wie es im Begriff „Multikulturalismus" verstanden wird.

[5] *Hybridisierung* bezieht sich hier auf den Prozess, dass aus diversen Versatzstücken unterschiedlicher Nationalkulturen und Kulturphänomenen etwas Neues kreiert wird, das mit dem Original oder der Vorlage nicht identisch ist und auch individuell divergierend wahrgenommen wird (vgl. Schneider 1994).

[6] Der Begriff „Westen" wird in diesem Artikel als Hilfskonstrukt gebraucht, da er sich hauptsächlich auf kulturelle Phänomene zwischen Japan auf der einen und Deutschland, Frankreich, Italien, England, und den USA auf der anderen Seite bezieht. Hier soll somit kein stereotyper West-Ost-Dualismus entworfen werden, doch können im Rahmen dieses Artikels nur bedingt nationale Beispiele berücksichtigt werden.

[7] Das sich Verkleiden als Figur, die in einem Manga, Anime oder sonst in der japanischen oder in einer anderen beliebten Populärkultur auftaucht (vgl. Chen 2011, Hitzler/Niederbacher 2010: 45–53).

nen Orten, die als Bühne genutzt werden können. In Anbetracht der großen Anzahl an Foren, Conventions, Zeitschriften etc. kann hier von einer größeren kulturellen Strömung, speziell unter Jugendlichen und jüngeren Erwachsenen, gesprochen werden, die bereits Bereiche diverser westlicher Kultursphären beeinflusst hat. Man denke hier an das Phänomen der „Spaghetti-Manga" in Italien (vgl. Pellitteri 2006: 4–8) oder die von Deutschen gezeichneten und veröffentlichten Manga. Es ist also deutlich, dass hier eine Transkulturalisierung stattgefunden hat, in der japanische Kulturformen in den westlichen Kulturraum hinübergeflossen sind.

In den massenmedialen *westlichen* Diskursen hört man allerdings zu Cosplay auch negative Stimmen, da die Kostüme als „zu sexy" oder als Fetisch-Kleidung wahrgenommen werden. Dies ist ein Vorwurf, der auch in einer BBC-Dokumentation über Beckii enthalten ist, die ich später analysieren werde. Dies mag zum Großteil auch an den sogenannten *Moe*-Elementen liegen. *Moe* entspringt dem japanischen Verb *moeru*, zu deutsch „sprießen". Das Wort verweist darauf, dass größere Fan-Gruppen spezifische Vorlieben für gewisse visuelle *Moe*-Elemente entwickelt haben, also beim Erblicken dieser Objekte „ersprießen" (vgl. Azuma 2011: 65–68). Gegenwärtig gehören diese oft sexualisiert konnotierten *Moe*-Elemente zum festen Repertoire von Games (Computer- und Konsolenspiele), Anime und Manga und werden daher auch oft in Cosplays aufgegriffen.[8]

In Verbindung mit Subkulturen, die sich größtenteils im Internet formieren, taucht häufig der 2001 von Marc Prensky geprägte Begriff *digital natives* (übers. „Internet-Ureinwohner") auf (vgl. Prensky 2001). Mit diesen *digital natives* meint Prensky die Generation von Kindern, Jugendlichen und jungen Erwachsenen, die ab 1980 geboren sind. Diese Generation zeichne sich durch einen hohen Grad von *media literacy*[9] aus und gehe auch mit digitalen Medien versierter um. Die älteren *digital natives* sind heute bereits in ihren Dreißigern, und Forscher

[8] Auch der *Otaku*-Forscher Patrick W. Galbraith hat sich in einer mannigfach bebilderten Interview-Monographie mit dem Begriff *Moe* (bei ihm *moé*) auseinandergesetzt, da sich der Begriff nur schwerlich klar definieren lässt. Siehe daher Galbraith 2014.

[9] Dieser Terminus beschreibt im weiteren Sinne die Versiertheit im Umgang mit neuen und digitalen Medien, wie z. B. Computern, Handys, Smartphones oder dem Internet (vgl. Palfrey/Gasser 2008: 352).

wie Schulmeister belegen unter Zuhilfenahme diverser Langzeitstudien zu *media literacy*, dass auch die so genannten *digital immigrants*[10], also ältere Internet-Nutzer, sehr gut mithalten können (vgl. Schulmeister 2008). Neben diesen internetgestützten Fankulturen erlebt man gegenwärtig auch das Auftauchen von Stars, die allein durch das Internet bekannt geworden sind: Auch internationale Stars wie Justin Bieber oder Carly Rae Jepsen wurden bei YouTube entdeckt. Die meisten dieser „Klickwunder" luden einst kürzere, selbstgedrehte Videoclips (meist von geringer Aufnahmequalität) bei der Internetplattform YouTube hoch und wurden durch die zahlreichen Kommentare und Aufrufzahlen in Millionenhöhe zu plötzlich bekannten, öffentlichen Personen (vgl. Burgess/Green 2009: 1–14). Auch Beckii Cruel gehört zu diesen Star-Phänomenen der digitalen Welt.

Doch wie genau nähert man sich einem komplexen, Kulturgrenzen überschreitenden Phänomen wie Beckii Cruel an? Als theoretischer Hintergrund meiner Analyse sollen hier die Positionen dreier Gesellschaftstheoretiker der Gegenwart kurz betrachtet werden: Zygmunt Bauman, Julia Kristeva und Judith Butler.

3 Von multiplen Kultur- und Identitätszugehörigkeiten

> Fluids travel easily. […] From the meeting with solids they emerge unscathed, while the solids they have met, if they stay solid, are changed […]. These are reasons to consider ‚fluidity' or ‚liquidity' as fitting metaphors when we wish to grasp the nature of the present, in many ways *novel*, phase in the history of modernity. (Bauman 2000: 2)

Was Bauman hier mit dem Wort „liquidity" beschreibt, wird im Deutschen oft als „flüssig sein" oder „Flüchtigkeit" wiedergegeben. Bauman umgeht durch die Prägung des Begriffs „liquidity" den stark umstrittenen Begriff der „*Post*-Moderne". Er geht davon aus, dass sich die Industriegesellschaften im Kapitalismus der Gegenwart von „festen" Wertigkeiten und Leitbildern verabschiedet haben und somit Grenzen (sozial, kulturell, ökonomisch, politisch, etc.) aufgeweicht und die Kurzlebigkeit neuer Phänomene beschleunigt wurden. In die-

[10] Personen, die älter sind als *digital natives*, laut Prensky die Gruppe derer, die vor 1980 geboren wurden (vgl. Palfrey/Gasser 2008: 352).

sem Sinne unterscheidet er sich kaum von Lyotards (1994) Definition der Postmoderne, die besagt, dass sich diese durch das Erodieren starrer Werte und Normen, durch Globalisierung, das Ende großer Narrativen (wie Humanismus, Imperialismus oder Nationalismus) und zunehmenden Pluralismus auszeichnet.[11] Zudem zeigt Bauman auf, wie Menschen in der verflüssigten und beschleunigten Moderne trotz des Sich-Auflösens starrer Gesellschaftsstrukturen (z. B. dem Nationalstaat) nach Sicherheit und Gemeinschaft suchen, diese allerdings auf unterschiedliche Weisen, auch multinational, hervorbringen (vgl. Bauman 2000: 206–207). Auch Hobsbawm unterstützt diese These: „Men and women look for groups to which they can belong, certainly and forever, in a world in which all else is moving and shifting, in which nothing else is certain." (Hobsbawm 1998: 40).

Es kann also gesagt werden, dass Menschen in gegenwärtigen kapitalistischen Industrienationen, zu denen man *den Westen* und Japan zählt, nicht nur immer schneller und flüchtiger leben, sondern auch nach Gemeinschaften mit Gleichgesinnten suchen.

Als weiteres Schlagwort bringt Bauman das Nomadentum ins Spiel, als ein konstantes Umherziehen, welches heute im schnelllebigen Kapitalismus zur Normalität geworden sei. Auch Julia Kristeva (1990) spricht davon, dass Menschen der Gegenwart, speziell jene, die eben nicht in ihrer Heimat leben, Nomaden ähnlich auf einer konstanten Reise zwischen verschiedenen Identitäten und Kulturen unterwegs sind. Das Erleben des *Anderen*, etwa durch eine fremde, nicht vertraute Sprache, erzeugt einen Riss zwischen Alltag und Besonderem/Fremden, der, psychologisch betrachtet, ambivalent aufgenommen werden kann (vgl. Kristeva 1990: 206–210). Der/das *Andere* hat somit allein durch seine Abweichungen von der üblichen Norm das Potenzial zu verunsichern oder zu verängstigen oder im Gegensatz zu faszinieren und zu begeistern. Wie in einem so gut wie nie zum Stehen kommenden Zug, der sich durch unterschiedliche Kultur-

[11] Ein großer Unterschied zwischen Bauman und Lyotard ist allerdings, dass Lyotard davon ausgeht, dass das Einsetzen der Postmoderne auch ein Zeitalter ohne große Narrativen (wie zum Beispiel den Wertekanon des Christentums oder den Imperialismus) kennzeichnet. Dass allerdings der Anti-Terror-Krieg auch als große Narrative gewertet werden kann, ist nur ein Punkt, der das Programm der Postmoderne ins Wanken bringt.

sphären bewegt, lebe man heute allgemein in den Industrienationen, was auch in Isolation und Vereinsamung des reisenden Individuums resultieren kann, also im Gegenteil von Vergemeinschaftung. Dieses Motiv des Reisenden zwischen Gruppen oder selbstgewählten Identitäten beschreibt auch Judith Butler sehr treffend in einem Interview:

> Yes, I'm lesbian, I'm gay, but do I subscribe to everything the lesbian and gay-movement says? Do I always come out as a lesbian and gay person first? Before say I am a woman or before I am a Jew or before I am an American or a citizen or a philosopher? No! You know, it is not the only identity. So these are communities where one belongs and one does not belong. And it seems to be we travel. I travel (Judith Butler in ARTE France et Associés 2006: Min. 1–2).

In einer flüchtig-pluralistischen Gegenwart macht es also wenig Sinn, starre Wertungen an kulturelle Phänomene heranzutragen. Das Zeitalter einer hegemonialen Hochkultur ist ebenso vorüber wie das Zeitalter großer Narrativen. Dass eine solche offene Haltung allerdings im Medienalltag und für Teile der (passiven) Medien-Konsumenten wohl kaum der Fall ist, wird uns im Falle von Gender-Idealen und -rollen vor Augen geführt, wenn wir den Fernseher einschalten und Casting-Shows wie „Germany's next Topmodel" verfolgen oder uns der Lektüre einer Ausgabe der „Men's Health" zuwenden. Auch wenn gewisse kulturelle Werte und Normen aufgeweicht wurden und sich weiter zu verflüssigen scheinen, so heißt dies im Umkehrschluss nicht, dass eine globale Transkulturalisierung in allen Bereichen des kulturellen und alltäglichen Lebens Fuß gefasst hat und nicht auch weiter deutlich konservativere Bewegungen existieren.

Auf der Grundlage dieser Vorüberlegungen werden im Folgenden Rebecca Flint und ihr Werdegang als YouTube-Phänomen erklärt und analysiert, wobei ein starker Fokus auf die Analyse der kulturellen Versatzstücke gelegt wird, derer sich Rebecca Flint bedient hat, um ihre Online-Persona oder Online-Identität Beckii Cruel zu erschaffen.

4 Wer ist Beckii Cruel? Karriere eines YouTube-Phänomens[12]

Rebecca Anna Flint wurde am 5. Juni 1995 in Blackpool, Großbritannien als Tochter von Derek Flint, einem Polizeiinspektor, und Jacqui, einer ehemaligen Tanzlehrerin, geboren. Als sie zwei Jahre alt war, zogen ihre Eltern nach Ramsy auf der Kanalinsel Man, wo Rebecca bis heute im Kreis ihrer Familie, zusammen mit ihrem Bruder Ryan, lebt und die örtlichen Bildungseinrichtungen besucht. Rebecca ist also weder in Japan noch in einer größeren europäischen Metropole aufgewachsen. Auf die Frage, wie sie zur japanischen Kultur gelangt sei, antwortet sie:

> I bought a copy of Fruit's Basket, a Japanese manga in 2006 from a shop because it was different, you know, the way you read it back to front. It got me more and more interested [...] so I looked online. It really opened the door for me. (Interview Flint 2012, vgl. S. 67)

Erst der Schritt, sich im Internet zu erkundigen und zusätzliche Informationen einzuholen, hat es ihr ermöglicht, sich dem Komplex japanischer Populärkultur und Japan selbst anzunähern. Doch die Initiation in das Feld der japanischen Kultur erfolgte über den klassischen Buchhändler, bei dem sie einen damals äußerst populären Mädchen-Manga (*shōjo manga*) erstanden hatte. Zu diesem Zeitpunkt ist Rebecca elf Jahre alt.

Am 22. Juli 2007 richtete sie sich im Alter von zwölf Jahren auf dem Laptop ihrer Mutter einen Channel (individualisierte Seite) bei YouTube unter dem Namen „xBextahx" ein, den sie bis dato neben einem zweiten Channel verwendet. Dort entstehen zuerst Vlogs (Videotagebucheinträge). Am 19. Januar 2008 lädt sie ihr erstes von zahlreichen Tanzvideos bei YouTube hoch, die durchweg mit japanischen Anime-Songs, beliebten *Vocaloid*-Liedern (Lieder gesungen von synthetischen/digital erzeugten Stimmen), anderen musikalischen *Niji sōsaku* (Fan-Produktionen) oder beliebter japanischer Pop-Musik unterlegt sind. Auch ihr Tanzstil (zumeist *Para Para*) entspricht den gegenwärtigen japanischen Tanzgewohnheiten zu solchen Songs. „I copy the dances from videos I see on YouTube. I really like a lot of styles, I think that traditional Japanese dance is so

[12] Ein Großteil der Informationen zu diesem Abschnitt entstammt Rebecca Flints Homepage und dem mit ihr geführten und am Ende dieses Aufsatzes abgedruckten Interview (vgl. Beckii 2013: About [Internet]).

beautiful, but I definitely prefer J-Pop dances." (Interview Flint 2012). Damit tat sie es unzähligen Fans japanischer Populärkultur im *Westen*, wie auch in Japan, gleich.[13] Auch das Tanzen in einem Cosplay gilt bei solchen Auftritten in privaten Räumlichkeiten als normal, wie man in unzähligen Varianten, z. B. zum Song *Saikyo Pare Parade* auf YouTube oder auf *Nico Nico dōga* (www.nicovideo.jp), dem japanischen Pendant zu YouTube, sehen kann. Rebecca performte auch zu diesem Song und lud ihn erstmals am 5. September 2009 auf ihren YouTube-Channel hoch (vgl. Flint 2009: Internet).

Dann wurde Rebecca mit einer Tanz-Improvisation zum Song *Danjo* („Boy-Girl"), die sie am 15. April 2009 hochlud, schlagartig bekannt. Genauer soll kurz am Beispiel der Improvisation zu *Saikyo Pare Parade* betrachtet werden, nach welchem Muster Rebeccas Performances in den Videoclips zu jener Zeit abliefen (vgl. Flint 2009: Internet). Rebecca sitzt mit dem Gesicht sehr nah vor der Kamera und hat eine gelbe Schleife im Haar. Nach kurzer Zeit wird ihr Channel-Name eingeblendet, wieder Schnitt auf ihr Gesicht. Sie schaut in die Kamera, lächelt, springt auf und entfernt sich springend von der Kamera. Kurz vor dem Einsetzen der Musik nimmt sie eine starre Haltung ein. Nun erkennt der Zuschauer, der sich mit *Moe*-Elementen auskennt, direkt ihr Schuluniform-ähnliches Kostüm: Es ist ein Cosplay der Protagonistin Suzumiya Haruhi aus der populären Serie *Suzumiya Haruhi no yūutsu* (übers. „Die Melancholie der Suzumiya Haruhi"), die mit einer *Light-Novel*-Serie (Genre-bezogene Unterhaltungsliteratur mit Manga-Illustrationen) begann und später als Manga und als Anime-Serie adaptiert wurde (Abb. 1). Auch der von Beckii verwendete Song *Saikyo Pare Parade* entstammt dem Haruhi-Universum. Um das Jahr 2009 entstand um diese Anime- und *Light-Novel*-Serie ein gigantischer Hype in Japan, der nicht am Anime- und Manga-Fandom im Westen, und speziell den USA, vorbeiging (vgl. Mihara 2010). Das Cosplay zu Haruhi erinnert stark an die typischste aller japanischen Mädchenschuluniformen: das *sērāfuku* (Matrosenkleid).

Wie auch hier deutlich wird, ist die gegenwärtige Populärkultur Japans eine Art, um es nach Azuma (2011) zu benennen, „Datenbank", die aus zahllosen,

[13] Man denke hier beispielsweise an die bekannte Tanztruppe *DANCEROID*, die auch als *utaenai aidoru* („nichtsingende Idols") bezeichnet werden (vgl. Danceroid 2013: Internet).

Abbildung 1: Beckii tanzt auf YouTube im Schuluniform-Cosplay. Quelle: YouTube-Kanal xBextahx.

intermedialen und intertextuellen Verweisen und Entlehnungen besteht und aus der sich Fans und andere Macher freizügig bedienen. Auch Haruhis Kostüm, das in unserem Beispiel Rebecca trägt, ist nichts Neues: Junge Mädchen in Schuluniformen sind fest etablierte *Moe*-Elemente dieser „Datenbank". Auch die Kniestrümpfe und die Schleife im Haar verweisen auf *Moe*-Elemente, und nicht ohne Grund wurde Rebecca in Japan als ein *Moe-Idol* bezeichnet, da sie auch bei zahlreichen öffentlichen Auftritten in einem *Moe*-Outfit auftrat oder damit für sich und andere Produkte warb.

Überraschend ist, dass Rebecca mit keiner größeren Innovation aufwartet, die sie in irgendeiner Form deutlich von anderen japanischen Popkultur-Fans im *Westen* oder Japan abheben würde. Als Rebecca von japanischer Seite entdeckt wurde, kursierten bereits unzählige Tanzimprovisationen anderer Fans zu japanischen Songs auf YouTube. Man kann es wohl ihrem jugendlichen Aussehen (das oft als ausschlaggebender Grund für ihren Erfolg betrachtet wurde) und ihrer fast perfekten performativen Aneignung kultureller Codes zuschreiben, dass ihr etwas gelang, wovon andere Mädchen nur träumen: über den eigenen YouTube-Channel berühmt zu werden.

Da Rebecca der japanischen Sprache nicht mächtig war, kann man es alleine dem Internet und der *liquid modernity* zuschreiben, dass Rebecca überhaupt die Möglichkeit hatte, sich diese kulturellen Codes anzueignen – und das in einer solchen Perfektion, dass sie sogar im Heimatland dieser Kulturströmung anerkannt wurde und kurzzeitig auf dem japanischen Markt als Idol bestehen konnte. Aus dieser Perspektive ist die Persona Beckii, die sich Rebecca übergestreift hatte, eine transkulturelle Hybridfigur, die *Moe*-Ideale wie *kawaiisa* (Niedlichkeit), *wakasa* (Jugend) und *Westlichkeit* (als weiße Europäerin) perfekt verkörpert. Denn: auch westliches Aussehen kann ein *Moe*-Element sein. Doch spielt auch ihre Tanz-Perfomance hier eine bedeutende Rolle. Rebecca selbst meint dazu: „Dancing can say what words cannot. While my dancing doesn't portray a message, I aim to portray an emotion: happiness. I want people to come home from a bad day, watch one of my videos and smile and be inspired, that's why I make videos." Dass Rebecca sich mit diesen Worten unbewusst auf ein dauerhaftes Trend-Phänomen und Schlagwort auf dem japanischen Konsumentenmarkt bezieht, liegt klar auf der Hand: *iyashi* (psychische und körperliche Heilung) (vgl. Kühne 2012: 216–219).

Es bleibt festzuhalten, dass Rebecca nichts anderes gemacht hat, als viele andere später bekannt gewordene Manga-Zeichner oder Tanztruppen wie *DANCEROID*: Als Fans haben sie sich Praktiken aus der kulturellen Datenbank (Musik, Choreographien, visuelle Marker wie Cosplay, etc.) angeeignet, diese anfangs kopiert, dann variiert und schrittweise eigene, abgestimmte Inspirationen hinzugefügt. Auch das Kostüm, das Rebecca im Tanz-Video zu *Danjo* trägt, ist ihre eigene Interpretation von *Moe*-Elementen und entspricht so typischen *Niji sōsaku* (Fan-Produktionen), die man zu allen Bereichen japanischer Populärkultur finden kann.

Im August 2009 unterschrieb Rebecca einen Vertrag bei der japanischen Casting- und Idol-Agentur *Life Is So Cruel Ltd.* und stand bis Juli 2011 dort unter Vertrag. Ihre tatsächlich aktive Zeit in Japan war allerdings deutlich kürzer. Nach der Ausstrahlung der BBC-Dokumentation zu ihrer Person (August 2010) fand Rebecca faktisch keine größere Erwähnung mehr in Japan und ist dort auch nur noch ein Mal aufgetreten. An Weihnachten 2010 erschien in Japan zwar noch eine zweibändige Serie von Hörverständnisbüchern für Englisch mit Beckii, doch markiert diese Publikation ihr letztes Erscheinen auf dem japanischen Markt.

In ihrer aktiven Zeit in Japan hat Beckii, wie jedes andere Idol auch, kleinere öffentliche Auftritte gehabt, ist in diversen japanischen Unterhaltungsformaten aufgetaucht, schmückte Cover mehrerer Zeitschriften und auch ein eigenes Fotobuch erschien. Selbst in einigen kürzeren Fernseh-Werbespots für *Lotte-Fitz* (eine Art Kaugummi der Firma Lotte) tauchte sie auf, und zwar in entweder sehr japanischen oder westlichen Verkleidungen. Schon kurz nach ihrem ersten Erscheinen auf dem japanischen Markt wird sie mit Leah Dizon, dem ersten rein ausländischen Star in Japan mit Idol-Vertrag und -Agentur, verglichen, die allerdings auch teils chinesische Vorfahren hatte (vgl. Dizon 2013: Internet). Bei ihren zahlreichen Aufenthalten in Tokyo, die sie zumeist auf die englischen Schulferien verteilen musste, wurde sie stets von ihrer Mutter begleitet, da Rebecca als Minderjährige sonst nicht hätte arbeiten dürfen.

Abbildung 2: CD-Cover der Formation *Cruel Angels*. Von links nach rechts: Sarah Cruel, Beckii Cruel und Gemma Cruel.

Den Höhepunkt von Beckiis Karriere in Japan markiert die Aufnahme mehrerer Pop-Songs. Für dieses Musik-Projekt wurde Rebecca zusammen mit zwei anderen, aus dem Ausland gecasteten Mädchen zu einer Formation namens *Cruel Angels* zusammengestellt. Auf Abbildung 2 sind die drei Mädchen auf dem Cover der CD zum Song *Tsubasa o kudasai* (übers. „Bitte, schenke mir Flügel") zu sehen, die sich zwei Wochen lang in den japanischen Charts auf Platz 84 halten konnte (Abb. 2). Wie allerdings in der BBC-Dokumentation erwähnt wird, hatten Rebecca und die anderen beiden jungen Frauen (17 und 18 Jahre alt) kein Interesse an weiterer Zusammenarbeit.

Nachdem Rebecca aus dem Vertrag mit der japanischen Idol-Agentur ausgestiegen war, verschwand sie quasi vom japanischen Markt und versucht sich seither erfolglos (proportional zum Erfolg in Japan gesehen) auf dem englischen Musikmarkt zu etablieren. Als Model hat sie seitdem nur selten gearbeitet und pflegt eher ihre diversen privaten Online-Projekte. Ihre letzten Auftritte in Japan werden auf ihrer Homepage auf November 2011 datiert. Wie aus der Dokumentation ersichtlich wird, war es wohl der Wunsch von Rebeccas Eltern, sich eher auf dem englisch-europäischen Pop-Markt zu etablieren. Dass dieses Unterfangen allerdings von Beginn an nicht sonderlich vielversprechend war, wird deutlich, wenn man sich erinnert, womit Rebecca auf sich aufmerksam gemacht hatte: mit Cosplay und Versatzstücken japanischer Popkultur. Dass der westliche Popmusik-Markt mit anderen visuellen Markern und Stereotypen arbeitet, dürfte deutlich sein, wenn man Beckii mit YouTube-Stars wie Justin Bieber vergleicht.

Rebeccas Erfolg als Ausländerin in Japan ist mehr als erstaunlich, da sie als erste westliche Fandom-Angehörige auf dem japanischen Markt (wenn auch nur kurzfristig) bestehen konnte. Natürlich gab es schon immer Ausländer, die mit ihrem Gesicht für japanische Produkte geworben haben. Bei diesen sogenannten *gaikokujin aidoru* („Ausländer-Idols") handelt es sich um international bekannte Persönlichkeiten, die nur temporär in Japan auftreten, um halbjapanische und in Japan aufgewachsene Westler, oder sonstige Ausländer, die der japanischen Sprache mächtig sind. Zwei derzeit omnipräsente Idols mit multinationaler Herkunft sind Becky und Rola (vgl. Becky 2013: Internet; Rola 2013: Internet), die allerdings beide zum Großteil in Japan aufgewachsen sind. Rebecca hingegen ist eine Westlerin ohne größere Japanisch-Kenntnisse, die wie jedes andere japanische Idol mit einem typischen *tarento keiyaku* („Talent-Vertrag") vermarktet wurde. Der Fall Beckii ist außerdem dadurch singulär, dass sie sich ihr Wissen über Japan ausschließlich durch das Internet, Tanz-Choreographien und andere Medienprodukte angeeignet hat und sich doch mit einer gewissen Durchschlagskraft auf dem umkämpften japanischen Idol-Markt behaupten konnte. Doch wie funktioniert die japanische Idol- oder Talent-Industrie?

5 Idol-Industrie und -Marketing in Japan

Nach Hiroshi Aoyagi sind japanische Idols so gut wie nie älter als 30 und sind „designed to contribute to the industry's establishment in the market by virtue of their abilities to attract people and perform as lifestyle rolemodels". Idols erscheinen zumeist im Fernsehen und auf/in Magazinen (vgl. Aoyagi 2005: 3–4). Nakamori Akio, Redakteur, Kolumnist und „Vater" des Begriffs *Otaku*, definiert am Anfang seiner Veröffentlichung *Aidoru Nippon* („Idol-Japan") Idol folgendermaßen: „[...] Gegenstand der Anbetung, Ideal, verehrte Person. Im übertragenen Sinne: eine populäre Persönlichkeit." (Nakamori 2007: 1; eigene Übersetzung). Er führt diese Definition allerdings in klassischer *Nihonjinron*[14]-Manier weiter und behauptet: „Sich mit Idols auseinanderzusetzen heißt, sich mit Japan auseinanderzusetzen. So kann gesagt werden, dass, wenn man Idols liebt, man Japan liebt." (Nakamori 2007: 3). Im Folgenden erklärt Nakamori, dass auch der japanische Kaiser nach der japanischen Nachkriegsverfassung kein Gott oder Stern (*hoshi*) mehr, sondern als Mensch (*ningen*) ein Symbol, quasi das erste Idol (*aidoru*) für die gesamte Nation sei. Daher gebe es in Japan auch keine Stars mehr, wie dies in anderen Ländern der Fall sei; nur Japan sei das Land der Idols (vgl. Nakamori 2007: 7–9). Dass diese nationalistisch anmutende Diagnose nicht der Realität entspricht, wird schnell deutlich, wenn man die amerikanische, koreanische oder chinesische Idol- und Casting-Industrie betrachtet, denn so groß sind die Unterschiede zwischen Japan und speziell dem ostasiatischen Ausland nicht. Idols werden fast ausschließlich bei Auditions gecastet oder durch andere Sparten der Unterhaltungsbranche zu bekannten Gesichtern.

Das Phänomen der Idols tauchte erstmals in den 1960er Jahren auf, und die Branche erlebte ihren ersten Höhepunkt in den 1980er Jahren. Zu den allseits bekannten Idols der 1990er Jahre gehören z. B. Ayumi Hamasaki, Namie Amuro oder Koda Kumi (vgl. Aoyagi 2007: 82–85). Ein Ende des Idol-Booms scheint nicht in Sicht zu sein. Zudem wurde die japanische Idol-Vermarktung zum Vorbild für Vermarktungsstrategien in ganz Ostasien. Man denke hier nur an das K(orea)-Pop-Phänomen und die daraus hervorgegangene unüberschaubare Zahl

[14] Übersetzt „Japan-Diskurse". Das Wort beschreibt u. a. die Art und Weise, wie gewisse Kulturphänomene als japanspezifisch oder als „ausschließlich in Japan existierend" vereinnahmt werden.

gecasteter Girl- (z. B. *Girls Generation* oder *T-ara*) und Boy-Groups (z. B. *Boyfriend* oder *LEDApple*), die in ganz Asien (und teilweise auch im Westen) Erfolge feiern. *JYP Entertainment* ist dabei die größte der drei wichtigsten koreanischen Casting-Agenturen (vgl. Arte 2012: Internet). Die seit Ende 2007 in Japan mit Abstand bekannteste Idol-Gruppe ist die rein weiblich besetzte J-Pop-Formation *AKB48* mit ihren zahlreichen Untergruppen und einem gigantischen Fandom- und Merchandising-Imperium. Aufgrund der Omnipräsenz der Mädchen in Japans Medien benutzt man auch Ausdrücke wie *AKB-genshō* („AKB-Phänomen") oder *kokuminteki aidoru* („Volksidole") (vgl. Matsutani 2010: Internet).

Große Teile der Idols in Japan und Ostasien werden bei Agentur-Castings entdeckt und oft erst nach ersten kleineren Erfolgen als Fotomodelle in anderen Bereichen der Unterhaltungswelt eingesetzt, auch wenn sie nicht als Gesangs- oder Schauspiel-Talente entdeckt wurden. *Tarento* und Idols werden in der japanischen Medienlandschaft beinahe überall eingesetzt: singen, tanzen, schauspielern, synchronsprechen, Auftritte in japanischen TV-Shows und TV-Serien etc. Bekanntere Idols ziehen bei öffentlichen Auftritten stets eine größere Menge treuer Fans an, für die natürlich auch diverses Merchandise (*aidoru guzzu*) kreiert wird (vgl. Aoyagi 2005: 4). Zudem gibt es nicht nur Idols für den Mainstream, sondern auch für populäre japanische Kulturströmungen wie u. a. J-Rock, Anime und Manga, Games etc. Rebeccas Idol-Persona Beckii kann aufgrund ihres Outfits klar zugeordnet werden: Die *Moe*-Elemente machen sie zu einem Idol für Anime-, Manga- und Game-Fans, doch der auch häufig von ihr verwendete „cute style", wie es Aoyagi nennen würde (vgl. Aoyagi 2005: 73–78), transformiert sie zu einem breiter konsumierbaren Massen-Idol. So äußert sich auch Beckiis Manager in der BBC-Dokumentation mit vier Schlagworten zu Beckiis angestrebtem Look: „[…] dolly, pure, innocent, angel-kind of look" (BBC Three: Min. 12). Idols stehen für gewisse gesellschaftliche Ideale und müssen diese als „unverdorbene" jugendliche Menschen verkörpern, um so auch als gesellschaftliches Vorbild zu dienen (vgl. Aoyagi 2005: 10). Daher werden Idols in den Medien auch stets als Single konstruiert.

Neben berühmten Casting-Agenturen – auch für männliche Idols wie Johnny's[15] – gibt es hunderte weitere, kleine Casting-Agenturen, von denen eine, mit Zweitsitz in London, Beckii und ihre Videos im Internet entdeckt hatte. Diese Agenturen, im Japanischen einfach *jimusho* (Büro) genannt, organisieren quasi alles für den Casting-Star:

> The jimusho have a wide spectrum of responsibilities: scouting new performers/models; training them in singing, dancing, and other skills; scheduling performers' daily activities; booking television appearances; negotiating contracts with record labels and other media institutions; organizing fan clubs; doing public relations work to enhance the performers' image; and coordinating live performances and concert tours. (Marx 2012: 38)

Beckiis Agentur wollte sie und die *Cruel Angels* mit Hilfe der *Moe*-Marker offensichtlich auf dem japanischen *Otaku*-Markt etablieren, über den gegenwärtig häufig Idols einen Einstieg in den breiteren Markt versuchen. Auch *AKB48* kommen ursprünglich aus der *Moe*-Sparte japanischer Populärkultur. Doch wie (de-) konstruiert die BBC in ihrer Dokumentation Rebeccas vom japanischen Markt inspirierte Idol-Persona?

6 Die BBC-Dokumentation über Beckii Cruel

6.1 Analyse: Polarisierung und Abwertung einer Erfolgsgeschichte

> **O**: „What do you think about the BBC documentary *Beckii: Schoolgirl Superstar at 14* and how they portrayed you and your work in Japan?"
>
> **R**: „[...] I didn't like the angle they took. It focused on the wrong things. I don't think it portrayed the Japanese properly, it was fairly rude about my fans. It also made my family out totally different to how they were, and we received a fair amount of backlash for it. People don't realise that for an hour long documentary, 100 hours of footage must be filmed. They can chop and choose what they like, and make us out how they like. [...] The exposure was surreal, and I've met some of my best friends today through them watching the documentary and getting in touch." (Interview Flint 2012)

Die 56-minütige Dokumentation, für welche die BBC Rebecca einige Monate lang im Jahr 2009 sogar bis nach Japan begleitet hatte, porträtiert sie und ih-

[15] Seit 1967 bringt diese Agentur Boygroup-Formationen auf den Markt, zu denen u. a. *SMAP*, *Kinki Kids* oder *Tokio* gehörten.

re Familie aus einer Perspektive, die in den Untertönen zahlreiche stereotype Wertungen enthält. Wie schon aus der Interview-Antwort ersichtlich wird, hatten Rebecca und ihre Eltern es versäumt, ihr Recht beim finalen Schnitt der Dokumentation einzufordern. Das heißt, sie konnten vor der Erstausstrahlung kein Veto einlegen oder Änderungen verlangen. Für die Perspektive, die die Dokumentation einnimmt, spielt die kommentierende weibliche Stimme (Off-Stimme) eine wichtige Rolle. Mit teils zynischen Kommentaren werden Interview-Antworten von Rebecca und ihren Eltern, speziell Antworten zum Umgang mit Fans oder der japanischen Idol-Industrie, in ein Licht gerückt, das Rebecca und ihre Eltern als ahnungslos, naiv und *nicht wertekonform* erscheinen lassen kann.

Die narrativ agierende und kommentierende Off-Stimme nimmt eine hegemonial übergeordnete und wertende Position zu den Protagonisten der Dokumentation ein, und das eigentliche Thema ist damit nicht mehr Rebecca, sondern Folgendes: *Eltern instrumentalisieren ihre Kinder für das Showbusiness, um sich dadurch zu bereichern. Dabei ist dem Kind selbst nicht klar, dass es mental und sexuell ausgebeutet wird.* Dies in einer Dokumentation zu portraitieren ist an sich nicht negativ, da dieser Umstand häufiger kritisch (auch im Zusammenhang mit der westlichen Unterhaltungslandschaft) aufgearbeitet werden sollte. Doch offenbart die Art, in der in dieser Dokumentation das Thema behandelt wird, zahlreiche stereotype Vorstellungen über das gegenwärtige Japan und jugendlich geprägte Kulturströmungen.

In den ersten zwölf Minuten der Dokumentation wird sehr neutral Rebecca und ihr Aufstieg zum Idol in Japan nachgezeichnet, bis ein richtungsweisender negativer Kommentar der Off-Stimme die weitere Ausrichtung der Doku vorwegnimmt: „But Beckii's main fan base is male and they are quite a geeky bunch." (BBC Three: Min. 12). Nach diesem ersten Viertel wird ein starker Fokus auf Rebeccas zumeist männliche Fanbase gerichtet und mit starken Untertönen immer wieder angedeutet, dass sie von jenen Fans zu einem kindlichen Objekt sexueller Fantasien degradiert wird. Zudem wird deutlich hervorgehoben, wie naiv Rebecca und wie fahrlässig ihre Eltern (speziell ihr Vater) mit diesem Problem umzugehen scheinen.

Japan wird deutlich als das *fremde Andere* in einer sehr distanzierten Art und Weise konstruiert. Dies bemerkt man bereits beim ersten Schnitt nach Japan. Während die weibliche Off-Stimme anmerkt, dass Rebecca in einem Land 6.000 Meilen entfernt ein Star und bei sich zuhause auf der Kanalinsel Man nur ein normales Schulmädchen sei, wechselt das Bild von idyllischer Insellandschaft zu Luftaufnahmen von Shinjuku und Shibuya. Die Musik klingt betont „asiatisch" und fremd (vgl. BBC Three: Min. 1).

Häufig wird der Gegensatz zwischen Rebeccas Schulalltag und ihrer Arbeit als Idol in Japan betont: Fühlte sie sich in der Schule nie akzeptiert und wird dort zudem mit Spottrufen über ihre Videos ausgegrenzt, so wird sie in Japan auf der Straße von Fans angehalten, tanzt und gibt Autogramme (vgl. BBC Three: Min. 6–7). Wiederholt wird erwähnt, dass Beckiis Fotos oft in an Männer adressierten Magazinen erscheinen. Auch ihre japanischen Fans werden stark stereotypisiert. Bereits in der ersten Hälfte der Dokumentation gibt die Off-Stimme einen argumentativ richtungsweisenden Kommentar: „The magazine is also watched by other fans, but its main fan base is male." (BBC Three: Min. 12). Beckii kommentiert direkt darauf, dass sie dies selbst etwas merkwürdig finde, aber dass dies eben zu Japan und dem Idol-Business dazu gehöre. Doch wie viele ihrer Erklärungen zur japanischen Pop-Kultur wird diese Aussage kommentarlos stehengelassen. Ihr als Japan-Kennerin wird das Recht einer eigenen Interpretation und eines eigenen Verständnisses nicht zugestanden. Da jedoch zehn Mal in der Dokumentation von der Off-Stimme Rebeccas Alter (14) wiederholt wird, kann davon ausgegangen werden, dass ihre Kommentare als kindlich, naiv, und daher als unzurechnungsfähig betrachtet werden sollen. Große Teile der zweiten Hälfte der Dokumentation drehen sich um die teils schlechten Erfahrungen, die das ehemalige Formationsmitglied der *Cruel Angels*[16] namens Gemma Cruel gemacht hatte. Sie habe ein starkes Problem mit dem Zuschauerkreis ihres YouTube-Channels, der vorwiegend aus älteren Männern über 40 bestehe (vgl. BBC Three: Min. 27–28). Der Fokus der Dokumentation rückt ab dieser Stelle noch stärker in Richtung des Themas Stalker und fanatische männliche Fans.

[16] Eine Musik-Formation, bestehend aus zwei weiteren Mädchen, die zu Beckii hinzu gecastet wurden.

In die Dokumentation sind mehrfach Äußerungen Rebeccas hinein geschnitten, in denen sie die „Risiken“ eines Lebens als Idol bewusst reflektiert. Der Blickwinkel der Dokumentation lässt aber keinen Zweifel daran, dass ihre Eltern sie nicht genügend schützen und nur aus selbstsüchtigen Motiven handeln. Dies wird besonders deutlich an einem Kommentar Rebeccas über das Verhältnis zu ihrem fanatischsten Fan. Dieser Fan sendet ihr sogar eine Gitarre als Geburtstagsgeschenk zu. Ihre Mutter möchte, dass sie den Kontakt zu ihm aufrecht erhält, Rebecca hingegen hält ihre Mutter in dieser Hinsicht für zu naiv. Sie selbst fände es besser, ihn stärker zu ignorieren (vgl. BBC Three: Min. 53–54). Rebeccas durchaus reflektierte Aussagen werden jedoch durchweg von der Sprecherin nicht kommentiert, wodurch ihnen weniger Gewicht beigemessen wird.

Rebeccas japanischer Manager, Fujimoto Mitsuru, kommt in der Dokumentation ebenfalls häufig zu Wort und äußert sich auch zu Beckiis angeblichem „Lolita-Image“: „Lolita, in Japan, it's normal. In the way, kind of like ‚Is there anything wrong with it?‘ you know. […] Once you step outside of Japan, […] it's a fatal crime. I could be arrested.“ (BBC Three: Min. 16). Wie suggestiv teilweise die Fragen gestellt werden, die zu derartigen Antworten führen, wird kurz darauf deutlich. Rebeccas Vater meint, dass *dirty old men* per Internet ohnehin Zugriff auf sexualisierte junge Mädchen hätten, Models im Westen nichts anderes als Beckii in Japan täten und dies in Japan zudem kulturell akzeptierte Normalität sei. Die Frage der BBC-Journalistin lautet darauf: „You are a policeman. Your job is to protect the public and to obviously be aware of young people. What do you do when your daughter dances on the internet?“ (BBC Three: Min. 16–17). Eine Minute später geht es im Gespräch mit Beckiis Freundinnen wieder um das Thema männliche Fans und die Off-Stimme kommentiert: „Male fans may not interest Beckii yet, [ihre Mutter schiebt eine große Kiste in Beckiis Zimmer, die einer ihrer Fans aus Japan schickte] but it doesn't stop them trying.“ (BBC Three: Min. 18). Kurz darauf entsteht zwischen der Journalistin und Beckii, die währenddessen jene Kiste öffnet, in der sich nichts als lauter Instant-Nudelsuppenpackungen befinden, folgender Dialog:

Journalistin: „Do you know which fan sent you that?“
Beckii: „I don't really wanna talk about that. [kichert leicht genervt]“
Journalistin: [nach kurzer Pause] „Okay.“ (BBC Three: Min. 19)

Ein anderes Beispiel für diese wertenden Naivitätsimplikationen sehen wir auch an anderer Stelle: Hier geht es darum, wie Gemma und ihre Mutter mit Fans umgehen. Die Off-Stimme kommentiert: „Gemma and her mom had decided to ignore fans who make inappropriate contact through the net. In the Isle of Man, 14 year old Beckii and her family have their own tactics." (BBC Three: Min. 31). Dies impliziert, dass Rebeccas Familie aufgeschlossener gegenüber diesen Fans sei. Rebecca selbst jedoch nimmt gegenüber „anrüchigen" Angeboten von leicht pornographischen Fotomagazinen eine strikt ablehnende Haltung ein, wie folgendes Zitat aus der Dokumentation zeigt: „Working to get away from this sort of sexual side that's why we turned down a lot of offers from gravure magazines [Fotomagazine mit leicht pornographischem Inhalt] and anything, because [...] I never want to do that." (BBC Three: Min. 32). Bedenkt man, dass Rebecca und ihre Familie exakt die gleichen Ansichten wie Gemma und ihre Mutter teilen, ist dieser Kommentar abermals ein Versuch, Rebecca und ihre Familie in ein fragwürdiges Licht zu rücken und sogar einen möglichen Minderjährigenmissbrauch zu unterstellen.

Es wird konsequent mit suggestiven Interview-Fragen gearbeitet, die stets automatisch ein negatives Bild der Befragten erzeugen, um Rebeccas Karriere in die Nähe ausbeuterischer und sexualisierender Praktiken zu rücken und eine bestimmte Moral zu transportieren. Dieser Standpunkt ist sicher zu hinterfragen: Ist Europa und *der Westen* insgesamt, mit dem Japan in der Dokumentation oft kontrastiert wird, frei von solchen Tendenzen? Man denke nur an kontrovers diskutierte TV-Formate wie „Germany's next Topmodel" und die dort vorherrschende sexualisierte Darstellung von Weiblichkeit und minderjährigen Frauen.

Die faszinierende Tatsache, dass ein Mädchen über YouTube in Japan ein Star wurde, thematisiert die BBC ausschließlich in den ersten zwölf Minuten der knapp einstündigen Dokumentation. Der gesamte Rest dreht sich um die männlichen Fans, vor denen Rebecca sich selbst und auch ihre Eltern sie nicht richtig und genügend zu schützen scheinen, um negative Erfahrungen von Gemma und um Aufnahmen aus einem Londoner Tonstudio, in dem Rebecca einen Song produzieren will.

Rebeccas Eltern, speziell ihr Vater, hätten es gerne gesehen, wenn sie ihre Karriere als Sängerin eher im *Westen* vorangetrieben hätte. Allerdings war schon von Beginn ihrer Karriere an klar, dass ihre Outfits und die dahinterstehende Kultur in Japan zu verorten sind und der leicht lolitahafte Stil in England kaum Erfolg haben würde (vgl. BBC Three: Min. 14). Es ist somit nicht verwunderlich, dass Rebecca und ihre Persona Beckii Cruel nach dem Ausstieg aus dem japanischen Markt kaum eine Chance in Europa hatte. Hier erkennt man deutlich den großen Unterschied zwischen partikularen Fan-Kulturen, die Internet-basiert existieren, und dem breiten Konsumenten-Markt, auf dem japanische Popkultur bis heute eher ein Nischen-Phänomen ist.

6.2 Beckii als Persona, die dem *Fremden* verfiel

Rebeccas Persona Beckii wird in der BBC-Dokumentation durchgehend als negatives und deviantes *Anderes* konstruiert. Es wird der Anschein erweckt, dass sie nicht in ihre eigene Gesellschaft passt und dass sie sich trotz ihrer Partizipation am Schul-Alltag auf der kleinen Kanalinsel vom kulturellen Mainstream entfernt hat. Dafür müsse sie dann einen hohen Preis zahlen: Sie wird als *Fremde* von ihren Mitschülern ausgegrenzt. Fast pathologisierend wird ihr somit eine doppelte Persönlichkeit attestiert: In der Schule ist sie Rebecca Flint, in ihrer Freizeit und Arbeit Beckii Cruel.

Man muss hier reflektieren, weshalb Rebecca auch in der Schule von Teilen der Mitschüler/innen als abweichendes *Anderes* empfunden wird. Auch schon vor dem Annehmen ihrer Beckii-Identität schien sie nicht „dazuzugehören" (vgl. BBC Three: Min. 5). Eine Person, die in einer kleinen Inselgemeinschaft aufwächst und sich dazu entschließt, Tanz-Videos im Cosplay zu japanischer Musik hochzuladen, hat sich bewusst oder unbewusst gegen die Normen ihrer Mainstream-Community entschieden und kann anscheinend auch mit den Konsequenzen umgehen. Zumindest wirkt Rebecca selbst an keiner Stelle der Dokumentation unsicher. Im Gegensatz zu Gemma, die konstant verunsichert wirkt, scheint sie sich ihres Handelns immer in vollem Umfang bewusst zu sein.

Auch hierzu kommentiert die BBC-Dokumentation: Nachdem gezeigt wurde, wie Rebecca in der Schule wegen ihrer YouTube-Videos von anderen Mitschülern aufgezogen wird, sagt sie, dass sie sehr froh sei, in Japan Anerkennung zu erhalten, da sie so über das Mobbing hinwegsehen könne. Nach einem Schnitt zu einer Beckii, die fröhlich vor einer Schar Fans in Tokyos Straßen tanzt, merkt die Off-Stimme an: „Luckily then that she is adored 6000 miles away." (BBC Three: Min. 21). So werden suggestiv Anhänger von Subkulturen als generell *Andere* konstruiert und negativ abgewertet, da sie sich nicht der jeweiligen hegemonialen Gesellschaft anpassen wollen/können.

Da die BBC-Dokumentation allgemein Rebeccas Arbeit in Japan als sexuell überbetont beschreibt und an keiner Stelle auslässt zu betonen, dass ihre Fans hauptsächlich männlich sind und auch einige fanatische Stalker dabei sind, bleibt dem westlichen Betrachter kaum ein Zweifel daran, dass Rebecca in Japan in dieser überzeichnet weiblichen Form als *Moe*-Idol und puppenhafte Lolita vermarktet wird. Männliche Japaner, und speziell die kulturelle Szene, in der Rebecca vermarktet wurde, sind vom Standpunkt der BBC aus pädophil geprägt. Auch Beckiis japanischer Manager bestätigt dies dem Zuschauer. Zwar wird dies an keiner Stelle direkt und explizit als Wertung ausgesprochen, liegt jedoch als Unterton großen Teilen der Dokumentation zugrunde.

Auf diese Weise warnt die Dokumentation andere Jugendliche davor, dieser ‚pervertierten' Kultursphäre Japans zu verfallen. Besonders die letzten zehn Minuten der Dokumentation drehen sich fast ausnahmslos um einen Fan, mit dem Rebecca teils auch persönlichen Kontakt hatte. Auch die negative Einstellung des zweiten „Cruel Angels", Gemma Cruel, wird hier zur Abwertung der japanischen Populärkultur mit eingeflochten. Rebeccas Eltern werden durchgehend als verantwortungslose und rein geldorientierte Erziehungsberechtigte stigmatisiert (vgl. BBC Three: Min 15–16). Dazu kommen die Kommentare von Beckiis ehemaligem japanischem Manager, die teils extreme Kulturunterschiede konstatieren und so die *westliche* Perspektive (zumindest so, wie die BBC sie konstruiert) auf Japan als „perverse Kultursphäre" bestätigen.

In diesem gesamten Konstrukt eines eindimensionalen „Lolita-Japan" und Rebeccas, die quasi ihre Heimat verlassen und Japan „anheim gefallen" ist, gibt es auch auffällige Leerstellen, d. h. Dinge, die nicht erwähnt werden. Es ist z. B. bemerkenswert, dass neben der wertenden, hegemonial-westlichen Sicht auf Rebecca und ihr Idol-Dasein, verkörpert durch die weibliche Off-Stimme mit britischem Akzent, an keiner Stelle Experten zum Thema „Pop-Kultur in Japan" befragt werden. Die anscheinend „objektive" Wertungssicht wird somit an keiner Stelle gebrochen und die Akteure sind den kulturellen Wertungen der Off-Stimme (oder der BBC-Journalisten in den UK) ausgeliefert.

Wäre es in einer Dokumentation über ein so außergewöhnliches transkulturelles Phänomen wie Beckii nicht um einiges interessanter gewesen, auf den Alltag, die Vermarktungsstrategie von Idols in Japan oder auf die heutige Kulturhybridisierung durch das Internet einzugehen? Rebecca Flint selbst erkennt dieses transkulturelle Element in ihrer eigenen Erfolgsgeschichte:

> I felt really loved by everyone I met out there [in Japan]. I was most definitely a foreigner, but there is a strange east-west crossover that perhaps Manga and Anime is responsible for. (Interview Flint 2012)

Auch in der BBC-Dokumentation sagt Rebecca in Min. 6 fast genau dasselbe: Sie habe sich Japans Kulturpraktiken durch Anime, Manga und das Internet angeeignet.

7 Abschließende Betrachtung: Beckii Cruel als Botschafterin des digitalen Transkulturalismus?

Beckii Cruel ist in ihrer kulturell hybridisierten Erscheinung repräsentativ für einen globalen, durch Netzwerke und Gatekeeper verbundenen digitalen Transkulturalismus, der abseits staatlicher Grenzen existiert und in dieser Form erst durch das Web 2.0 möglich geworden ist. Sie ist ein Beweis für die transkulturelle Les- und Rezipierbarkeit von in Japan produzierter Manga-, Anime- und Fankultur und zeigt, dass man die Identitäten der Akteure in diesen kulturellen Feldern behutsam und wertungsfrei analysieren muss, um ein angemessenes Verständnis für die jeweiligen Kontexte zu generieren. Vorbelastete und wertende Begrifflichkeiten wie Hoch-, Sub-, Jugend- oder Fetischkultur sollten in einem Zeitalter „flüssiger" Konsumenten nicht für solche Formen transkultureller Identitäten benutzt werden. Wie man am Beispiel der BBC-Dokumentation zu Beckii und der Stigmatisierung ihrer Idol-Tätigkeit in Japan sehen kann, klafft zwischen „postnationaler" Werterealität, also gelebter Kultur im Internet, und der nationalen Einordnung und Interpretation ein tiefer Graben, in dem weiterhin mit Begriffen wie „Sub- und Perversionskultur“ agiert und nationale Stereotypen zementiert werden. Der scharfe Kontrast, den die BBC zwischen Gender-Rollen in Japan und im *Westen* konstruiert, entspricht nicht der heutigen Werterealität, wie sie uns auch in den Medien begegnet. Es sollte daher auch keine Wertung über solche Kulturphänomene (wie z. B. dem Lolita-Kult in Japan) ausgesprochen werden. Natürlich ist es als positiv zu bewerten, dass sich Dokumentationen mit dem Thema sexualisierter Ausbeutung von jugendlichen Frauen beschäftigen, doch kann es nicht der richtige Weg sein, den Umgang mit Jugend und Weiblichkeit in einer anderen Kultur als „falsch“ zu brandmarken, Missstände im eigenen Kulturkreis dagegen auszublenden oder mit der Darstellung des Fremden gar die eigenen Missstände zu überdecken. Denn wie auch durch die in Kapitel 3 erläuterten philosophischen Positionen klar wurde, gehört kein Individuum nur *einer* gesellschaftlich verorteten Kulturgruppe an. Um nochmals Judith Butler zu zitieren „[...] it seems that we travel.“ (2006: Min. 1). Und so wie auch Rebecca Flint zwischen diversen Gruppen- und Kulturzugehörigkeiten „reist“, so tun es auch andere.

Auch wenn Idols wie Rola oder Becky in Japan populär sind, sieht man am vergleichsweise geringen Erfolg Beckiis und der *Cruel Angels,* sich auf dem japanischen Markt zu etablieren, wo gewisse kulturelle Akzeptanzgrenzen in Japan heute gesetzt sind. Das *Fremde/Andere* soll weiterhin beherrschbar und daher eher „am Rand“ gehalten werden. Zwar ist es generell positiv zu bewerten, dass eine schrittweise Öffnung und multinationale Pluralisierung in Japan festzustellen ist, doch wie schon durch Morris-Suzukis und Kos These deutlich wird: Zwischen tatsächlichem Multikulturalismus und einem rein „kosmetischen“ Multikulturalismus liegt weiterhin eine tiefe Kluft (vgl. Morris-Suzuki 2001: 185–186 und Ko 2010: 26–31).

Im Anschluss an Baumans Thesen zur *liquid modernity* in gegenwärtigen Industrienationen muss die Frage gestellt werden, ob Japan wirklich Teil dieser ‚verflüssigten‘ Moderne ist, in der Grenzen, speziell zum Ausland (und auch auf individuellerer Ebene) und zu anderen kulturellen Strömungen hin, immer weiter aufgelöst werden. Nakamoris Sätze am Anfang seines Buches (erwähnt zu

Anfang von Kapitel 5) und die Kommentare von Rebeccas japanischem Manager zum Grund ihres Erfolges in Japan lassen starke Zweifel daran aufkommen. Auch muss man sich fragen, was japanischer Pseudo-Multikulturalismus mit Pluralisierung oder Entstaatlichung zu tun hat, und auch die weiterhin starke Polarisierung von Gender-Rollen in Japan (vgl. Holloway 2010 und Azumas Definitionen zu *Moe*-Elementen und Weiblichkeit) lässt hier deutlich zweifeln. Eine ähnliche Tendenz könnte man allerdings auch im *Westen* feststellen. Wie sonst könnte man den globalen Erfolg von „Topmodel"-Casting-Shows und Kinder-Schönheitswettbewerben wie in „Toddlers and Tiaras" erklären?

Kann das Internet als kulturelle Basis, das bis heute zahllose hybride und transkulturelle Kulturphänomene hervorgebracht hat, mehr Akzeptanz und Wertefreiheit generieren als andere Bereiche des öffentlichen und medialen Lebens? Oder sind vielleicht nur die bereits genannten *digital natives* mit ihrem hohen Level an *media literacy* in der Lage, eine noch flüssigere digitale Kulturhybridwelt hervorzubringen? Durch Schumacher wissen wir allerdings, dass die *digital immigrants* kaum den *natives* unterlegen sind. Es scheint also eher eine individuelle Entscheidung zu sein, für welches (manchmal temporäres) kulturelle Ziel man sich als „Reisender" zwischen sozialen und kulturellen Gruppen und Phänomenen entscheidet, und erst das Internet bietet die Gelegenheit, sich auf eine Reise in andere kulturelle Gefilde zu begeben, ohne die eigene gewohnte Umgebung physisch verlassen zu müssen. Wie wir durch den Vergleich zwischen Rebeccas persönlicher Begeisterung und der überspitzt kritischen BBC-Dokumentation gesehen haben, ist im medialen Mainstream weniger Akzeptanz gegenüber *fremden* Kulturströmungen vorhanden, als es Baumans Thesen vermuten lassen würden.

Es bleibt aber festzuhalten, dass Rebecca Flint zeitweise etwas gelungen ist, wovon viele Fans japanischer Pop-Kultur träumen: Vom japanischen Markt anerkannt zu werden und als kultureller Hybrid akzeptiert zu werden. Wenn auch nur für kurze Zeit.

E-Mail-Interview mit Rebecca Flint, alias Beckii Cruel

(Durchgeführt am 20. April 2012)

O: Hello Rebecca. My name is Oliver E. Kuehne and I want to thank you very much in advance for answering my interview questions.

R: Hi Oliver, it's my pleasure!

O: How did you learn about Japanese culture?

R: I bought a copy of Fruit's Basket, a Japanese manga in 2009 from a shop because it was different, you know, the way you read it back to front. It got me more and more interested and I wanted to find out more, so I looked online. It really opened the door for me.

O: How did you learn Para-Para and what kind of Japanese dancing styles do you like?

R: I copy the dances from videos I see on YouTube. I really like a lot of styles, I think that traditional Japanese dance is so beautiful, but I definitely prefer J-Pop dances.

O: When did you start learning Japanese and how do you think about the language?

R: I've made an effort to understand it from when I first became interested in Japan. I taught myself from the age of 13, buying any textbooks I could get my hands on! It is a fascinating aspect of Japan in itself, and the writing is so beautiful. It is hard to learn but I am persevering. I'm learning French and Spanish at school, and I think that knowing more and more languages really helps me.

O: Who is Rebecca Flint?

R: Just me I'm afraid! I'm a relatively normal 16 going on 17 student living on the Isle of Man. I study Photography, French, Spanish and English Literature, and I aspire to start up my own magazine for teenage girls. That's my dream.

O: And on the other hand: Who is Beckii Cruel?

R: Just me yet again, but with a different name! Beckii Cruel represents me on the global stage of the internet, as a dancer and singer who is popular in many places, but most of all in Japan. It is interesting though, as I get older, I am becoming more ‚myself' again as I look towards the future and what it holds. Beckii Cruel is perhaps just a little stuck in time from a couple of years ago. It does make the future interesting though!

O: Please describe how it was for you to work in Japan and how it felt to stand in the spotlight of a foreign country?

R: Working in Japan has been nothing short of incredible. I had always wanted to go, and expected I might go as a tourist one day. I never expected to be travelling there as an idol, being stopped in the streets and bringing shopping malls to a standstill. It was really crazy, like I'm living a dream. The separation between the Isle of Man, a very small place with little over 80.000 people living there compared to Tokyo, 8.000 miles away and with millions of citizens, it was absolutely dream-like. It's weird because I had never gone to look for popularity or fame, it just happened to me. I'm very much a realist: the pop star dream died out when I was maybe 6 years old because it was so unattainable. It's crazy how everything turned out for me! I'm eternally grateful.

O: How did you feel about the Japanese people? Did you feel accepted?

R: The Japanese are great. I felt really loved by everyone I met out there. I was most definitely a foreigner, but there is a strange east-west crossover that perhaps Manga and Anime is responsible for. It helped to be part of that genre I think. It was strange walking through the streets though, because Tokyo is mainly populated by Japanese people, so they would look at me because I am caucasian, then look again and maybe notice me off the TV or the internet. It was very cool having people know who I was. I think if I lived there I would always be a foreigner, it's something I could never pass, but it doesn't bother me.

O: Did you also get to know other foreign or Japanese idols and how did they feel about their job?

R: I met and stayed in contact with Michishige Sayumi of Morning Musume. She was very sweet and we did a photoshoot together, it was a dream come true to make friends with her but I soon realised you don't become best friends with idols in Japan. You become little more than friends, because the idol lifestyle is so demanding, and there is a constant presence of cameras and media. It's hard to really connect with all that pressure to smile looming over you. I didn't mind it though, I think it's to be expected of the industry, and especially for me with the language barrier.

O: What do you think about the BBC documentary *Beckii: Schoolgirl Superstar at 14* and how they portrayed you and your work in Japan?

R: This is a difficult one to answer. I didn't like the angle they took. It focused on the wrong things. I don't think it portrayed the Japanese properly, it was fairly rude about my fans. It also made my family out totally different to how they were, and we received a fair amount of backlash for it. People don't realise that for an hour long documentary, 100 hours of footage must be filmed. They can chop and choose what they like, and make us out how they like. It was a learning curve to say the least, but I don't regret it at all. The exposure was surreal, and I've met some of my best friends today through them watching the documentary and getting in touch.

O: Do you still have contact to the other two girls of the „Cruel Angels" project?

R: There were in fact many more „Cruel Angels". It was a project my then manager thought the Japanese would go wild for. I was never a part of that concept. The girls I worked with for the single was a one-off. I hear from them occasionally, but not very often. It was never something I planned to happen, so my heart wasn't in the project.

O: Why did you terminate your agreements with the Japanese company?

R: The management company was London based, not Japanese. I'm not really willing to say more than the official statement I released. (http://www.youtube.com/xBextahx2)

O: How do you think about Japan today?

R: I still love it dearly and I miss it with all my heart. I long for the day I return!

O: Could you imagine working in Japan as an idol again?

R: I'd love for things to fizz up again. It'd be lovely to apply the knowledge I learned from things first time around, and do things a little differently. One can dream, and who knows what will happen with my career!

O: How do you think about the following statement: „Dancing is like a universal language: It can transcend individuals, cultures and verbal communication"?

R: I think that's very profound and very true. Dancing can say what words cannot. While my dancing doesn't portray a message, I aim to portray an emotion: happiness. I want people to come home from a bad day, watch one of my videos and smile and be inspired, that's why I make videos.

O: What means the word „Otaku" to you?

R: Otaku means somebody who has a fascination or an ‚obsession' with something, usually anime, manga or video games, but the word can apply to anything one has the ‚obsession' with.

O: Would you describe yourself as an „Otaku"?

R: To a certain extent. I think I grew out of my otaku ways a few years ago, I still enjoy the things I did enjoy before but not to the same degree.

O: Last question: Which one of your Cosplays do you like the most and why?

R: I really love my Chii (Chobits) cosplay. The dress is so beautiful and I think it's the costume I feel I pull off the most well. Many people took me a lot more seriously as a cosplayer after I wore that outfit. (Photos on my website gallery: http://beckii.co.uk)

O: Thank you very much for your support and your answers! = ^_^ =

R: You're very welcome! Thank you very much.

Literatur

Aoyagi, Hiroshi (2005): *Islands of Eight Million Smiles: Idol Performance and Symbolic Production in Contemporary Japan*. Boston, Cambridge: Harvard University Asia Center.

Azuma, Hiroki (2011): *Dōbutsuka suru posutomodan* [Übers. „Die animalisierende Postmoderne"]. Tokyo: Kōdansha.

Bauman, Zygmunt (2000): *Liquid Modernity*. Cambridge: Blackwell.

Burgess, Jean; Green, Joshua (2009): *Youtube: Online Video and Participatory Culture*. Cambridge: Polity.

Chen, Hsiao-ping (2011): *From Artmaking to Identity Making. The Significance of Manga in the Identity-Construction of Young American Adults – A Lacanian Approach*. Saarbrücken: LAP Lambert Academic Publishing.

Fiske, John (1992): „The Cultural Economy of Fandom". In: Lewis, Lisa A. (Hg.): *The Adoring Audience. Fan Culture and Popular Media*. London und New York: Routledge.

Galbraith, Patrick W. (2014): The Moé Manifesto. An Insider's Look at the Worlds of Manga, Anime, and Gaming. North Clarendon: Tuttle Publishing.

Hitzler, Ronald; Niederbacher, Arne (2010): *Leben in Szene. Formen juveniler Vergemeinschaftung heute*. Wiesbaden: VS Verlag.

Hobsbawm, Eric (1998): „The cult of identity politics". In: *New Left Review*, Nr. 217. S. 40.

Holloway, Susan D. (2010): *Women and Family in Contemporary Japan*. New York: Cambridge University Press.

Jenson, Joli (1992): „Fandom and Pathology: The Consequences of Characterization." In: Lewis, Lisa A. (Hg.): *The Adoring Audience. Fan Culture and Popular Media*. London und New York: Routledge.

Ko, Mika (2010): *Japanese Cinema and Otherness. Nationalism, Multiculturalism and the Problem of Japaneseness*. London und New York: Routledge.

Kristeva, Julia (1990): *Fremde sind wir uns selbst* [Orig. *Etrangers à nous-mêmes*]. Frankfurt: Suhrkamp.

Kühne, Oliver E. (2012): „Historical Amnesia and a ‚Neo-Imperial Gaze' in the Okinawa Boom. Healing in ‚one's own' outland?" In: *Contemporary Japan*. Vol. 24, Nr. 2. S. 213–241.

Lyotard, Jean-François (1994): *Das postmoderne Wissen. Ein Bericht* [Orig. *La condition postmodern*]. Wien: Passagen.

Marx, W. David (2012): „The Jimusho System: Understanding the Production Logic of the Japanese Entertainment Industry". In: Galbraith, Patrick W.; Karlin, Jason G. (Hg.): *Idols and Celebrity in Japanese Media Culture*. UK: Palgrave MacMillan. S. 35–55.

Mihara, Ryūtaro (2010): *Haruhi in USA* (Übers. „Haruhi in den USA"). Tokyo: NTT Shuppan.

Morris-Suzuki, Tessa (2001): „‚Posturokoroniarizumu' no imi o megutte" (Übers. „Betrachtungen zur Bedeutung von ‚Postkolonialismus'"). In: *Gendai shisō*. Vol. 29, Nr. 9, Juli 2001. S. 183–187.

Nakamori, Akio (2007): *Aidoru nippon* (Übers. „Idol-Japan"). Tokyo: Shinchōsha.

Palfrey, John; Gasser, Urs (2008): *Born Digital. Understanding the First Generation of Digital Natives*. New York: Basic Books.

Prensky, Marc (2001): „Digital Natives, Digital Immigrants". In: *On? the Horizon*. Vol. 9, Nr. 5. S. 1–6.

Schneider, Irmela (1994): „Hybridkultur. Eine Spurensuche". In: Thomsen, Christian W. (Hg.): *Hybridkultur. Bildschirmmedien und Evolutionsformen der Künste. Annäherung an ein interdisziplinäres Problem*. Siegen: DFG-Sonderforschungsbereich 240. S. 9–24.

Schulmeister, Rolf (2008): „Gibt es eine Net Generation? Widerlegung einer Mystifizierung". In: Seehusen, Silke; Lucke, Ulrich; Stefan Fischer (Hg.): *DeLFI 2008: Die 6. e-Learning Fachtagung Informatik der Gesellschaft für Informatik e.V. 07.–10. September 2008. Lübeck: Lecture Notes in Informatics (LNI)*. Bonn: Gesellschaft für Informatik, Vol. P-132. S. 15–28.

Shoemaker, Pamela J.; Vos, Tim P. (2009): *Gatekeeping Theory*. New York: Routledge.

Taylor, Charles (^{2}2012): *Multikulturalismus und die Politik der Anerkennung*. Frankfurt: Suhrkamp.

Welsch, Wolfgang (2005): „Transkulturelle Gesellschaften". In: Merz-Benz, Peter Ulrich; Wagner, Gerhard (Hg.): *Kultur in Zeiten der Globalisierung. Neue Aspekte einer soziologischen Kategorie*. Frankfurt am Main: Humanities. S. 39–67.

von Gross, Friederike (2010): „Visual Kei – jugendliche Musikfans im Internet". In: Hugger, Kai-Uwe (Hg.): *Digitale Jugendkulturen*. Wiesbaden: VS Verlag. S. 151–168.

Filmographie

BBC Three (2010): *Beckii. Schoolgirl Superstar at 14*. Isle of Man (England) und Japan (erstmals ausgestrahlt 18.08.2010).

Flint, Rebecca (2009): *Danjo Dance cover by xBextahx*; http://www.youtube.com/watch?feature=player_embedded&v=PNFHFa4_PoI [23.5.2013].

Flint, Rebecca (2009): *Saikyo Pare Parade dance cover by xBextahx*; http://www.youtube.com/watch?v=pLNgRxF07Zg&list=PLYSOsFVCLCcayyYDGY05X-XyaTEIBGI5p&index=52 [20.5.2013].

ARTE France et Associés (2006): *Judith Butler, Philosophin der Gender / Philosophe en tout genre*. Frankreich: ARTE France et Associés, 2006 (Erstausstrahlung am 20.10.2006).

Internetquellen

Arte (14.3.2012): „Tracks: Korean Pop"; http://www.arte.tv/de/k-pop/6429040,CmC=6428924.html [23.5.2013].

Beckii (2013): „Rebecca Flint's offical homepage"; http://beckii.co.uk/ [21.5.2013].

Danceroid (2013): „Offical Homepage"; http://danceroid.jp/ [20.5.2013].

Dizon, Leah (2013): „Official Homepage"; http://leah-dizon.net/ [20.5.2013].

Matsutani, Minoru (24.8.2010): „Girl idol group about mass exposure, fans". In: *Japan Times Online*; http://www.japantimes.co.jp/news/2010/08/24/reference/girl-idol-group-about-mass-exposure-fans/#.UZ9EWspc1WI [23.5.2013].

Pellitteri, Marco (2006): „Japanese Comics Abroad: The Case of Italy A Short History of Manga's Social and Cultural Perception in the <BEL PAESE>". In: *Asia Culture Forum 2006. Mobile and Popular Culture. Session 4:, The World Reception of Japanese Manga'*, http://www.cct.go.kr/data/acf2006/mobile/mobile_0403_Marco%20Pellitteri.pdf [20.5.2013].

Glamouröse Grenzgänger
Die Entwicklung des *Visual kei* zwischen Subkultur und Entertainment

Jana Katzenberg

1 Einleitung

Nach Anime und Manga wurde in Deutschland in den vergangenen Jahren über keinen Bereich der japanischen Populärkultur so ausführlich berichtet wie über *Visual kei*. So spricht beispielsweise der Spiegel in seinem Sonderheft vom Januar 2009 von „aus Protest gegen die Konformität der Leistungsgesellschaft" gegründeten Bands und Fans, die den Stil ihrer Idole in die Straßen trügen, „um die langweiligen Bürotypen in den Business-Anzügen zu schocken" (Fischer/Spiegel 2009: 87). Auch Berichte von Arte (2001), 3sat (2006) oder Pro7 (2009) betonen die Rolle von Visual kei als Protestkultur, als Fluchtweg in eine Alternativwelt und als Möglichkeit, sich von der Masse abzuheben.

Auffällige Looks, Auflehnung gegen strikte Gesellschaftsordnungen und nicht zuletzt die eher sensationsgierige Berichterstattung wecken Erinnerungen an Punk, *die* Subkultur der ausklingenden 1970er Jahre. Genau wie damals hat die Wissenschaft auch bei Visual kei Interesse am Thema gefunden, diskutiert die Position dieser Richtung gegenüber dem Mainstream-Musikmarkt (Gross 2010, Lim 2004), ihre Rolle als Ausbruchsmöglichkeit aus dem Alltag (Höhn 2007, Hashimoto 2007) oder die Infragestellung der Geschlechterrollen (Inoue 2003).

In Japan scheint sich Visual kei auch einige Jahre nach diesen Presseberichten noch großer Beliebtheit zu erfreuen: Die Band *Golden Bomber* sorgte trotz ihres Indie-Plattenvertrages in den letzten Jahren für Überraschungshits, die bis an die Spitze der Major-Charts kletterten und ihnen zu Silvester 2012 sogar einen Auftritt bei der traditionsreichen NHK-Neujahrssendung *Kōhaku Uta Gassen* einbrachten. Ihr Styling verwenden sie als Markenzeichen und bleiben ihm auch bei gemeinsamen TV-Auftritten mit *Idol*-Gruppen[1] wie *AKB-48*, *SMAP* oder *Ara-*

[1] Idols (jap. *aidoru*) sind „highly produced and promoted singers, models and media personalities" (Galbraith und Karlin 2012: 2).

shi treu (Fuji TV, 20.6.2013). Das Jahr 2013 brachte ihnen Werbespots für den Telekommunikationskonzern Softbank (gemeinsam mit der Shirato-Familie sowie Maeda Atsuko von *AKB*) oder ein Hello Kitty-Special der Café-Kette Mister Donut ein.

Solche *Idol*-ähnliche Vermarktung steht allerdings in starkem Widerspruch zu dem, was obengenannte Medien und Forscher in Visual kei sehen. Ein rebellischer Look, der die Konzepte der Populärkultur in Frage stellen sollte, wird als Werbeträger verwendet, musikalische Botschaften werden auf 15-sekündige Clips heruntergekürzt. Wie rechtfertigen ernsthafte Musiker diesen Seitenwechsel, während sie ihre Szenezugehörigkeit weiterhin als Aushängeschild nutzen?

Golden Bomber sind diesen Zweifeln an ihrer Musiker-Ehre von vornherein geschickt aus dem Weg gegangen, indem sie nie als Musiker tätig waren. Abgesehen von dem Sänger Kiryūin Shō besteht die Gruppe aus drei Mitgliedern, die stolz darauf verweisen, keinerlei Instrument zu beherrschen. Alle Instrumentals werden von Studiomusikern aufgenommen und bei Liveauftritten vom Band abgespielt. Ihren Namen haben sich *Golden Bomber* als weltweit erste „Visual kei Air Band" gemacht. In Posen, Styling und künstlerischen Themen werden Größen der Szene sowie andere popkulturelle Phänomene detailverliebt karikiert. Instrumente sind bei ihren Konzerten zwar mit auf der Bühne, werden zu Comedy-Zwecken aber funktionsuntüchtig gemacht, die zugehörigen Soli ersetzt durch wilde, sich ständig ändernde Showeinlagen. Zudem geben die Bandmitglieder ihre Rollen mit „Vo-karu", „Gita-", „Be-su" und „Doramu" an, den japanischen Bezeichnungen für die Bandpositionen in lateinischer Umschrift (vgl. Abb. 1).

Das widersprüchliche Bild, das genannte Medienberichte und wissenschaftliche Untersuchungen sowie die Medienpräsenz von Bands wie *Golden Bomber* zeichnen, lässt die Frage aufkommen, wie Visual kei kategorisiert werden kann. Handelt es sich um eine Subkultur, oder ist vom beschriebenen rebellischen Charakter nicht mehr übrig geblieben als ein Marketingschema?

Bei der Lektüre diverser Presseberichte, aber auch wissenschaftlicher Publikationen zum Thema Visual kei fällt auf, dass das Wort „Subkultur" oft verwendet wird, ohne eine genaue Begriffsdefinition zu liefern. Daher möchte ich zunächst

Abbildung 1: Golden Bomber in der Zeitschrift *Fools Mate* im Februar 2013. Fotos: Takehiro Suganuma.

genauer untersuchen, welche Auswirkungen unterschiedliche Interpretationen des Subkultur-Begriffes auf das Verständnis des Visual kei haben können. Daran anschließend werde ich den Begriff Visual kei kurz definieren, die geschichtliche Entwicklung der Musikrichtung im popkulturellen Kontext beschreiben und den Einfluss von Eigenheiten der japanischen Musikindustrie auf die Visual-kei-Szene herausarbeiten.

Seit der Jahrtausendwende haben sich, wie eingangs bereits erwähnt, zahlreiche Publikationen mit dem Thema Visual kei auseinandergesetzt. Einen Einblick in die deutsche Szene geben beispielsweise die Forschungen von Höhn (2007) oder von Gross (2010), sowie für Österreich die Vergleichsarbeit von Hashimoto (2007). Wissenschaftliche Veröffentlichungen zu Visual kei in Japan sind in verhältnismäßig geringer Zahl vorhanden und fokussieren sich in erster Linie auf die geschichtliche und gesellschaftliche Einordnung (Lim 2004, Kashiwagi 2011) oder die Auswirkungen der Expansion auf den westlichen Markt (Kato 2009). Es gibt jedoch zahlreiche populärwissenschaftliche Texte, die die Entwicklung der Szene aus Fansicht (Amamiya 2009) oder der Perspektive eines involvierten Musikers (Ōtsuki 2006) beschreiben. Auch Musikjournalisten wie Ichikawa (2009) leisten mit Interviewbänden einen Beitrag zur Dokumentation von Visual kei in Japan.

Zur allgemeinen Einordnung des Phänomens sind darüber hinaus auch Publikationen nützlich, die einen Überblick über populäre Musik in Japan geben, wie beispielsweise Stevens (2008) und Condry (2011). Ich beziehe auch die *Idol*-Forschung von Aoyagi (2005) sowie Galbraith und Karlin (2012) mit ein, da dieser hyperkommerzialisierte Bereich eine neue Blickrichtung auf die auch bei Stevens bereits erwähnten Vermarktungsmechanismen in der japanischen Musikindustrie ermöglicht. Zudem greife ich auf allgemeinere Publikationen zur Musikgeschichte in Japan zurück, wie beispielsweise Minamida (2001) oder Miyairi (2008).

Weiterhin werden Artikel aus der japanischen Presse sowie Interviews mit Musikern und Szeneangehörigen hinzugezogen, um meine Argumentation auch durch die Aussagen von direkt Beteiligten zu stützen.

2 Subkulturbegriff im Wandel

Die Geschichte des Subkulturbegriffes ist eng verbunden mit den dazu durchgeführten Forschungen. Der Fokus der Soziologen der Chicago School lag bei ihren Forschungen auf Delinquenz; deshalb wurde der Begriff der Subkultur hier gleichbedeutend mit Gruppen devianter Jugendlicher. Diese ersetzten den Status, der ihnen in der Gesamtgesellschaft fehlte, durch den Status innerhalb einer eigenen Gruppe, indem sie neue Normen und Statuskriterien etablierten, die für sie erreichbar waren (vgl. Cohen 1955). Einige Zeit später erweiterten mit dem CCCS (Centre for Contemporary Cultural Studies) in Birmingham assoziierte Forscher diesen Begriff um eine neomarxistische Perspektive, die Subkulturen als eine Reaktion junger Angehöriger der Arbeiterklasse auf ihre gesellschaftliche Situation im Großbritannien der 1960er und 1970er Jahre darstellte. Hebdige interpretierte beispielsweise die Mods durch ihren selektiven Konsum als Parodie der sie umgebenden (und ihnen überlegenen) Konsumkultur (vgl. Hebdige 1979).

Auf die Theorien dieser zwei Schulen folgte laut Bennet und Kahn-Harris (2004: 1–18) zwar einige Kritik, allerdings sei der Begriff der Subkultur in diesem Kontext kaum weiterentwickelt oder angepasst worden. Innerhalb des Diskurses wurde immer wieder versucht, andere Bezeichnungen für neuere Entwicklungen wie die Diversifizierung und Vermischung von Jugendkulturen zu finden (vgl. Polhemus' „supermarket of styles" etc.).

Größere Relevanz hat für eine Beurteilung der in der Einleitung zitierten Einordnungen von Visual kei aber die übliche Verwendung des Begriffs im allgemeinen Sprachgebrauch. Bei Beiträgen in der Presse kann zum Beispiel von einer eher umgangssprachlichen Verwendung des Begriffes ohne tiefergehendes Interesse am Diskurs ausgegangen werden.

Aus diesem Grund möchte ich meinen Überlegungen zum Begriff Subkultur die Definition des Soziologen Paul Hodkinson zugrunde legen, der in seinem Buch „Goth" nach ausführlicher Analyse der Diskussionen an dem Begriff „Subkultur" festhält, da er diesen unter Beachtung einiger Kriterien als passende Bezeichnung für eine substantielle, langlebige Szene – im Gegensatz zu kurzfristigeren Erscheinungen und Trends – ansieht. Er verwendet folgende Indikatoren: „consistent distinctiveness", also Distinktion durch relativ klare Ideale und Geschmack; „identity", das heißt die Selbstwahrnehmung als Angehöriger einer bestimmten kulturellen Gruppe; „commitment", die Bereitschaft, seine Freizeit, Freundschaften und bestimmte Gewohnheiten dem Lifestyle zu unterwerfen; sowie „autonomy". Hier stellt er klar, dass Medien und Kommerz auch in Subkulturen existierten, man aber unterscheiden müsse, welcher Art diese seien: „Independent, enthusiasm-driven specialist record labels are entirely different from transnational conglomerates, and widely read niche-style magazines ought not to be pigeonholed alongside home-made fanzines with a three-figure readership" (Hodkinson 2002: 32).

Ich verwende in dieser Arbeit auch den von Hodkinson fallengelassenen Begriff der Szene. Während er diesen für eine genaue theoretische Einordnung als zu allgemein einstuft (Hodkinson 2002: 22–24), erfüllt der Ausdruck für mich den Zweck einer universaleren, nicht wertenden Bezeichnung einer Gruppe, die gleichzeitig lokal (beispielsweise durch Treffen), aber auch translokal (durch Musik und andere Medien) verbunden sein kann (vgl. hierzu Bennet & Kahn-Harris 2004: 13 f.).

3 Der Begriff „Visual kei"

Im allgemeinen Sprachgebrauch bezeichnet der Begriff *Visual kei* Musiker und Fans sowie Bandkonzepte mit Fokus auf aufwändigem Styling; wörtlich übersetzt bedeutet Visual kei (ビジュアル系, auch ヴィジュアル系) in etwa „visuelle Gruppe". *Kei* (系) hat laut dem einsprachigen japanischen Wörterbuch *Daijisen* an ein Nomen angeschlossen einen zusammenfassenden Charakter.

Das *Gaijien: Heisei shingo ryūkōgo jiten*, ein auf Modebegriffe und Jugendsprache fokussiertes Wörterbuch, setzt *kei* in dieser Verwendung mit *-ppoi, -taipu* gleich und betont, dass es als Suffix keine klare Gruppenzugehörigkeit ausdrücke, sondern vielmehr die (stilistische) Nähe zu etwas. Klassifizierungen würden laut der dort gegebenen Erläuterung in Bezug auf Musik oder Produkte gerne ausgesprochen, die Aussage, selbst einem gewissen *kei* anzugehören, sei jedoch verpönt (vgl. Kamei 2000, zit. nach Namba 2007: 308).

Kashiwagi (2009: 89–100) zeichnet die Entstehung des Begriffs in mehreren Schritten nach: Ausgangspunkt war ihm zufolge die häufige Verwendung des Wortes „Shock" in kleineren Musikzeitschriften Ende der 80er Jahre, insbesondere aus dem Bereich des Heavy Metal und Hard Rock. Beispiele für Begriffe, die sich daraus entwickelten, waren „hard shock", „heavy shock", „metal shock" und „beat shock", welche von den Bands auch zur Selbstbeschreibung genutzt wurden (vgl. Kashiwagi 2009: 91). Er äußert die Vermutung, dass der Slogan der Band *X Japan*, „psychedelic violence – crime of visual shock", von dieser Verwendung inspiriert und so wiederum zum Namensgeber für die neue Kategorie des „visual shock" geworden sei. Auf dem Cover der ab 1991 herausgegebenen Zeitschrift *SHOXX* finde sich ebenfalls der Untertitel „visual & hard shock magazine". Die Bezeichnung als *Visual kei* sei allerdings erst mit der Ausbreitung des Genres in den Jahren ab 1994 nachweisbar (vgl. Kashiwagi 2009: 92).

4 Geschichte des Visual kei

Während weltweit zahlreiche Quellen die Mitglieder der Band *X* (später *X Japan*) als die Begründer des Visual kei ansehen (vgl. Inoue 2003, Kato 2009) und diese sicherlich eine treibende Kraft waren, erscheint es mir gerade im Kontext der subkulturellen Einordnung des Stils sinnvoll, auch einen Blick auf die vorhergegangene und parallele Musikgeschichte und die damalige Situation alternativer Künstler zu werfen.

4.1 Rockmusik in Japan

Bis Visual kei aufkam, hatte die Rockmusik in Japan schon mehrere Boomphasen hinter sich. Der Sound der *Ventures* und der *Beatles* war bereits in den 1960er Jahren im Land angekommen und hatte zahlreiche Nachahmer gefunden, die in Jazz-Cafés und sogenannten Livehouses, kleinen Clubs, auftraten. Eigenes Material war aber eine Seltenheit: Man bemühte sich, westliche Vorbilder für den Heimatmarkt zu interpretieren; oft spielten die Bands Stücke, die von externen, bei den Plattenfirmen angestellten Komponisten geschrieben wurden (vgl. Cope 2007).

Im Verlauf der 1970er Jahre entstand jedoch parallel eine nach Authentizität strebende, zunehmend auch selbstreferenzielle lokale Musikszene, die sich von diversesten Stilrichtungen inspirieren ließ und ihre Songs selbst schrieb. Während sich der Massenmarkt insbesondere ab Beginn der 1980er Jahre auf *idols* – von sogenannten *jimushō*[2] produzierte crossmedial einsetzbare (und ersetzbare) junge Künstler – beschränkte, entstanden als Gegenentwurf Bands wie die *Blue Hearts*, *Boowy* oder *Rebecca*. Aktuelle Entwicklungen aus dem Westen wurden bei regelmäßig stattfindenden Events sehr direkt rezipiert, wie zum Beispiel der *London Nite* im *Tsubaki House* in Shinjuku, bei der der Musikkritiker Ōnuki Kenshō seit 1980 dem an Punk, New Wave und Ähnlichem interessierten Publikum seine neuesten Entdeckungen und Plattenimporte zugänglich machte[3]. Auch auf Musik und Subkultur fokussierte Magazine wie *Takarajima* (ab 1973) oder *Fool's Mate* (ab 1977) fanden ihr Publikum und erleichterten den Zugang

[2] Künstleragenturen, zur weiteren Definition und Rolle siehe Kapitel 5.
[3] Heute unter anderem im Shinjuku Loft, siehe http://www.kenrocks.net/.

zu immer neuen Künstlern diverser Musikrichtungen und Herkunft (vgl. Shinohara 2005: 195–239).

Mit der Markteinführung des Walkmans 1979 wurde auch das Hörverhalten nachhaltig verändert. Nun war viel persönlicherer Musikkonsum möglich, der über die familientauglichen Stars aus TV und Radio hinausging. Auch die fortschreitende Entwicklung im Bereich des Karaoke, wie zum Beispiel die Einführung der Karaoke-Box, wurde für viele Jugendliche zur Möglichkeit, ihr musikalisches Talent zu entdecken und auszuleben (vgl. Hosokawa 2008: 310 f.).

4.2 Bandboom

In Folge dieser neuen und erweiterten Möglichkeiten gründeten sich in der zweiten Hälfte der 1980er Jahre zahlreiche Bands. Sie waren motiviert durch den Erfolg von Vorbildern wie *Boowy*, deren Mitgliedern nach dem Gewinn eines Bandwettbewerbs die ersten Schritte ins Showbusiness gelungen waren: Nach ihrem Zusammenschluss machten Sänger Himuro Kyōsuke und Gitarrist Hotei Tomoyasu schnell Karriere und hatten damals sogar Auftritte in London und Berlin. Neben der Teilnahme bei Wettbewerben gaben viele Bands auch auf der Straße Konzerte – beispielsweise auf der als Fußgängerzone (*hokoten*) abgesperrten *Meiji dōri* in Harajuku –, da Auftritte in Clubs sie nach dem sogenannten „pay to play"-Schema Hallenmiete kosteten. Gerade junge Bands konnten diese Kosten durch den Ticketverkauf nur selten decken, weswegen man sich zusammenschloss, um statt einzelnen Konzerten größere Events zu veranstalten, wo mehrere Bands sich an einem Abend die Bühne, aber auch die Kosten und potentielle Publikumsaufmerksamkeit teilten (vgl. Miyairi 2008).

Die Medien waren inzwischen auf das gesteigerte Interesse aufmerksam geworden: Während die Zeitschrift *Takarajima* ihren Teil zur Unterstützung der neuen Musiker beitrug, indem sie das Schwestermagazin *Bando Yarōze* („Lass uns eine Band gründen / in einer Band spielen!") mit Spielanleitungen, Bandscores und Tipps für angehende Gitarristen auf den Markt brachte, startete der Fernsehsender TBS in der Sendung *Heisei Meibutsu TV* eine Rubrik namens *Miyake Yūji no ikasu bando tengoku* („Miyake Yūjis Paradies für aufstrebende, coole Bands", kurz *Ikaten*), in der Bands vor einer Jury aus Angehörigen der

Musikindustrie vorspielten. Minamida beschreibt die damalige Stimmung wie folgt:

> Das *hokoten* wurde jeden Sonntag unter einer Masse von mehr als 50 Bands begraben und die Verkäufe von E-Gitarren kletterten auf ein Rekordhoch. Die Bands, die bei *Ikaten* auftraten, wurden über Nacht berühmt. Viele Amateurbands hatten folgenden Traum: ‚Wenn wir auf der Straße oder im Fernsehen auffallen und Livehouses wegen uns ausverkauft sind, können wir auch ohne einen Vertrag mit einem Major-Label ganz oben in den Charts stehen.' (Minamida 2001: 177, eigene Übersetzung).

4.3 Die Anfänge des Visual kei

Um an dieser Stelle in der Masse der Bands noch auffallen zu können, nutzten viele Musiker zusätzlich auch optische Mittel: Durch außergewöhnliche Bühnenshows und ein fantasievolles Styling wollten sie ihrem Auftritt eine besondere Note geben. Bands wie *X Japan* (1982 gegründet) oder *Color* (1985 gegründet) orientierten sich an westlichen Glam- und LA-Metal-Bands, trugen auffällige Outfits und gebleichte, gefärbte, hoch auftoupierte lange Haare.

Darüber hinaus entstanden in der Tradition des Positive Punk beziehungsweise New Wave auch Bands wie *Auto-Mod*, *Sadie Sads* sowie *Sodom*, die sich an deren musikalischen Ansätzen orientierten. Wie vergleichbare westliche Bands experimentierten sie für die Entwicklung eines stimmigen Gesamtbildes mit Mode, Make-up und weiteren visuellen Elementen wie Cover- und Flyerdesign. Stärker als ihre Vorgänger sprachen sie auch ein weibliches Publikum an, das sich für diese alternative Ästhetik jenseits der üblichen breit vermarkteten Popstars begeisterte (vgl. Ōtaka 1999: 32). Die genannten Bands ordneten sich zwar nicht der entstehenden Visual-kei-Szene zu, aber auch spätere Größen dieser Szene wie *Buck-Tick* oder *D'erlanger* nahmen in diesem Umfeld ihren Anfang und nutzten die neuen Möglichkeiten zur Selbstpräsentation.

Das Styling erfolgte grundsätzlich in Eigenarbeit der Bandmitglieder, aus finanziellen Gründen, aber auch, weil die gewünschten kreativen Looks schlichtweg nicht zum Repertoire der erreichbaren Geschäfte oder Friseure gehörten. Also bestellte man über den in den Musikzeitschriften annoncierenden Versandhandel, färbte, schnitt und stylte selbst und entwickelte so in manchen Fällen einen Look, der zum eigenen Markenzeichen wurde. Eines der bis heute bekanntesten Beispiele ist hide[4], Gitarrist der Band *X Japan*. Er hatte nach dem Schulabschluss eine Friseurschule in Tokyo besucht, wurde aber, bevor er in den Beruf einsteigen konnte, von Hayashi Yoshiki in dessen Band eingeladen. Dort konnte er das Gelernte auch weiterhin anwenden und wurde so zum optisch auffälligsten Bandmitglied (vgl. Abb. 2).

> **hide**: „Heute lasse ich die Haare von jemandem toupieren, aber früher habe ich das selbst gemacht." […]
> **Imai Hisashi**: „Hast du dir diese Frisur ausgedacht, als du noch Friseur warst?"
> **hide**: „Ja. Als Abschlussarbeit musste ich eine Frisur für die Modenschau der Schule machen. Alle anderen hatten künstlerische Konzepte wie aus der Vogue. […] Aber ich fand das nicht interessant. Also habe ich die Haare alle einzeln hochtoupiert." (*Rockin' On Japan* August 1990: 86, eigene Übersetzung)

Neben den Konzerten und der Präsenz in spezialisierten Medien wie Fanzines waren eigene CDs oder Kassetten wichtig, um sich einen Ruf als Musiker aufzubauen. Zu Beginn ihrer Karriere hatten Bands wie *X Japan* große Probleme, ein Plattenlabel zu finden, da sie mit Sound und Look weit außerhalb der aktuellen Erfolgsschemata der Industrie lagen. Also nutzten sie den technischen Fortschritt und gründeten erste Independent-Labels wie *Extasy Records* (Yoshiki, *X Japan*) oder *Free Will* (Dynamite Tommy, *Color*), um sich selbst die Möglichkeit für Veröffentlichungen zu eröffnen (vgl. Imai 1999: 16–20). Nachdem sie erste Erfolge verzeichnen konnten, boten ihnen die großen Plattenfirmen zwar Verträge an, blieben jedoch weiter skeptisch über die Erfolgsaussichten. So berichtet Yoshiki von folgenden Kommentaren angesichts ihres ersten Major-Vertrages:

> When we started, when we signed with Sony Records, we were categorized as hard rock or heavy metal, so they said, „Don't even think about selling more than 50.000 copies." I said, „Why not? Can we sell a million copies or play the Tokyo Dome, which has 55.000 seats?" They said, „No way, you guys are categorized in the rock industry. You are not pop." (MTV Iggy 2011)

Ihr Debütalbum, *Blue Blood* (1989), hielt sich allerdings über 100 Wochen in den landesweiten Oricon-Charts, und das bei einem Los-Angeles-Aufenthalt aufgenommene Nachfolgewerk *Jealousy* führte die Albumcharts lange an und wur-

[4] Matsumoto Hideto, 1964–1998, Künstlername hide (klein geschrieben).

Abbildung 2: Stilikone hide in den frühen 90er Jahren, Arena 37 °C Special August 2002. Foto: Hideo Canno.

de zu einem sogenannten *million seller*. Auch *Buck-Tick* schafften es mit ihren Veröffentlichungen in die Charts. Auf den Magazincovern lässt sich ebenfalls ein klarer Zuwachs an Visual-kei-Bands feststellen. Kurz hintereinander zierten zum Beispiel im Jahr 1990 die Bands *X Japan* (hier auch sämtliche Bandmitglieder einzeln), *By-Sexual, Luna Sea, Buck-Tick, Zi:Kill* sowie *Color* den Titel der *Rockin' on Japan*.

4.4 Das goldene Zeitalter des Visual kei

Abbildung 3: GLAY bewerben in einer Kadokawa-Spezialausgabe vom 15. März 1999 ihre Tour.

Mitte der 1990er Jahre waren auch die großen Plattenfirmen auf den Trend aufmerksam geworden und versuchten nun, hitverdächtige junge Bands zu rekrutieren. In den darauf folgenden Jahren debütierten Künstler wie *Luna Sea*, *GLAY* und *L'arc en Ciel* zunächst bei Yoshikis und Dynamite Tommys Spezial-Labels und wechselten später allesamt zu großen Major-Labels. Sie sollten die Generation von Visual-kei-Künstlern werden, deren Verkaufserfolge nach dem Major-Debüt die ihrer Mentoren weit hinter sich ließen. Während der Stil dieser Gruppen im Vergleich zu einigen ihrer Vorgänger visuell wie musikalisch eher zurückhaltend war oder auf Anraten des Labels abgeschwächt wurde, behielten sie Bestandteile wie auffällige Haarfarben und -schnitte als Alleinstellungsmerkmal bei (vgl. Abb. 3). Stevens (2008: 57) führt hier als Beispiel Kawamura Ryūichi, den Sänger von *Luna Sea* an, der mit weniger Make-up und kurzen Haaren 1997 plötzlich zum Werbeträger für die Handelskette Family Mart und für den Süßwarenproduzenten Morinaga wurde. Ein Zeitungskommentar aus dem Jahr 1997 mit dem Titel *Keshō Rock* („Make-up-Rock") berichtet, wie sich der die 1990er Jahre über beliebte „Poprock mit Hardrock-Einflüssen" zunehmend zu einem *idol*-Betrieb entwickle. Während zunächst eine rebellische Grundhaltung vorhanden gewesen sei, werde diese durch Nachahmer-Bands ausgehöhlt, welche den auffälligen Look lediglich dazu nutzten, Fans zu gewinnen (vgl. *Asahi Shinbun* 27.6.1997, Morgenausgabe).

Diese Aussage wird durch explodierende Verkaufszahlen, aber auch durch Aussagen der Musiker selbst unterstützt. So spricht Teru, Sänger von *GLAY*, in einem Interview aus dem Jahr 2013 eher kritisch über die eigentliche Haupt-Erfolgsphase der Band:

> In der Generation vor uns, der von Boowy, spielte man Konzerte und steigerte so die Zahl seiner Fans – die Auftritte waren das Allerwichtigste. [...] Auch in der folgenden Generation war es selbstverständlich, nicht im Fernsehen aufzutreten oder in Zeitschriften zu erscheinen. Aber zu unserer Zeit verbreitete sich die Musik in der Welt, man präsentierte sich von der Late-Night-Sendung bis zum Frühstücksfernsehen. Es kommt mir so vor, als sei die Musik damals zum reinen Entertainment geworden. (Tsutaya VA 2013: Internet, eigene Übersetzung)

Die starke Medienaufmerksamkeit ermöglichte aber nicht nur Nachahmern kurze Erfolge, sondern führte auch dazu, dass sich die Szene weiter diversifizieren konnte. So präsentierten Bands wie *Malice Mizer* neue Konzepte, die sich weit vom Glam Rock der ersten Phase entfernten. Gothic-Einflüsse wurden hier um historische Roben erweitert und die Bandmitglieder wurden Charakteren auf einer Schauspielbühne immer ähnlicher. Zwar füllten solche Projekte nie große Stadien, sie konnten sich jedoch ein konstantes Publikumsinteresse erhalten und damit eine Nische für sich erobern.

4.5 Abklingen des Booms

Auf diese von Teru in dem zitierten Interview als „Musik-Bubble" bezeichnete Boomzeit folgte ein rascher Einbruch um die Jahrtausendwende: Vorbilder wie *X Japan* hatten sich bereits 1997 getrennt, und als hide bereits eine vielversprechende Solokarriere mit neuen Musikern gestartet hatte, fand diese mit seinem Tod im darauffolgenden Jahr ein jähes Ende. Auch weitere Gruppen wie *Shazna* oder *Luna Sea*, die in den Jahren zuvor groß genug geworden waren, um Major-Verträge abschließen zu können, trennten sich oder unterbrachen ihre Aktivitäten. Neue Projekte der Mitglieder stießen auf weniger Publikumsinteresse: Man hatte sich neuen *idol*s wie Hamasaki Ayumi oder Utada Hikaru zugewandt oder verfolgte die Aktivitäten der aufstrebenden Alternative-Szene (Alternative Rock). *GLAY* begleiteten 2002 eine von der Regierung entsandte Delegation nach China und wurden so zwar als nationale Musikikonen präsentiert, sie galten nun aber als endgültig vom Mainstream assimiliert (vgl. Stevens 2008: 57). In diesen als „Eiszeit des Visual kei" bezeichneten Jahren nach der Jahrtausendwende (vgl. Ōshima 2013) gründeten sich trotzdem weiterhin neue Bands, die mit dem Erbe der Vorgängergeneration experimentierten. Teilweise agierten hier durch die Trennung ihrer ursprünglichen Band nun arbeitslos gewordene Musiker als Produzenten oder gründeten Indie-Labels, für die sie sich auf die Suche nach neuen Talenten begaben, die bei den verbliebenen Fans gut ankommen könnten.

4.6 Neo Visual kei

Mucc, 1997 gegründet und lange Zeit beim eher experimentellen Label *Misshitsu Neurose* unter Vertrag, entwickelten, basierend auf den Ideen der Labelinhaber *cali=gari,* einen neuen Stil, der *kayōkyoku* mit Metal-Sound vermischte. Dieser weckte nicht nur das Interesse der japanischen Fans, sondern fand auch bald weltweit Hörer: Die schnelle Ausbreitung des Internets, gepaart mit wachsendem Interesse an Produkten der japanischen Populärkultur wie Anime und Manga, ließ im Ausland eine Fanszene entstehen. Während in den umliegenden asiatischen Ländern, allen voran Hongkong und Taiwan, der japanische Musikmarkt schon länger aufmerksam verfolgt wurde, breitete sich Visual kei nun auch nach Amerika und Europa aus. Es folgten schnell erste internationale Veröffentlichungen: *Mucc* brachten als einer der Vorreiter des Trends ab 2005 beim deutschen Label *Gan Shin* Singles und Alben heraus und hatten im gleichen Jahr auch ihren ersten internationalen Auftritt auf dem prestigeträchtigen *Wacken Open Air Festival*.

Ein Artikel der Website Nikkei Trendynet bezeichnet diese neue Phase als „Neo Visual kei" und zitiert hierzu Hoshiko Seiichi, ursprünglich Chefredakteur der Zeitschrift *Shoxx*, der heute mit seiner Firma Starchild unter anderem auch für die Tourismusabteilung der Regierung an Visit-Japan-Kampagnen mitarbeitet. Seiner Ansicht nach habe Visual kei einen ähnlichen Stand wie Takarazuka[5] – von außen betrachtet sei die Szene kaum sichtbar, aber es gebe hochwertigen Content sowie unterstützungsfreudige Fans. Zudem sei Visual kei als ein repräsentatives Medium des „Cool Japan"[6] anzusehen, da es sich sowohl zu einem weltweiten Markt als auch zu einem sprachübergreifend genutzten Begriff entwickelt habe (vgl. Miyazaki 7.9.2011: Internet).

Die neu aufgekommene internationale Popularität hatte auch in Japan Auswirkungen auf die Szene. Junge Bands träumten davon, ihre Karriere mit einem zuvor als unmöglich angesehenen Auslandsauftritt krönen zu können, und auch die „Veteranen" nutzten das weltweite Interesse. Alben wurden neu aufgelegt und teilweise bei einem ausländischen Label erneut veröffentlicht. 2007 kündigten *Luna Sea* überraschend ein Revival-Konzert im Tokyo Dome an. Optisch

---

5 Es handelt sich dabei um eine komplett weiblich besetzte Musiktheater-Truppe, die 1913 in Takarazuka, Hyōgo-ken, gegründet wurde und bis heute außerordentlich erfolgreich ist (vgl. Robertson 1998).

6 Durch einen Artikel von McGray (2002) über Japans „Gross National Cool" inspirierter und von der Regierung offiziell adaptierter Begriff, der das Land als „kulturelle Supermacht" beschreibt, die durch Anime, Manga, Musik, Mode, Film und weitere Bereiche der Populärkultur weltweit großen Einfluss errungen hat. Seither sind unter diesem Schlagwort zahlreiche Regierungskampagnen zur Förderung von Kreativ- und Medienindustrie sowie Tourismus als zunehmend wichtige Wirtschaftsfaktoren ins Leben gerufen worden. Vgl. hierzu Daliot-Bul (2009).

haben sich die Bandmitglieder großteils losgelöst von den auffälligen Looks ihrer Anfangstage (vgl. Abb. 4), der zehn Jahre zuvor geprägte Sound wird aber immer noch als relevant angesehen und bildet, vorsichtig weiterentwickelt, die Grundlage für Neuveröffentlichungen. Auch *X Japan* veröffentlichten weltweit über iTunes einen neuen Song mit Gitarrenspuren, die hide noch vor seinem Tod aufgenommen hatte. Beide Bands gingen in den folgenden Jahren auf Welttournee (vgl. Kato 2009).

Während viele Veröffentlichungen selbst junger Bands auch im Westen positive Reaktionen bekamen, kritisieren Insider wie Kenzi (*Kamaitachi*, *Anti Feminism*) den aktuellen Zustand der Szene: „Back in the day, there were bands, but people would try to do things differently. Nowadays, there's one band, and everyone copies off of them." (*Jrockrevolution* 12.7.2009: Internet).

5 Entertainment-Industrie in Japan

Die Popkultur eines Landes, so DiMaggio, werde nicht nur durch Kreative und Publikum, sondern auch zu einem sehr großen Teil durch ökonomische und organisatorische Faktoren bestimmt, die steuern, wie Popkultur vertrieben wird und wie der Markt segmentiert ist (vgl. DiMaggio nach Marx 2012: 35). Die Institutionen des Marktsystems entscheiden so über den Grad der Freiheit, der den Popkulturschaffenden zusteht, sowie über den Grad von Innovation und Diversität der Produkte (vgl. Marx 2012: 35).

In seinem Artikel zum Aufbau des japanischen Musikmarktes bemerkt Marx am Anfang, dass in diesem Bereich keinerlei Forschungsergebnisse vorlägen, die über deskriptive Analysen hinaus einen direkten Blick darauf erlauben, wie diese Industrie organisiert ist. Dennoch werde aus der vorliegenden Forschung im Bereich von *idol*s oder *enka* (japanische Schlager-Musik) klar, dass die sogenannten *jimusho* großen Einfluss auf die Inhalte der Industrie haben (vgl. Marx 2012: 36). Diese *jimusho* („offices") bauen nach Aoyagi Künstlerpersönlichkeiten quasi von Null auf und koordinieren deren komplettes Repertoire, ihre Bühnenpersönlichkeit sowie ihr Aussehen. *Jimusho* betreiben eine langfristige Marktplanung und steuern auch sämtliche Medieninhalte, die sich auf die Künstler beziehen, die bei ihnen unter Vertrag stehen (vgl. Aoyagi 2005: 145).

Abbildung 4: Nach ihrer Trennung im Jahr 2000 im neuen Gewand: Die wieder aktive Visual-Kei-Gruppe Luna Sea auf dem Cover der Japan-Ausgabe der Zeitschrift *Rolling Stone* im Januar 2013. Coverfoto: Hiro Kimura.

Diese Macht erlangen die eher kleinen *jimusho* durch enge Verknüpfungen zu anderen *jimusho*. Dadurch ergibt sich ein kompliziertes System aus *keiretsu*, Firmenkonglomeraten, das fast das komplette landesweite „Angebot" an Stars und Sternchen kontrolliert (vgl. Marx 2012: 39–45). Künstler gehen einen Management-Vertrag mit einem *jimusho* ein, das ihnen einen der Firma angehörenden Manager sowie alle notwendigen Möglichkeiten zur Verfügung stellt, um eine erfolgreiche Karriere zu starten. Wie Marx erklärt (2012: 36 f.), gehen die *jimusho* hier finanziell in Vorlage, erhalten dafür aber im Gegenzug sämtliche Rechte an den Veröffentlichungen oder Tätigkeiten des Künstlers, was im Erfolgsfall zu großen Gewinnmöglichkeiten führt.

Medien wie Zeitschriften oder das Fernsehen und die *jimusho* stehen in einem wechselseitigen Abhängigkeitsverhältnis. Medien sind auf Persönlichkeiten (*idols*) angewiesen, die in verschiedensten Funktionen vor der Kamera agieren und parallel für Werbung eingesetzt werden. Besonders populäre *idols* sind dabei Garanten für das Interesse des Publikums. Die *jimusho* benötigen wiederum TV-Auftritte, um ihre Nachwuchskünstler bekannt zu machen und bereits etablierte Künstler im Rampenlicht zu halten. *Jimusho* können hier das beschriebene *keiretsu*-System nutzen, um Risiken zu minimieren und stetig neue Künstler vorzustellen. Verweigern Fernsehsendungen beispielsweise die Aufnahme noch im Aufbau befindlicher Künstler, so läuft der Sender Gefahr, dass ihm von den *jimusho* die großen Stars entzogen werden. Gleiches gilt zum Beispiel für Skandalberichte in Zeitschriften, die Auswirkungen auf den gesamten Verlag haben können (vgl. Marx 2012: 46).

Auch Künstler können auf diese Weise kontrolliert und von eigenmächtigen Handlungen abgehalten werden: Sollten sich Künstler zum Beispiel entscheiden, sich von ihrem *jimusho* zu trennen, setze das *keiretsu*-System Blockaden bei allen anderen verbundenen *jimusho* sowie den Medien ein und verhindere so eine Weiterführung der Karriere (vgl. Marx 2012: 46).

6 Visual kei im Kontext der Industrie

Während sich Marx' Artikel in erster Linie auf *idols* bezieht, verweist Stevens (2008: 68 ff.) in ihrer allgemeiner gefassten Beschreibung des japanischen Musikmarkts auf die genre-unabhängige Existenz dieser Strukturen. In ihren weiteren Ausführungen teilt sie diese allerdings genauer ein, spricht beispielsweise neben Major- und Indie-Labels auch von großen und kleineren *jimusho*. Ein Beispiel für letztere ist das *jimusho* der Band *The Alfee*, in dem Stevens selber mitarbeitete und so genaueren Einblick in die Industrie-Abläufe erhielt.

Während bei großen Firmen wie *Nabepro* oder *Johnny's* für die Meinung des Künstlers wenig Raum bleibe, da die *jimusho* im Besitz aller Urheberrechte ihrer Songs seien, bieten kleinere *jimusho* laut Stevens etablierten Künstlern die Möglichkeit, sich aus allzu engen Verträgen zu lösen und selbstbestimmter zu arbeiten. Damit stünden ihnen aber auch weniger Verbindungen in die Industrie zur Verfügung, mit denen die großen *jimusho* problemlos aus einem guten Song einen wirklichen Hit machen können; deshalb funktioniert diese Form ausschließlich bei Musikern, die bereits einen beträchtlichen Ruf vorzuweisen haben (vgl. Stevens 2008: 70–78).

Dass trotz solcher Möglichkeiten die von Marx beschriebenen Blacklist-Mechanismen greifen können, wenn die großen *jimusho* mit einer Entwicklung nicht einverstanden sind, zeigt die Karriere von GLAY. Trotz zahlreicher Millionenseller und Rekord-Zuschauerzahlen auf riesigen Open-Air-Konzerten verschwanden sie nach einem Konflikt mit zwei der großen *keiretsu*, bei dem es um die Gründung eines eigenen, unabhängigeren *jimusho* ging, fast komplett aus den Medien. Es waren Gerichtsverfahren nötig, um die Rechte an ihren großen Hits aus den 1990er Jahren zurück zu erhalten und lange ausstehende Tantiemen einzuklagen. Den Weg ins Fernsehen fanden sie, während der Konflikt andauerte, nur durch die Zusammenarbeit mit befreundeten Künstlern wie Himuro Kyōsuke oder *Exile* (vgl. Marx 2012: 48).

Inwiefern reichen diese Industriestrukturen bis in die Visual-kei-Szene hinein? Dass die grundlegenden Abläufe der Industrie auch hier Gültigkeit haben, sieht man daran, dass die Pioniere des Genres wie zum Beispiel Yoshiki sich von Anfang an Wissen über Geschäftsprozesse aneignen mussten, um eigene Veröffentlichungen erfolgreich voranzutreiben. Später kam dieses Wissen auch bei der Produktion von Nachwuchsbands zum Einsatz (vgl. Ichikawa 2008: 17 ff.). Zudem sind spätestens seit dem Boom in den 1990er Jahren zahlreiche Bands nicht mehr bei kleinen Indie-Labels unter Vertrag, sondern veröffentlichen beispielsweise direkt über den großen Unterhaltungskonzern Avex.

Interessant ist in dieser Hinsicht ein Interview, das ein englischsprachiger Popkultur-Blogger mit einem anonymen „ex-Visual kei record executive“ geführt hat, der die Entwicklung der Szene in den 1990er Jahren kommentiert. Natürlich handelt es sich in diesem Fall um keine gesicherte Quelle, allerdings schließt der Interviewte mit seinen Antworten an zahlreichen Stellen an zuvor bereits geschilderte Praktiken und Zusammenhänge der Musikindustrie an; man kann deshalb das Gesagte zumindest als Insider-Kommentar zu einer sonst komplett unzugänglich bleibenden Materie lesen. „Satoh-san“, so das ihm gegebene Pseudonym, verweist auf die *jimusho*-ähnlichen Tätigkeiten einiger Visual-kei-Indie-Labels. So seien hier die Plattenfirmen nicht ausschließlich für die Herstellung von CDs zuständig, sondern nähmen noch weitere Aufgaben wahr. Beispielsweise, so „Satoh“, hilft das Label den Bands bei der Promotion, indem es Kontakt zu Livehouses und Zeitschriften herstellt oder den Aufbau eines Band-Images unterstützt, das sich durch Auftreten, Lyrics und nicht zuletzt die Bühnenkostüme ausdrückt. Die Behauptung, Lyrics oder ganze Songs würden vom Label für die Bands geschrieben, deckt sich zwar mit von Aoyagi, Marx und Stevens beschriebenen Produktionspraktiken aus dem Pop-Bereich, ist aber durch fehlende Angaben z. B. im Booklet einer CD nicht einfach zu überprüfen, wie auch „Satoh“ selbst anmerkt (vgl. Tokyo Damage Report 2009: Internet). Eine Professionalisierung zeigt sich auch darin, dass es Stylisten oder Kostümdesigner gibt, die sich auf Visual kei spezialisieren, und sogar Modeschulen Ausbildungen anbieten, die darauf ausgerichtet sind.[7] Eine Designerin beschreibt ihr Vorgehen beim Entwerfen neuer Bühnenoutfits wie folgt:

> When I am not familiar with the band's music, I listen to their music and let my imagination work. Then, I suggest my idea and if they agree with it, we go to the next stage. I'm careful not to put too much of my own preference in, though I still express my own style while taking in the ideas of the band and management. (Kawaguchi 2013: Internet)

[7] Siehe Vantan Design Institute (Tokyo und Ōsaka), http://www.vantan.com/job/visual-makeup-artist

Auch Hinweise, dass gute Verbindungen oder längerfristige Mitarbeit zu Aufstiegschancen innerhalb der Szene führen, sind nicht verwunderlich. Zahlreiche Musiker erläutern in Interviews ihre Entwicklung, und Websites wie die Visual-kei-Datenbank vkdb.jp führen Tätigkeiten als Roadie oder Supportmusiker als Teil ihrer Musikerbiografien auf. „Satoh" erklärt, dass durch Nachahmung über mehrere Musikergenerationen hinweg ähnliche Bandkonzepte bestehen bleiben und verweist auf einflussreiche Musiker, die eigene Labels gründen und dort als Produzent ihren Stil auch durch jüngere Bands fortführen lassen.

Als wichtigste Einnahmequelle eines Visual-kei-Indie-Labels bezeichnet der Interviewte die Weitervermittlung einer Band an eine Major-Plattenfirma. Durch restriktive Verträge legen die Bandmitglieder die Rechte an ihrer Musik in die Hände des Indie-Labels. Dieses gebe im Falle eines Major-Debüts lediglich die Lizenz für einige Songs weiter, die dann in großem Maßstab veröffentlicht werden. So sichere sich das kleinere Label Teile der Einnahmen, während Marketing und Distribution über die größere Firma laufen (vgl. Tokyo Damage Report 2009: Internet). Solche Praktiken ähneln laut Stevens denen bei *jimusho* wie Nabepro, sie lassen sich aufgrund der verworrenen Strukturen allerdings nur schwer nachweisen.

Da sich die Aussagen des anonymen Industriemitglieds dem Titel des Artikels zufolge auf die 1990er Jahre beschränken, ist fraglich, inwiefern sie auch auf den aktuellen Markt zutreffen. Dabei fällt auf, dass auch heute einige zentrale Plattenfirmen mit *jimusho*-Charakter den Visual-kei-Markt und auch Vorstöße ins Ausland anführen (vgl. Kato 2009). Beispiele sind *PS Company*, die Kritiker auch als die „Johnny's Jimusho des Visual kei" (Cyzo 2011: Internet) bezeichnen, mit Bands wie *the Gazette*, *Alice Nine* oder *ViViD*, sowie *Maverick DC* (*Mucc*, *Gilgamesh*), die auf ihrer Website ein Organigramm eingebunden haben, das die Aufteilung der Firma in Plattenfirma und Artist-Management-Offices zeigt (Maverick DC Group: Internet).

Darüber hinaus gibt es zahlreiche Visual-kei-Bands, deren Songs als Titelmelodien von Anime verwendet werden[8] oder die mit Modelabels oder anderen Geschäftszweigen zusammenarbeiten[9].

Auch wenn einige im Interview genannten Punkte nicht für die gesamte Visual kei-Szene belegbar sind, geben sie dennoch Hinweise darauf, dass die Strukturen des Musikmarktes auch diese Szene zumindest teilweise durchdrungen haben.

7 Fazit

Wie in Kapitel 2 dieser Arbeit beschrieben, hat Hodkinson für seine Einordnung der englischen Gothic-Szene als Subkultur vier Kriterien erarbeitet: „consistent distinctiveness", „identity", „commitment" sowie „autonomy". Zwar konnte ich in meiner kurzen Betrachtung des Visual kei weitere wichtige Faktoren wie etwa die Fans nicht genau behandeln, deutlich wurde aber dennoch, dass die beschriebenen Musikindustriestrukturen (*jimusho*) eine völlige Autonomie der Szene gegenüber dem Massenmarkt unmöglich machen. Hodkinson (2002: 109 ff.) verweist für Gothic darauf, dass dort keine klare Abgrenzung von Rezipienten und Produzenten vorgenommen werden kann, da es derzeit wenig kommerzielles Interesse an dieser Szene gebe. Musik, Mode und Events würden von Fans für Fans produziert, wodurch ein eher autonom agierender Nischenmarkt entstanden sei.

Da die Strukturen der Musikindustrie in Japan eine solche Autonomie innerhalb der Visual-kei-Szene auch heute, nach dem Abklingen des ersten Booms, noch weitgehend einschränken, ist anzunehmen, dass die Visual-kei-Szene dem Subkulturbegriff von Hodkinson nicht entsprechen kann.

Insofern ist die in den deutschen Medien vorherrschende Darstellung des Visual kei als Subkultur im westlichen Sinne eher unzutreffend. Insbesondere ein Verständnis der Visual-kei-Szene als gegen vorherrschende gesellschaftliche Normen agierende „Gegenkultur" führt zu einer Fehlinterpretation ihrer Rolle.

[8] Vgl. https://homelessvisualkids.wordpress.com/2011/10/05/visual-kei-and-anime-tie-ins/ [13.8.2014].

[9] Siehe hierzu beispielsweise: Versailles x iPress Cafe (Café-Event mit speziellen Donuts und Goods) http://ameblo.jp/versailles-teru/entry-10743086416.html oder GEMCERY x Kra (Schmuck) http://gc55.jp/kra/ [Stand jeweils 13.8.2014].

Die eingangs erwähnte „Visual kei Air Band" *Golden Bomber* steht also, was ihre Präsenz in den Medien betrifft, nicht in einem Gegensatz zur Visual-kei-Szene, sondern das dahinter stehende Vermarktungs-Konzept ist auf die industriellen Eigenheiten des japanischen Entertainment-Markts zurückzuführen. Durch ihren Einsatz als Fernseh-Persönlichkeiten setzen sich die Musiker zwar von den Karrierewegen „echter" Bands des Genres ab, zeigen aber gleichzeitig, wie effizient die Zusammenarbeit zwischen *jimusho* und den Fernsehanstalten und Werbefirmen ist. Es wäre interessant, die Funktion der Band *Golden Bomber* im Mediensystem als Selbstreferenz des Visual kei zu untersuchen, da sich durch die von ihnen präsentierten Parodien auch heute noch nachvollziehen lässt, wie die Szene zu ihrer großen Boomzeit wahrgenommen wurde und was sich seitdem verändert hat. Zudem könnte der Grad der Akzeptanz von *Golden Bomber* bei Mitgliedern der Szene weiteren Aufschluss darüber geben, wie selbstreflektiert diese mit ihrem Interesse und ihrer Zugehörigkeit umgehen. Akzeptieren sie das durch die „Air Band" gezeichnete Bild mit einer gewissen Selbstironie, oder stößt deren offene Ausnutzung des Visual-kei-Images für reine Vermarktungszwecke auf Kritik?

Wichtig wäre auch eine Untersuchung von Visual kei entlang der von Hodkinson benutzten Begriffe mit besonderem Fokus auf die Fans. So wäre es zum Beispiel interessant, die Existenz von eigenen Verhaltensempfehlungen für ausländische Besucher auf japanischen Konzerten zu analysieren.[10] Und auch der Vergleich mit bereits besser untersuchten Bewegungen wie Gothic könnte neue Erkenntnisse für die Erforschung der Visual-kei-Szene liefern.

Literatur

Amamiya, Karin (2009): *Bangyaru a gōgō. 1.* Tōkyō: Kōdansha.

Aoyagi, Hiroshi (2005): *Islands of eight million smiles. Idol performance and symbolic production in contemporary Japan.* Cambridge: Harvard University Press.

Asahi Shinbun (27.06.1997, Morgenausgabe): „Keshō rokku (Jun no fūkei)". In: *Asahi Shinbun*, Tokyo: Asahi Shinbunsha, S. 23.

[10] Vgl. http://www.jame-world.com/us/articles-72145-visual-kei-concert-etiquette-a-beginners-guide.html [13.8.2014].

Bennett, Andy; Kahn-Harris, Keith (2004): *After subculture. Critical studies in contemporary youth culture*. Houndmills, Basingstoke, Hampshire, New York: Palgrave Macmillan.

Condry, Ian (2011): „Japanese Popular Music“. In: Theodore Bestor and Victoria Bestor (Hg.): *The Routledge Handbook of Japanese Culture and Society*. London: Routledge, S. 238–260.

Cohen, Albert Kircidel (1955): *Delinquent boys. The culture of the gang*. Glencoe, Ill: Free Press.

Cope, Julian (2007): *Japrocksampler. How the post-war Japanese blew their minds on rock'n' roll*. London: Bloomsbury.

Cyzo (2011): „‚Vkei no Don' Dainamaito Tomī x Kadokawa Keiko – Imadoki V-kei wo buttagiru!!“; http://www.cyzo.com/2011/10/post_8776.html [31.7.2013].

Daliot-Bul, Michal (2009): „Japan Brand Strategy: The Taming of ‚Cool Japan' and the Challenges of Cultural Planning in a Postmodern Age“. *Social Science Japan Journal*. 12, no. 2: 247–266.

Fischer, Marc (2009): „Das Reich der Sanften“. In: *Spiegel Special* 1/2009, Hamburg: Spiegel-Verlag, S. 87.

Galbraith, Patrick W.; Karlin, Jason G. (2012): *Idols and celebrity in Japanese media culture*. Houndmills, Basingstoke, Hampshire, New York: Palgrave Macmillan.

Gross, Friederike von (2010): „Visual Kei – jugendliche Musikfans im Internet“. In: Kai-Uwe Hugger (Hg.): *Digitale Jugendkulturen*. Wiesbaden: VS Verlag für Sozialwissenschaften, S. 151–167.

Hashimoto, Miyuki (2007): „Visual Kei Otaku Identity – An Intercultural Analysis“. In: *Intercultural Communication Studies* 16 (1), S. 87.

Hebdige, Dick (1979): *Subculture, the meaning of style*. London: Routledge.

Hodkinson, Paul (2002): *Goth. Identity, style, and subculture*. Oxford, New York: Berg (Dress, body, culture).

Höhn, Marco (2007): „Visual kei. Eine mädchendominierte Jugendkultur aus Japan etabliert sich in Deutschland“. In: Rohmann, Gabriele (Hg.): *Krasse Töchter. Mädchen in Jugendkulturen*. Berlin: Archiv der Jugendkulturen, S. 45–54.

Hosokawa, Shuhei (2008): „Popular Entertainment and the Music Industry“. In: Robertson, Jennifer (Hg.): *A Companion to the Anthropology of Japan*. Malden: Blackwell Publishing Ltd, S. 297–313.

Ichikawa, Tetsushi (2008): *Sayonara bijuarukei. Kurenai ni somatta sureibutachi ni sasagu*. Tōkyō: Take Shobō (Take shobō bunko, I-1-1).

Hugger, Kai-Uwe (Hg.) (2010): *Digitale Jugendkulturen*. Wiesbaden: VS Verlag für Sozialwissenschaften.

Imai, Tomoko (1999): „Nihon no kikikata wo kaeta – anarogu kara dejitaru he". In: *Rokku kuronikuru japan* (Vol.2). Tokyo: Ongaku Shuppansha, S. 15–20.

Inoue, Takako (2003): „Construction male aesthetics in rock and makeup: Gender strategies by musicians and fans of visual rock in Japan": In: Hayami Yoko (Hg.): *Gender and modernity: Perspectives from Asia and the Pacific*. Kyoto: Kyoto University Press u. a., S. 189–217.

Jrockrevolution (2009): „Interview: The Killing Red Addiction"; http://jrockrevolution.com/2009/07/webzine/interview-the-killing-red-addiction-275 [31.7.2013].

Kamei, Hajime (2000): *Gaijien: Heisei shingo ryūkōgo jiten*. Tōkyō: Heibonsha.

Kashiwagi, Yasunori (2011): „The History of Visual-kei as Pop Culture". In: *Bulletin of Chiba Keizai College* 7, S. 89–100.

Kato, Ayako (2009): „Nihonjin ātisuto no kaigai tenkai ni kan suru kōsatsu. Nihon no bijuaru kei no ātisuto wo jirei ni". In: *Journal of information studies* 77, S. 77–94.

Kawaguchi, Maya (2013): „Stylist Interview: Minako Yoshihara"; http://www.rokkyuu.com/fashion/stylist-interview-milly/ [31.7.2013].

Kelly, William W. (2004): *Fanning the flames. Fans and consumer culture in contemporary Japan*. Albany, NY: State University of New York Press (SUNY series in Japan in transition).

Lim, Alwyn (2004): „Crime of Visual Shock: Japanese Rock Subculture". In: Rolando B. Tolentino, Ong Jin Hui, Hing Ai Yun (Hg.): *Transglobal economies and cultures : contemporary Japan and Southeast Asia*. Quezon City: University of the Philippines Press, S. 225–247.

Lyon-Bestor, Victoria; Bestor, Theodore C.; Yamagata, Akiko (2011): *Routledge handbook of Japanese culture and society*. Abingdon, Oxon, New York: Routledge (Routledge handbooks).

Marx, David W. (2012): „The Jimusho System: Understanding the Production Logic of the Japanese Entertainment Industry". In: Patrick W. Galbraith und Jason G. Karlin (Hg.): *Idols and celebrity in Japanese media culture*. New York: Palgrave Macmillan, S. 35–55.

Maverick DC Group.: „MAVERICK DC GROUP :: ABOUT US :: kaisha gaiyou"; http://www.maverick-dci.com/about/index.html [31.7.2013].

McGray, Douglas (2002): „Japan's Gross National Cool". *Foreign Policy*. no. 130: S. 44–54.

Minamida, Katsuya (2001): *Rokku myūjikku no shakaigaku*. Tōkyō: Seikyūsha (Seikyūsha raiburarī, 18).

Miyairi, Kyōhei (2008): *Raibu hausu bunkaron*. Tōkyō: Seikyūsha (Seikyūsha raiburarī, 53).

Miyazaki, Tomoyuki (2011): „Togeza ni obangya, onnagata ... Shinka suru Bijuaru kei no ima"; http://trendy.nikkeibp.co.jp/article/pickup/20110830/1037476/ [31.7.2013].

mtv iggy (2011): „Metal Icon Yoshiki of X Japan: ‚Music is My Heart, Music is My Flesh'"; http://www.mtviggy.com/interviews/qa-with-metal-icon-yoshiki-of-x-japan-music-is-my-heart-music-is-my-flesh/ [31.7.2013].

Ōshima, Akemi (2013): *Bijuaru rokku pāfekuto disuku gaido gohyaku*. Tōkyō: Shinkō-myūjikkuentateinmento.

Ōtsuki, Kenji (2006): *Rinda rinda rabā sōru*. Tōkyō: Shinchōsha (Shinchō Bunko).

Polhemus, Ted (1994): *Street style. From sidewalk to catwalk*. London: Thames and Hudson.

Rockin' On Japan (1990): „Hisashi Imai vs. hide". In: *Rockin' On Japan* August 1990, Tōkyō: Rockin' On Inc., S. 86.

Shinohara, Akira (2005): *Nihon rokku zasshi kuronikuru*. Tōkyō: Ōta Shuppan.

Stevens, Carolyn S. (2008): *Japanese popular music. Culture, authenticity and power*. London, New York: Routledge.

Stevens, Carolyn S. (2004): „Buying Intimacy: Proximity and Exchange at a Japanese Rock Concert". In: W. Kelly (Hg.): *Fanning the Flames: Fandom and Consumer Culture in Contemporary Japan*. Albany: State University of New York Press, S. 59–78.

Tokyo Damage Report (2010): „Interview with an ex-Visual kei Record Executive"; http://www.hellodamage.com/top/2010/03/01/interview-with-an-ex-visual-kei-record-executive/ [31.07.2013].

Tsutaya VA (2013): „the Gazette RUKI no yorozuya – Taidan Vol. 1 RUKI × TERU(GLAY)"; http://www.tsutaya.co.jp/tty_cate/music/va/201307/ruki_01.html [31.7.2013].

Multimediale Quellen

Arte tracks. Frankreich / Deutschland; arte, 06.08.2001.

Galileo. Deutschland; Pro7, 02.03.2009.

Kulturzeit. Deutschland; 3sat, 28.02.2006.

Tonneruzu no minasan no okage deshita. Japan; Fuji TV, 20.06.2013.

II. Mode

Gyaru – eine Mode-basierte Subkultur im gegenwärtigen Japan

Simon Essler

1 Einleitung

Die sogenannte *gyaru*-Fashion, die in Japan vor allem junge Frauen tragen, ist geprägt von Freizügigkeit, blond gefärbten Haaren, auffälligen Fingernägeln und riesig wirkenden Augen. Diese Mode-Richtung unterscheidet sich damit stark von traditionellen Vorstellungen des ‚Japanischen'. *Gyaru* kann man als eine Subkultur bezeichnen, die auf Mode basiert, die aber auch verschiedene andere Charakteristika besitzt, wie eine eigene *gyaru*-Sprache und spezielle Medien, über die Neuigkeiten und Mode-Tipps ausgetauscht werden.

Wenn in deutschen Medien in Bezug auf Japan und japanische Populärkultur die Rede von Subkulturen ist, so geht es häufig um Cosplayer (Menschen, die sich als Anime- und Manga-Figuren verkleiden) und um Otaku, d. h. um besonders leidenschaftliche Manga- und Anime-Fans. Andere subkulturelle Strömungen aus Japan, wie Visual Kei, Lolita und *gyaru*, finden nur in kleinem Umfang Beachtung, auch wenn sie sich in Deutschland ebenfalls einen festen Platz erobert haben. Während sich jedoch in Deutschland *gyaru*-Gruppen auf Facebook formieren, Mädchen mit Haarfarben experimentieren und sich aus dem Internet passende Accessoires zusammenkaufen, ist in Japan eine Krise der *gyaru*-Kultur eingetreten: 2014 wurden die beiden wichtigsten Zeitschriften der Szene, *Egg* und *Ageha*, wegen wirtschaftlicher Schwierigkeiten eingestellt. Gerade vor diesem Hintergrund lohnt sich eine eingehende Betrachtung dieser Subkultur. In diesem Aufsatz wird also die japanische Subkultur der *gyaru* vorgestellt und es werden einige ihrer typischen Merkmale herausgearbeitet. Dabei wird mit *Egg* auch eine der Zeitschriften einbezogen, die als Forum für die *gyaru*-Kultur über viele Jahre maßgeblich war.

Zunächst werden einige grundlegende Überlegungen zum Begriff der Subkultur angestellt, um auf dieser Grundlage eine Arbeitsdefinition aufzustellen. Anschließend wird die Subkultur vorgestellt und eine Analyse der *gyaru*-Zeitschrift *Egg* durchgeführt. Dabei soll auch die Frage beantwortet werden, ob und inwiefern die untersuchte Gruppe als (typische) Subkultur bezeichnet werden kann. Am Ende steht ein Ausblick, der sich mit der Zukunft der *gyaru*-Subkultur angesichts der derzeitigen Krise beschäftigt.

2 Der Subkultur-Begriff

Der Begriff Subkultur ist zwar den meisten Menschen geläufig und wird häufig z. B. in den Medien als Label für bestimmte Gruppen von Menschen verwendet, aber gerade die Grenze, ab wann eine Gruppe sinnvoll als Subkultur bezeichnet werden kann, ist nicht eindeutig. Im Folgenden werden daher einige Merkmale von Subkultur herausgearbeitet, zu einer eigenen Arbeitsdefinition zusammengeführt und anschließend auf das Beispiel der *gyaru* bezogen angewandt.

Im Grundlagenwerk *Sociology* des einflussreichen britischen Soziologen Anthony Giddens findet man im Glossar eine knappe Definition von Subkultur als „any segment of the population which is distinguishable from the wider society by its cultural pattern“ (Giddens 2009: 1134). Man kann somit bereits von einer Subkultur sprechen, wenn diese sich in ihren „kulturellen Mustern“, d. h. in ihren Werten und Normen von der „Hauptkultur“[1] unterscheidet. Diese Definition ist jedoch äußerst vage, und so weist u. a. Wuggenig (2003: 66) darauf hin, dass der Begriff Subkultur als ein eher unscharfes Konzept gilt und teilweise stark in Frage gestellt wird.

Der Begriff Subkultur wird in den Sozialwissenschaften seit den 1940er Jahren verwendet. Mulder weist darauf hin, dass sich die Entstehung des Subkulturkonzepts in der amerikanischen Kriminologie verorten lasse (Mulder 2009: 47). Aber schon bevor der Begriff Subkultur aufkam, gab es Studien, die im Nachhinein der Subkulturtheorie zugerechnet werden können. So weist Wuggenig auf eine Studie von Frederic Thrashers aus dem Jahre 1927 hin, bei der „auf der Basis der Beschäftigung mit rund 1300 Banden von männlichen Jugendlichen die Herausbildung von gemeinsamen Codes, Traditionen, Normen und Werten [...] beschrieben wurde“ (Wuggenig 2003: 69). Auch hier zeigt sich, dass die Subkulturtheorie sich mit Gruppen beschäftigt, die ein eigenes System von Normen

[1] Im Folgenden wird der Ausdruck „Hauptkultur“ verwendet, um den begrifflichen Gegensatz hervorzuheben.

und Werten haben, das sich teilweise stark von der restlichen Gesellschaft unterscheidet. Eine weitere Definition von Subkultur findet man bei Schwendter, der eine zentrale Rolle in der deutschsprachigen Subkulturforschung spielte:

> Somit ist Subkultur ein Teil einer konkreten Gesellschaft, der sich in seinen Institutionen, Bräuchen, Werkzeugen, Bedürfnissen usw. in einem wesentlichen Ausmaß von den herrschenden Institutionen etc. der jeweiligen Gesamtgesellschaft unterscheidet. (Schwendter 1971: 11)

Interessant bei dieser Definition ist, dass Subkultur als *Teil* einer konkreten Gesellschaft gedacht wird und nicht außerhalb dieser steht. Außerdem wird betont, dass eine Subkultur sich in ihren Institutionen etc. in einem wesentlichen Ausmaß von der Gesamtgesellschaft unterscheidet. Somit muss ein gewisses Maß der Abweichung gegeben sein, um von einer Subkultur sprechen zu können. Teilweise findet man auch die Unterscheidung zwischen freiwilligen und unfreiwilligen Subkulturen; zu letzteren können z. B. Menschen mit Behinderungen gezählt werden. Schwendter weist darauf hin, dass der Begriff Subkultur in den 1970er Jahren „zunehmend zum Schimpfwort degradiert" (ebd.: 12) wurde, und auch heutzutage wird der Begriff oftmals mit einer negativen Konnotation verwendet. Dies mag daran liegen, dass Gruppen, die sich in ihren Normen und Werten – und häufig auch in der äußeren Erscheinung – vom Standard der „Hauptkultur" deutlich unterscheiden, als potentiell gefährlich wahrgenommen werden.

Im Zusammenhang mit Subkultur stößt man immer wieder auch auf Begriffe wie „Jugendkultur", „Protestkultur" oder „Gegenkultur". Im Fall der Jugendkultur mag dies daran liegen, dass viele Subkulturen ein Phänomen unter Jugendlichen bzw. eher jungen Menschen sind. Man darf jedoch nicht außer Acht lassen, dass es viele Subkulturen außerhalb von Jugendkultur gibt. So lassen sich z. B. im Schrebergarten-Milieu, bei Schützenvereinen oder Rentner-Gruppen oftmals subkulturelle Aspekte finden. Es bietet sich daher – auch für diese Arbeit – an, Subkultur als Oberbegriff zu sehen, unter den Jugendkultur, Protestkultur etc. fallen.

Fast alle Definitionen von Subkultur enthalten als entscheidendes Element die Annahme, dass Subkultur sich von der „Hauptkultur" unterscheide. Auf die Frage, ob es so etwas wie eine „Hauptkultur" überhaupt gibt, muss an dieser Stelle nicht eingegangen werden, da sie *durch die Annahme* ihrer Existenz bereits als diskursive Bezugsgröße existiert. Allerdings hat in den letzten Jahrzehnten teilweise ein Wandel des generellen Kulturverständnisses stattgefunden, der als Konsequenz auch ein Umdenken in Bezug auf Subkultur erfordert.

In Zeiten von Globalisierung und Werte- bzw. Kulturpluralismus hat das Modell von Subkultur bzw. Subkulturen als Gegensatz zu einer homogenen „Hauptkultur" kaum eine Zukunft. Man kann durchaus die Auffassung vertreten, „dass sich die gesamte Gesellschaft auch in der Pluralität unterschiedlicher Subkulturen verstehen und ausdrücken lässt"[2], so dass man auch einfach von Kulturen anstelle von Subkulturen sprechen könnte (vgl. z. B. Jenkins 2006). Tatsächlich ist in den letzten Jahren immer deutlicher zu erkennen, dass moderne Gesellschaften von einer Wertepluralität geprägt sind, die das klassische Subkultur-Verständnis in Frage stellt. Ohne eine „Hauptkultur" gibt es keine Subkultur, sondern nur eine Vielzahl von Kulturen. Tatsächlich ist aber die Vorstellung von einer „Hauptkultur" oder sogar „Leitkultur"[3] heutzutage immer noch weit verbreitet und besitzt auch eine politische Dimension. Im Folgenden wird deshalb eine Definition von Subkultur erarbeitet, die sich auf eine *angenommene* „Hauptkultur" bezieht.

Subkultur wird allzu oft mit Devianz und Protest in Verbindung gebracht. Vielleicht weil viele Menschen beim Begriff Subkultur in erster Linie an kriminelle oder zumindest teilweise kriminelle Subkulturen, wie z. B. Jugendgangs, Hippies (Drogenkonsum), Punks, Sprayer usw. denken. Aber wie Schwendter mehrfach anmerkt (z. B. 1971: 12), ist der Begriff an sich wertfrei und sollte auch entsprechend verwendet werden.

3 Arbeitsdefinition Subkultur

Für eine sinnvolle Arbeitsdefinition von Subkultur ist es unerlässlich, einige Charakteristika von Subkulturen zu benennen. Damit ist nicht gemeint, dass man einfach eine Checkliste erstellen kann, anhand derer sich eine Gruppe eindeu-

[2] Brockhaus (2006), Band 26, S. 553.

[3] Vgl. die Leitkultur-Debatte der letzten Jahre in Deutschland. Siehe z. B. Spiegel Online (15.10.2010).

tig als Subkultur bezeichnen lässt oder nicht. Vielmehr soll es mit dieser Definition möglich sein, zu sagen, inwiefern eine bestimmte Gruppe eine *typische* Subkultur ist. Es werden im Folgenden einige Merkmale einer solchen *typischen* Subkultur herausgearbeitet, auch wenn es möglicherweise keine bzw. kaum eine Subkultur gibt, die sämtliche Merkmale aufweist.

Die Frage, ab wann von einer Gruppe bzw. Bewegung als Subkultur gesprochen werden kann, ist nicht immer einfach zu beantworten. Allgemein kann man sagen, dass es das entscheidende Merkmal von Subkultur ist, gesamtgesellschaftlich gesehen eine Minderheit zu sein. Mit „gesamtgesellschaftlich" ist fast immer der Rahmen einer Nation gemeint – und so kann eine bestimmte Gruppe in einer Gesellschaft eine Subkultur sein, in einer anderen jedoch nicht. Es wurde bereits darauf hingewiesen, dass es freiwillige und unfreiwillige Subkulturen gibt. Außerdem kann es in Bezug auf Subkultur eine Differenz zwischen der individuellen Selbstdefinition und der allgemeinen Fremddefinition geben. Nicht alle Menschen, die von außen einer freiwilligen Subkultur zugezählt werden, nehmen sich selbst als Mitglied einer Subkultur wahr. Sobald der Aspekt der Fremdwahrnehmung ausschlaggebend für die Zugehörigkeit zu einer bestimmte Subkultur ist, kann man in vielen Fällen von Diskriminierung sprechen. Fujita (2006) beschreibt z. B., dass *gyaru* aufgrund von gewissen Vorurteilen in der japanischen Gesellschaft diskriminiert werden.

Auch wenn besonders kriminelle Subkulturen häufig von Männern dominiert werden, ist der Begriff Subkultur an sich geschlechtsneutral sowie schichtübergreifend. Jugend ist zwar ein häufig anzutreffendes, jedoch kein notwendiges Merkmal von Subkultur. Genau wie jeder Mensch unterschiedliche soziale Rollen haben kann, kann er (je nach Subkultur-Definition) gleichzeitig zu mehreren Subkulturen gehören bzw. zwischen verschiedenen Subkulturen wechseln.

Die Grenze, ab wann ein Individuum zu einer bestimmten Subkultur gezählt werden kann, ist nicht immer leicht zu ziehen. Jemand, der als Hobby gerne Punk-Musik hört, dessen Lebensinhalt und äußere Erscheinung sich allerdings deutlich von den klassischen Punks unterscheidet, würde wohl kaum als Mitglied der entsprechenden Subkultur bezeichnet. Ein weiteres Merkmal von Subkultur ist also ein gewisses Maß an Durchdringung des Lebensstils, wobei es hier schwierig ist, die Grenze zu einem bloßen Hobby zu ziehen.

Durch die Selbstzuschreibung, zu einer bestimmten Subkultur zu gehören, kann eine subkulturelle Identität konstruiert werden. Die „Andersartigkeit" von Subkulturen äußert sich häufig in einer typischen äußeren Erscheinung, was teilweise zu einer einfachen visuellen Identifizierbarkeit führt. Viele Subkulturen haben außerdem eine eigene „Sprache" (bzw. ein eigenes System von Codes), die von Außenstehenden nicht immer verstanden wird. Oft haben Subkulturen zudem, zumindest in ihrer Entstehung, ein geographisches Zentrum bzw. bestimmte Orte, an denen sich Mitglieder der Subkultur treffen. Für die Untersuchung im nächsten Kapitel wird deshalb folgende Arbeitsdefinition von Subkultur verwendet:

> *Eine Subkultur ist eine Gruppe von Menschen, die gemeinsame Normen und Werte haben, welche sich von denen der allgemein als „Hauptkultur" angenommenen Kultur zu einem gewissen Grad unterscheiden. Dies kann sich sowohl in der äußeren Erscheinung als auch in Handlungen, Ritualen etc. zeigen. Eine Subkultur verfügt über einen gemeinsamen Zeichenvorrat bzw. bestimmte Codes (z. B. eine spezielle Sprache), die einen Teil der subkulturellen Identität ausmachen können. Der Wechsel zwischen verschiedenen Subkulturen ist ebenso möglich wie die gleichzeitige Zugehörigkeit zu mehreren Subkulturen. Mitglieder einer Subkultur sind mehr oder weniger vernetzt und die Subkultur kann ein geographisches Zentrum haben.*

Für die Definition ist es nicht entscheidend, ob die Konstruktion einer Subkultur durch Fremdzuschreibung oder durch Selbstzuschreibung geschieht. Denn obwohl es häufig Unterschiede zwischen der Wahrnehmung von außen und der Selbstwahrnehmung gibt, beeinflussen sich beide Seiten häufig gegenseitig.

4 *Gyaru* als Subkultur im gegenwärtigen Japan

4.1 Was sind *gyaru*?

Mit dem Begriff *gyaru* (Japanisch: ギャル) sind bestimmte Vorstellungen verbunden, die sich vor allem auf die äußere Erscheinung beziehen – z. B. gefärbte Haare und gebräunte Haut. Allerdings wird mit dem Begriff bzw. der Typisierung *gyaru* oftmals mehr verbunden, und gleichzeitig werden nicht alle Frauen mit gefärbten Haaren automatisch als *gyaru* wahrgenommen.

Mit dem Begriff *gyaru* werden in Japan ausschließlich weibliche Personen bezeichnet. In Anlehnung an den Begriff *gyaru* gibt es auch den Begriff *gyaru-o* (Japanisch: ギャル男), das männliche Gegenstück zu *gyaru*, auf das in dieser Arbeit nicht weiter eingegangen werden kann. Es gibt zwar keine klare Altersgrenze für die Bezeichnung *gyaru*, in der Regel sind aber junge Frauen zwischen 15 und 25 Jahren (z. B. Oberschülerinnen, Studentinnen etc.) gemeint. Das japanische Wort *gyaru* ist ursprünglich ein Lehnwort und stammt vom englischen Begriff „gal" (umgangssprachlich für „girl"). Wie aus älteren Wörterbüchern hervorgeht, kann mit dem Begriff *gyaru* auch lediglich „Mädchen" bzw. „junge Frau" gemeint sein, tatsächlich wird der Begriff gegenwärtig allerdings fast ausschließlich im Kontext der Subkultur verwendet. Der Begriff *gyaru* wurde in Japan zum ersten Mal bereits in den 1970er Jahren[4] benutzt, die heutige Bedeutung bildete sich aber erst in den 1990er Jahren heraus.

Der Begriff „Kogal", mit einer Fokussierung auf Oberschülerinnen, wird ebenfalls verwendet. Suzuki und Best beschreiben in einem Aufsatz (2003) beispielsweise die Rolle von „Kogal" als Mode-Trendsetterinnen in den 1990er Jahren. Im gegenwärtigen japanischen Sprachgebrauch kann man aber sehr deutlich erkennen, dass sich der Begriff *gyaru* durchgesetzt hat, und auch in westlichen Sprachen dominiert diese allgemeinere Bezeichnung.[5] Zusammenfassend kann man sagen, dass der Begriff *gyaru* junge Frauen bezeichnet, die sich stark für eine bestimmte Moderichtung (*gyaru*-Fashion) interessieren, sich entsprechend kleiden und schminken sowie teilweise speziellen Freizeitaktivitäten nachgehen (vgl. Arai 2009).

Die Entstehung von *gyaru* in den 1990er Jahren (vgl. Schad-Seifert 2008: 98) kann man auf ein geographisches Zentrum in Tokyo zurückführen, den Stadtteil Shibuya bzw. ein Gebiet in der Nähe des Bahnhofs Shibuya (vgl. Arai 2009, Fuji-

---

4 Siehe die japanischen Wörterbücher: *Nihongo daijiten* (Kōdansha) und *Shinpan jitsuyō jiten* (Kadokawa Shoten).

5 Eine Suchanfrage über Google.jp ergab ca. 2,8 Mio. Treffer für „コギャル" bzw. ca. 84,5 (!) Mio. Treffer für „ギャル" (20.06.2012). Bei Google.de erschienen 1,2 Mio. Treffer für „Kogal" bzw. ca. 2,2 Mio. Treffer für „gyaru" (20.06.2012).

ta 2006). Das dortige Kaufhaus *109*, das sich auf *gyaru*-Fashion spezialisiert hat, ist zu einem Symbol der *gyaru*-Subkultur geworden. Heutzutage sind *gyaru* aber nicht nur in Shibuya, sondern auch in Stadtteilen anderer japanischer Großstädte in großer Zahl anzutreffen, z. B. in Shinsaibashi und Umeda (beide in Osaka).

Ein zentrales Element der *gyaru*-Subkultur sind bestimmte Modestile, die auch als *gyaru*-Fashion bezeichnet werden und teilweise durch ein großes Maß an Freizügigkeit auffallen (vgl. Schad-Seifert 2008: 98). Zu einem *gyaru*-typischen Aussehen gehören außerdem ein starker Einsatz von Make-up, farbige Kontaktlinsen sowie falsche Wimpern und Fingernägel. Zwar gibt es auch einige Untergruppen, wie z. B. *kuro-gyaru*, *hime-gyaru* oder *agejō*, die sich in ihrem Styling teilweise unterscheiden, es soll im vorliegenden Aufsatz jedoch weniger um diese speziellen Richtungen gehen als darum, welche Eigenschaften allgemein mit *gyaru* verbunden werden. Die äußere Erscheinung von *gyaru* wird teilweise als eine Rebellion gegen ein „traditionell-japanisches Schönheitsideal" (schwarze Haare und weiße Haut) gesehen. Da sich dieses Schönheitsideal, das auch als „Yamato Nadeshiko" bezeichnet wird, heute immer noch sehr häufig u. a. in japanischer Werbung findet – z. B. bei Werbung für *ANESSA*, ein Sonnenschutzmittel der Firma *Shiseidō* – könnte man die *gyaru* auch als Angehörige einer Gegen- bzw. Protestkultur verstehen.

Eine weitere Besonderheit von *gyaru* ist eine eigene „Sprache" bzw. ein spezieller Sprachstil, den man als besondere Form von Jugendsprache bzw. als Soziolekt bezeichnen kann und der viele Ausdrücke beinhaltet, die für Außenstehende nicht verständlich sind (vgl. Miller 2004). Oft sind dies Abkürzungen, wie z. B. *KY*, was für den Ausdruck *kūki yomenai* steht, der u. a. verwendet wird, wenn jemand eine in diesem Moment unpassende Bemerkung gemacht hat. Typisch sind auch adverbiale Ausdrücke bzw. Partikel wie *chō* oder *maji* (*de*), die zur Verstärkung von Aussagen oder Fragen dienen und bei *gyaru* häufig z. B. in Form von *chō ukeru* („Echt lustig!") oder *maji* (*de*) *yabai* („Total krass!") vorkommen. Zur *gyaru*-Sprache gibt es mittlerweile sogar eigene Wörterbücher.[6] Darüber hinaus gibt es in Japan eine Reihe von Zeitschriften, die *gyaru* als Ziel-

---

[6] Z. B. BLOCKBUSTER + Gendai Ryaku-Go Kenkyūkai (2008): *KY-go jiten. gyaru-go kara bijinesu-yōgo made.*

gruppe haben und sich neben Mode auch mit einem bestimmten Lebensstil und besonderen Wertvorstellungen befassen. Beispiele sind die *gyaru*-Zeitschriften *Egg* und *Ageha*, von denen erstere im nächsten Kapitel genauer analysiert wird.

Wie dies allgemein auch bei Angehörigen anderer Subkulturen zu beobachten ist (z. B. bei Angehörigen der Punk-Bewegung), werden *gyaru* häufig mit diversen Vorbehalten bzw. Generalisierungen konfrontiert. Die überwiegend negativen Vorurteile reichen von genereller Devianz über eine Tendenz zu freier Sexualität bis hin zu Dummheit.[7] Kinsella (2005) zeigt, dass *gyaru*, insbesondere die Untergruppen *ganguro* und *yamamba*, wegen ihrer stark gebräunten Hautfarbe in den japanischen Medien häufig zum Opfer rassistischer Diskriminierung wurden.

Das in Bezug auf *gyaru* nahezu allgemein verbreitete Vorurteil mangelnder Intelligenz oder zumindest schlechter schulischer Leistungen wird z. B. an einem von Tsubota Nobutaka, Direktor der Seirangi-Nachhilfeschule, verfassten Buch deutlich, das Ende 2013 in Japan erschien und zu einem Bestseller wurde, der sogar verfilmt wurde. Es geht darin um die Geschichte seiner Schülerin Kobayashi Sayaka.[8] Der etwas lange Titel lässt sich auf Deutsch sinngemäß etwa folgendermaßen übersetzen: „Die Geschichte einer *gyaru*, die die Schlechteste ihres Jahrgangs war und innerhalb eines Jahres ihren *hensachi*[9] um 40 Punkte verbesserte und damit die Aufnahmeprüfung der Keiō-Universität schaffte".[10] Auf beiden Seiten des Einbandes des Buches ist eine junge Frau in Schuluniform zu sehen, die auf den ersten Blick als *gyaru* „identifiziert" werden kann (vgl. Abb. 1). Sie hat blond gefärbte Haare, farbige Kontaktlinsen, falsche Wimpern, trägt Ohrringe (was an einigen Schulen verboten ist) und ist relativ stark geschminkt. Abgesehen davon, dass hier das Stereotyp *gyaru* bedient wird, entsteht gleichzeitig eine gewisse Faszination aus der Diskrepanz zwischen dem, was normalerweise mit *gyaru* assoziiert wird und der Tatsache, die Aufnahme-

---

7 Mehr zu Vorurteilen gegenüber *gyaru* bei: Fujita (2006), S. 9–28.

8 Zum Hintergrund siehe z. B.: Nihon Keizai Shinbun (06.05.2014).

9 Japanisch: 偏差値. Der sogenannte *hensachi* ist ein Indikator für das Anforderungsniveau bzw. die Schwierigkeit der Aufnahme in eine bestimmte Universität. Er kann je nach Fakultät unterschiedlich sein.

10 Tsubota (2013); Originaltitel: *Gakunen biri no gyaru ga 1nen de hensachi o 40 agete keiō daigaku ni gen'eki gōkaku shita hanashi.*

prüfung einer der renommiertesten Privatuniversitäten des Landes geschafft zu haben.

Durch ihre auffällige äußere Erscheinung geraten *gyaru* immer wieder in Konflikt mit japanischen Uniformitätsvorstellungen bzw. Anforderungen zur Anpassung. Beispielsweise gelten stark gefärbte Haare in Japan allgemein als hinderlich bei der Jobsuche; deshalb färben sich die meisten jungen Jobsuchenden mit hell gefärbten Haaren diese vor Beginn der Jobsuche wieder dunkel.

Es gibt bereits eine Reihe von Veröffentlichungen zum Thema *gyaru* in japanischer Sprache. Auch wenn *gyaru* hier als Subkultur bezeichnet werden, wird in Japan oft von *gyaru-bunka* (Japanisch: ギャル文化, vgl. Arai 2009) gesprochen, also von einer „*gyaru*-Kultur". Wie dies auch bei anderen Subkulturen zu beobachten ist, zum Beispiel bei den Otaku, wird der Diskurs über *gyaru* hauptsächlich von außen geführt. Ein Gegenbeispiel ist Fujita Shiho, die gewissermaßen als Repräsentantin der *gyaru*-Kultur in den Medien fungiert.[11] Mit ihrem 2009 erschienenen Buch *Gyaru nōgyō* schuf sie den Typus der sogenannten *nogyaru* (Japanisch: ノギャル), also einer *gyaru*, die Landwirtschaft betreibt. Hier entsteht erneut eine Art Faszination aus der Diskrepanz zwischen den Erwartungen an eine *gyaru* und der landwirtschaftlichen Betätigung, die als harte ehrliche Arbeit gilt und somit nicht den Vorstellungen von einer typischen *gyaru* entspricht.

Es lässt sich u. a. aufgrund der Präsenz in den Medien durchaus sagen, dass *gyaru*-Kultur bzw. -Subkultur heutzutage ein fester Bestandteil gegenwärtiger japanischer Kultur ist. Stellvertretend für den Erfolg von *gyaru*-Künstlerinnen stehen z. B. die sehr erfolgreichen Sängerinnen Hamasaki Ayumi, Kōda Kumi und Nishino Kana.

Da mit *gyaru* im Sinne von *gyaru*-Fashion auch lediglich ein Modestil bzw. eine Art ‚Verkleidung' bezeichnet werden kann, ist es schwierig, eine angemessene Definition für *gyaru* aufzustellen. Im Folgenden wird eine vorläufige Antwort auf die Frage, was genau eine typische *gyaru* ausmacht, durch die Analyse einer japanischen *gyaru*-Zeitschrift erarbeitet. Dies geschieht im Bewusstsein, dass es sich bei der untersuchten Zeitschrift in erster Linie um „vermarktete" *gyaru*-Kultur handelt. Versteht man *gyaru* als gelebte Subkultur, sollte darüber hinaus

[11] Siehe u. a.: Fujita, Shiho (2006): *Gyaru kakumei*. Tokyo: Kōdansha.

Abbildung 1: Cover des Bestsellers von Tsubota Nobutaka (2013) über eine *gyaru,* die es auf die Keiō-Eliteuniversität geschafft hat (Verlag: Kadokawa).

die Selbstwahrnehmung von *gyaru* noch stärker mit einbezogen werden; dies würde jedoch eine genauere Untersuchung auf der Grundlage von Interviews erfordern, was in diesem Aufsatz nicht geleistet werden kann.

4.2 Analyse der *gyaru*-Zeitschrift *Egg*

Im Folgenden wird exemplarisch die *gyaru*-Zeitschrift *Egg* vorgestellt und auf ihren Inhalt hin untersucht. Die Zeitschrift kann insofern als repräsentativ betrachtet werden, als sie im Zeitschriftenregal nahezu jedes Convenience Stores in Japan zu finden war, bis im zweiten Quartal 2014 die letzte Ausgabe erschien. Bei der Analyse steht vor allem die Werbung im Vordergrund, da man hieran erkennen kann, dass sich die Subkultur der *gyaru* auch weitgehend über den Konsum bestimmter Produkte definieren lässt. Dass hier in erster Linie der Konsum-Aspekt und damit *gyaru* als Konsumentinnen untersucht werden, ist vor allem darin begründet, dass *gyaru* sich u. a. über den Konsum bestimmter Produkte von der Mehrheit der Gesellschaft bzw. von anderen Gruppen abgrenzen.

Die Zeitschrift *Egg* ist eine *gyaru*-Fashion-Zeitschrift, die von 1995 bis 2014 am ersten Tag jedes Monats erschien. Untersucht wird im Folgenden die Ausgabe Oktober 2012 (Nr. 192), der ein Taschenspiegel mit einem Leoparden-Muster beigefügt ist, was zu dem erhöhten Preis von 600 Yen führt (Standardpreis: 490 Yen). Die Ausgabe trägt den Untertitel „GET WILD & BE SEXY" und ist schon durch einen Blick auf das Titelblatt optisch als *gyaru*-Zeitschrift identifizierbar (vgl. Abb. 2). Darauf sind vier junge Frauen mit blond gefärbten Haaren und bunten Kontaktlinsen zu sehen, die Schuhe mit hohen Absätzen und Kleidung tragen, die als „sexy" bezeichnet werden kann, wie z. B. sehr kurze Hotpants. Diese Oktober-Ausgabe umfasst 140 Seiten, von denen 32 Seiten vollständig von Werbung eingenommen werden, und auch auf weiteren Seiten wird teilweise explizit für bestimmte Produkte geworben. Obwohl in dieser Ausgabe von *Egg* mehrere hundert Models zu sehen sind, fällt sofort auf, dass es einige visuelle Eigenschaften gibt, die fast alle von ihnen teilen. Dies sind u. a. hell gefärbte Haare, ein starker Einsatz von Make-up, bunte Kontaktlinsen (welche die Augen größer erscheinen lassen, sog. *circle lenses*) und falsche Wimpern/Fingernägel. Der Kleidungsstil ist vielseitig, kann jedoch generell als relativ freizügig und sexy bezeichnet werden. Oft vorzufinden sind Schuhe mit hohen Absätzen sowie Miniröcke und Hotpants. Auch wenn unterschiedliche *gyaru*-Stile vorgestellt werden, wie zum Beispiel die sogenannten Western-*gyaru* (S. 32/33), können diese Eigenschaften durchaus als *gyaru*-typisch bezeichnet werden, da sie für fast alle Models der untersuchten Ausgabe zutreffen. Ebenfalls häufig sind Models mit teilweise stark gebräunter Haut zu sehen, die manchmal als *kuro-gyaru* („schwarze *gyaru*", Japanisch: 黒ギャル) bezeichnet werden.

Die Zeitschrift richtet sich an eine junge Zielgruppe von Frauen im Alter von etwa 15 bis 25 Jahren. Auf den Seiten 36–42 werden beispielsweise unter der Rubrik „STREET GROOVE 50" junge Frauen und ihre Mode vorgestellt, wobei die Altersspanne bei den Models von 14 bis 24 Jahren reicht. Auf den Seiten 86–89 gibt es Bilder eines Fotoshootings mit Amateur-Models in Kyoto, bei dem die jüngsten Models 14 Jahre und die ältesten Models 20 Jahre alt sind. Ein Großteil der gesamten Werbung bezieht sich auf Mode und Kosmetikartikel. Von 32 Seiten, die komplett mit Werbung gefüllt sind, wird auf sechs Seiten für Kleidung geworben und auf vier Seiten für falsche Wimpern und bunte Kontaktlinsen. Interessant ist, dass auf vier Seiten für Ausbildungen geworben wird, u. a. für eine oberschulbegleitende Ausbildung mit Kursen in Nail Art, Hair/Make-up usw. Es werden also vor allem Berufsfelder vorgestellt, in denen die *gyaru* ihrer Subkultur treu bleiben können und sich nicht optisch anpassen müssen.

Weitere fünf Seiten sind mit Werbung für Musik aus den Bereichen Hip-Hop und Rhythm and Blues (R&B) gefüllt, wobei auffällt, dass die Sängerinnen ihrem Äußeren nach ebenfalls eindeutig *gyaru* zugeordnet werden können. Sechs Seiten enthalten Werbung für Schönheitsoperationen (z. B. Brustvergrößerung), Diätpräparate und Methoden zur Gewichtsabnahme. Daran kann man erkennen, dass es auch ein *gyaru*-typisches Körperideal gibt, das aber viele nicht erfüllen können, ohne durch kosmetische Eingriffe und entsprechende Präparate nachzuhelfen. Außerdem fällt auf, dass es sechs Seiten Werbung für *deai* gibt (Japanisch: 出会い). Ein *deai* lässt sich mit Singlebörsen oder Partnervermittlungen vergleichen, wobei es allerdings weniger um die Suche nach einem langfristigen Beziehungspartner geht als um das Knüpfen von sexuellen Kontakten. Hier wird

Abbildung 2: Auf dem Titelblatt der Zeitschrift *Egg* (Ausgabe Oktober 2012) ist deutlich der Modestil erkennbar, der typisch für die Subkultur der *gyaru* ist.

also das häufig mit *gyaru* in Verbindung gebrachte Klischee sexueller Freizügigkeit bedient.

Ein dreiseitiger Artikel beschäftigt sich mit Äußerungen von Unzufriedenheit und Widerstand gegen Schulregeln, die z. B. das Färben der Haare verbieten. Auf die Frage, ob sie mit den Regeln ihrer Schule unzufrieden sind, antworteten 83 % der Befragten mit „Ja" (S. 74). Neben Meinungsäußerungen der Betroffenen gibt es auch einige Tipps, wie die Schulregeln umgangen werden können, z. B. durch das Tragen einer Perücke über hell gefärbten Haaren. Hier lassen sich somit durchaus Züge einer Gegen- bzw. Protestkultur erkennen.

Viele der Models in der untersuchten Ausgabe, die oft mit einem kurzen Porträt, zumindest aber mit ihrem Namen und Alter vorgestellt werden, sind noch Oberschülerinnen bzw. teilweise auch Mittelschülerinnen. Bei den älteren Models fällt auf, dass neben „Model" und Verkäuferin häufig „Freeter" als Berufsbezeichnung zu finden ist. Als Freeter werden nach einer Definition des japanischen Ministeriums für Gesundheit, Arbeit und Wohlfahrt Männer und unverheiratete Frauen (ausgenommen Studierende) im Alter zwischen 15 und 34 Jahren bezeichnet, die eine Teilzeittätigkeit oder *arubaito* ausüben (als *arubaito* wurden ursprünglich nur Nebenjobs von Schülern und Studenten bezeichnet) bzw. anstreben (MHLW 2010). Die Zunahme solcher irregulärer Beschäftigungsverhältnisse, die als Prekarisierung bezeichnet wird, ist spätestens seit Mitte der 1990er Jahre zu einem großen Problem für die japanische Gesellschaft geworden.

Auch wenn eine Beschäftigung als Freeter teilweise aus freien Stücken gewählt wird, kann man davon ausgehen, dass bei den *gyaru* häufiger auch Schwierigkeiten bei der Jobsuche der Grund für diese Art der Anstellung sind. Es ist zum Beispiel bekannt, dass man mit hell gefärbten Haaren bei vielen Firmen keine Arbeit finden kann. In vielen Bereichen mit direktem Kundenkontakt sehen die internen Firmenregeln in Japan zumindest annähernd schwarze Haare vor. So kann sich z. B. jeder Fluggast davon überzeugen, dass es bei den zwei größten japanischen Fluggesellschaften JAL und ANA keine Flugbegleiterinnen gibt, die hell gefärbte Haare haben.

Neben der Vorstellung aktueller Mode-Trends gibt es in der Zeitschrift *Egg* auch viele Tipps und Anleitungen zu bestimmten Make-up-Techniken. Des Weiteren gibt es Kurzreportagen zu Veranstaltungen und Fotoshootings sowie Artikel mit Ernährungstipps. Es fällt auf, dass einige Seiten sich explizit, z. B. in Form von Ratgebern, mit sexuellen Themen beschäftigen. Im Zentrum des in *Egg* geschilderten Lebensstils stehen die typische *gyaru*-Mode und das *gyaru*-Make-up, deren Umsetzung teilweise mit einem relativ hohen Zeitaufwand verbunden ist.

Als typische Freizeitaktivitäten erscheinen in der Zeitschrift z. B. das Besuchen von Clubs (häufig Diskos) und Shopping.

Auch wenn es einige Abstufungen und Untergruppen gibt, ist das Bild, das in der Zeitschrift *Egg* von den *gyaru* gezeichnet wird, weitgehend kongruent. Optisch äußert sich dies u. a. in Form von hell gefärbten Haaren, farbigen Kontaktlinsen, einem starken Einsatz von Make-up, falschen Wimpern und Fingernägeln, körperbetonter bis freizügiger Kleidung, sowie vielmals auch gebräunter Haut. Der Lebensstil, der durch *Egg* vermittelt wird, ist in vieler Hinsicht von Freiheit geprägt – der Freiheit, sich über gesellschaftliche Zwänge hinwegzusetzen, da man sich so kleidet, wie man will und das tut, was man will. Diese Form der *gyaru*-Kultur ist aktuell scheinbar in eine Krise geraten bzw. im Umbruch begriffen, worauf im abschließenden Kapitel eingegangen wird.

5 Die Zukunft der *gyaru*-Subkultur

Bei *gyaru* als Gruppe kann man von Werten und Normen sprechen, die sich von der japanischen „Hauptkultur" deutlich unterscheiden. Die Ablehnung von Konformität, die Betonung individueller Freiheit (z. B. in Bezug auf Mode) und ein Schönheitsideal, das sich vom klassisch-japanischen stark unterscheidet, sind dafür charakteristisch. Auch wenn es bei *gyaru* zahlreiche Untergruppen gibt, ist die Subkultur, was die äußere Erscheinung betrifft, relativ einheitlich. Neben diesen optischen Merkmalen kann man bei *gyaru* einen typischen Sprachstil erkennen[12], und als typisches Ritual könnte man das Aufnehmen von *purikura*-Fotos anführen (Japanisch: プリクラ; bunt verzierte Fotos, die meist in Gruppen in speziellen Automaten aufgenommen werden). Ein Charakteristikum von Subkulturen, das auch auf *gyaru* zutrifft, ist die Stereotypisierung und Vorurteilsbildung von außen, was so weit geht, dass Frauen mit bestimmten Eigenschaften pejorativ als *gyaru* kategorisiert werden.

Die *gyaru* sind durch eine Vielzahl von Veranstaltungen, Zeitschriften etc. und natürlich auch über das Internet stark vernetzt.[13] Die *gyaru*-Subkultur hat

[12] Vgl. z. B. den Sprach- bzw. Schreibstil bei Fujita (2006).

[13] Einen populären *gyaru*-Blog führt z. B. Sakamoto Miho: http://ameblo.jp/mipotimipoti/ (zuletzt aktualisiert am 24.01.2015).

sowohl in ihrer Entstehung als auch heute noch ein geografisches Zentrum im Stadtteil Shibuya in Tokyo, wobei es in vielen japanischen Städten Orte mit ähnlicher Funktion gibt. Wenn man von *gyaru* als Subkultur spricht, ist zu beachten, dass einige Mädchen und junge Frauen nur zu bestimmten Anlässen in die Rolle einer *gyaru* schlüpfen und so z. B. Arbeit bzw. Schule oder Studium und Privatleben trennen. Insgesamt kann man aufgrund der großen medialen Präsenz bei der *gyaru*-Subkultur bzw. *gyaru*-Kultur davon sprechen, dass sie mittlerweile zu einem festen Bestandteil japanischer Kultur geworden ist.

Aktuelle Entwicklungen legen jedoch die Vermutung nahe, dass *gyaru* in ihrer klassischen Form möglicherweise im Verschwinden begriffen sind. Am 31. Mai 2014 erschien die letzte und insgesamt 213. Ausgabe der Zeitschrift *Egg*. Auch bei der Zeitschrift *Ageha*, die sich an ein etwas älteres *gyaru*-Publikum richtete, sieht es nicht besser aus: Hier erschien die letzte Ausgabe am 1. April 2014, da der Verlag zahlungsunfähig wurde und die Geschäftstätigkeit einstellen musste. Die vom selben Verlag herausgegebene *gyaru*-Zeitschrift *Happie Nuts* (Japanisch: ハピー ナッツ) war ebenfalls vom Konkurs betroffen und erschien zum letzten Mal am 17. März 2014. Ein Grund für den Konkurs liegt vermutlich darin, dass im Zeitraum von März 2009 bis März 2012 der Umsatz mit der Zeitschrift *Ageha* um mehr als ein Drittel eingebrochen ist, da die Verkaufszahlen und damit die Werbeeinnahmen zurückgegangen sind (vgl. Asahi Shinbun: 16.04.2014). Es scheint, als würde „die *gyaru*-Kultur aus der Zeitschriften-Landschaft verschwinden" (WebR25: 12.05.2014).

Nachdem bekannt wurde, dass die Zeitschrift *Egg* eingestellt wird, warf die Asahi-Zeitung in einem Artikel vom 23.05.2014 die Frage auf, „wo die *gyaru* geblieben sind" und stellte fest, dass „solche Frauen auf der Straße nicht mehr auffallen". Dabei ist allerdings fraglich, ob *gyaru* nicht mehr auffallen, weil es immer weniger davon gibt, oder weil sie bereits zur Normalität gezählt werden, da sie in ihrer heutigen veränderten Erscheinungsform ein Teil des Mainstreams in Japan sind. Ein Blick auf die Titelblätter aus der Anfangszeit der *Egg* zeigt viele Models mit stark gebräunter Haut im *ganguro*-Stil (vgl. Kawamura 2006); dagegen sind in den letzten Jahren immer mehr Frauen mit nur leicht gebräunter oder heller Haut zu sehen. Heute werden *gyaru* mit relativ stark gebräunter Haut als *kuro-gyaru* („schwarze *gyaru*") bezeichnet, da der Begriff *gyaru* nicht mehr zwingend für gebräunte Haut steht. In Bezug auf das Aussehen von *gyaru* hat also eine Transformation stattgefunden. Dass hell bis blond gefärbte Haare in Japan heute keine Seltenheit mehr sind, ist möglicherweise auf den Einfluss der *gyaru*-Subkultur auf den Mainstream zurückzuführen.

Weitere Forschung müsste also der Frage nachgehen, ob und inwieweit die Subkultur der *gyaru* bereits Einzug in den Mainstream gefunden hat, oder ob sie schlicht im Niedergang begriffen ist. Was die Zukunft der *gyaru* angeht, war auf einer der größten japanischen Internet-Nachrichtenseiten für Fashion, in der Woche, nachdem die letzte Ausgabe der *Egg* erschienen war, von einer „Evolution" die Rede. Es heißt dort, dass in Shibuya eine neue *gyaru*-Bewegung, nämlich die der sogenannten *neo-gyaru*, entstanden sei, wobei Ueno Arisa – Model, DJane und Designerin – als neue Stilikone gepriesen wird (vgl. modelpress: 05.06.2014). Eine Art Stil-Evolution der *gyaru*-Mode kann man auch an Imai Hana beobachten, die früher Model für *Egg* war und mittlerweile für die Mode-Zeitschrift *JELLY* tätig ist. Bei anderen Models wie z. B. Saitō Natsumi, deren Stil wie eine Mischung aus Kyary Pamyu Pamyu (Model und Sängerin, die vor allem durch ihre extravaganten Musikvideos Aufmerksamkeit erregt) und einer „klassischen" *gyaru* wie Nemoto Yayoi wirkt, kann man sehen, dass *gyaru*-Einflüsse auch in neueren Mode-Stilen wiederzufinden sind. Mode ist wie der Name schon sagt schnelllebig, und so ist z. B. die Zeitschrift *Ane Ageha* (die Schwesterzeitschrift der *Ageha*, die sich an die bereits in die Jahre gekommene *gyaru*-Generation richtet und ebenfalls eingestellt worden war) seit dem 7. August 2014 wieder erhältlich und erscheint nun zweimonatlich. Von einem endgültigen Aus der *gyaru*-Kultur kann man zum jetzigen Zeitpunkt sicher nicht sprechen, und die nächsten Jahre werden zeigen, ob *gyaru* durch Transformationen, die bereits im Gang sind, vielleicht erneut zu Trendsettern werden können.

Literatur

Asahi Shinbun Digital (16.04.2014): „Koakuma ageha no shuppansha ga jigyō teishi. Fusai sōgaku 30 oku en". [Verlag von *Koakuma ageha* stellt Geschäftstätigkeit ein. Gesamtschulden 3 Milliarden Yen.] http://www.asahi.com/articles/ASG4J4QV1G4JULFA01B.html [11.8.2014].

Asahi Shinbun Digital (23.05.2014): „Gyaru ha doko ni itta. egg mo ageha mo kyūkan aitsugu". [Wo sind die *gyaru* geblieben? Auch *Egg* und *Ageha* werden eingestellt.] http://www.asahi.com/articles/ASG5G4WN7G5GUHBI010.html [11.8.2014].

Arai, Yūsuke (2009): *Gyaru to gyaru-o no bunka jinruigaku.* [Kulturanthropologie von *gyaru* und *gyaru-o.*] Tokyo: Shinchōsha.

Brockhaus – Enzyklopädie in 30 Bänden. 21. Auflage (2006). Leipzig, Mannheim: F. A. Brockhaus, Band 26, S. 553.

Egg – GET WILD & BE SEXY. Nr. 192 (Oktober 2012). Tokyo: Taiyō Tosho.

Fujita, Shiho (2006): *Gyaru kakumei.* [*Gyaru*-Revolution.] Tokyo: Kōdansha.

Fujita, Shiho (2009): *Gyaru nōgyō.* [*Gyaru* in der Landwirtschaft.] Tokyo: Chūōkōronshinsha.

Giddens, Anthony (2009): *Sociology.* 6., überarbeitete Auflage. Cambridge: Polity Press.

Jenkins, Henry (2006): *Convergence Culture: Where Old and New Media Collide.* New York City: New York University Press.

Kawamura, Yuniya (2006): „Japanese Teens as Producers of Street Fashion". In: *Current Sociology*, Vol. 54 (5). London: Sage Publications, S. 784–801.

Kinsella, Sharon (2005): „Black Faces, Witches, and Racism against Girls". In: Miller, Laura; Bardsley, Jan (Hrsg.): *Bad Girls of Japan.* New York: Palgrave Macmillan, S. 143–157.

Miller, Laura (2004): „Those Naughty Teenage Girls: Japanese Kogals, Slang, and Media Assessments". In: *Journal of Linguistic Anthropology*, Vol. 14, Issue 2. Berkeley: University of California Press, S. 225–247.

Ministry of Health, Labour and Welfare (2010): *Wakamono koyō kanren dēta.* [Daten in Bezug auf die Beschäftigungsverhältnisse junger Menschen.] http://www.mhlw.go.jp/topics/2010/01/tp0127-2/12.html [11.8.2014].

modelpress (05.06.2014): „Shinkakei gyaru ‚neo-gyaru' ga wadai futtō, shibuya ni arata na mūbumento ‚jidai okure na kanji ga kawaii'". [Evolution der *gyaru* „neo-*gyaru*" sind heiß diskutiertes Thema. Eine neue Bewegung in Shibuya: das Altmodische ist süß.] http://mdpr.jp/gal/detail/1371620 [11.8.2014].

Mulder, Merle (2009): *Straight Edge: Subkultur, Ideologie, Lebensstil?* Münster: Telos Verlag.

Nihon Keizai Shinbun (2014): „Keiōdai ni shingaku shita ‚biri gyaru' – sono ato no monogatari". [Die „*biri gyaru*", die es auf die Keiō-Uni geschafft hat: was danach geschah.] http://www.nikkei.com/article/DGXNASFE16053_X10C14A4000000/ [11.8.2014].

Schad-Seifert, Annette (2008): „J-Unterschicht. Japans junge Generation im Zeitalter der gesellschaftlichen Polarisierung". In: Richter, Steffi; Berndt, Jaqueline (Hrsg.): *Japan. Lesebuch IV*. J-Culture. Tübingen: Konkursbuch Verlag, S. 86–105.

Schwendter, Rolf (1971): *Theorie der Subkultur*. Köln, Berlin: Kiepenheuer & Witsch.

Spiegel Online (15.10.2010): „Integration: Seehofer und Merkel befeuern Leitkultur-Debatte". http://www.spiegel.de/politik/deutschland/integration-seehofer-und-merkel-befeuern-leitkultur-debatte-a-723466.html [11.8.2014].

Suzuki, Tadashi; Best, Joel (2003): „The Emergence of Trendsetters for Fashions and Fads: Kogaru in 1990s Japan". In: *The Sociological Quarterly*, Vol. 44, Nr. 1, S. 61–79.

Tsubota, Nobutaka (2013): *Gakunen biri no gyaru ga 1nen de hensachi wo 40 agete keiō daigaku ni gen'eki gōkaku shita hanashi*. [Die Geschichte einer *gyaru*, die die Schlechteste ihres Jahrgangs war und innerhalb eines Jahres ihren *hensachi* um 40 verbesserte und somit die Aufnahmeprüfung der Keiō-Universität schaffte.] Tokyo: Kadokawa.

WebR25 (12.05.2014): „Jidai no nagare ka? gyaru-zasshi kyūkan zokuzoku". [Der Lauf der Zeit? Immer mehr *gyaru*-Zeitschriften werden eingestellt.] http://r25.yahoo.co.jp/fushigi/jikenbo_detail/?id=20140512-00036079-r25 [11.8.2014].

Wuggenig, Ulf (2003): „Subkultur". In: Hügel, Hans-Otto (Hrsg.): *Handbuch Populäre Kultur*. Stuttgart: Metzler, S. 66–73.

Queen Vivienne
Britishness in der japanischen Populärkultur am Beispiel des Modelabels Vivienne Westwood

Franziska Ritt

1 Einleitung

2012 präsentierte das Londoner Victoria & Albert Museum unter dem Titel *Kitty and the Bulldog* eine Ausstellung, die sich mit dem Einfluss britischen Designs auf japanische *street fashion* beschäftigte. Zentral für die Repräsentation (moderner) britischer Mode in der Ausstellung war dabei die Designerin Vivienne Westwood. So schreibt Rupert Faulkner, einer der Kuratoren der Ausstellung:

> I went to the six.h[1] store in La Foret[2] and on the unisex rail there was the outfit. It struck me that it was absolutely Vivienne Westwood in its use of tartan but it was quite Asian in its overall look so it made a nice transition to the Japanese designs. [...] It makes a point on the huge influence of Vivienne Westwood in Japan. Vivienne Westwood is one of these British designers who, without Japan, wouldn't be what she is, similar to Jean Paul Gaultier. She is really a goddess in Japan. (Jones 2012: Internet)

Die Online-Ausgabe der Asahi Shinbun berichtete unter dem Titel „Lolita[3] look returns to its spiritual home in London" über die Ausstellung (Masuada 2012: Internet). Zitate von Westwoods Entwürfen finden sich in Japan tatsächlich in verschiedensten Bereichen der Populär- und Subkultur, vor allem aber natürlich in der Mode und der Musikszene. Für viele Musiker (und ihre Fans) in Japan sind Westwoods Entwürfe bis heute wichtiger und sehr bewusster Bestandteil der Selbstpräsentation. Originale finden sich hier ebenso wie die von vielen

---

1 2007 gegründetes Modelabel, das sich vor allem auf Punk-, Gothic- und Visual-Kei-inspirierte Kleidung spezialisiert hat (www.sixh.jp).

2 Besonders auf ein eher jüngeres, *street-fashion*-interessiertes Publikum ausgerichtetes Kaufhaus in Harajuku, Tokyo (www.laforet.ne.jp).

3 In den 1990er Jahren entstandener Modestil, der eine modernisierte Interpretation viktorianischer Kleidung mit subkulturellen Stilen wie Punk oder Gothic verbindet, sich in seiner niedlichen (*kawaii*) Umsetzung allerdings deutlich von ‚westlichen' Assoziationen mit diesen Subkulturen unterscheidet (vgl. Godoy 2007: 134 ff.).

Marken angebotenen Interpretationen oder originalgetreue Repliken (vgl. Kapitel 4.1).

Diese Verweise auf Vivienne Westwood reichen bis in den fiktiven Bereich: Vielleicht bekanntestes Beispiel ist Yazawa Ais seit 2001 im Magazin *Cookie* (Shūeisha) veröffentlicher Erfolgs-Manga *NANA*[4]. Die Mitglieder der Punkband *Black Stones* als Protagonisten der Geschichte treten in Outfits auf, die klar als Designs von Vivienne Westwood identifizierbar sind (Abb. 1). Neben ihrem detailliert und realistisch beschriebenen Alltag in Tokyo ergänzt das Label das Image der *Black Stones* als glaubwürdige Band (vgl. Index Communications 2003: 25–27; Schilling 2005: Internet; Yazawa 2000: 108–11).

An der thematischen Ausrichtung der Ausstellung *Kitty and the Bulldog* in London lässt sich nicht nur ablesen, wie groß das Interesse an japanischen Subkulturen und *street fashion* in den letzten Jahren geworden ist (vgl. Kawamura 2012) – ebenso zeigt sich, wie sehr Sub- und Popkultur zu einem festen Bestandteil des Images britischer Mode geworden ist, nicht nur im Ausland, sondern auch in Großbritannien selbst. Rebellion gehört ebenso zum Bild britischer Mode wie ‚traditionelle' britische Materialien wie beispielsweise Tweed oder Schottenkaro (Tartan) und übergreifende Themen wie Etikette, Exzentrik oder hohe Qualitätsstandards (vgl. Goodrum 2009: 463; Goodrum 2005: 6). Allison Goodrum (2005: 6) betont die große Rolle Westwoods mit ihrem weltweiten Erfolg als Designerin bei der Neudefinition von London als Hauptstadt für experimentelle und unkonventionelle Mode.

Westwoods eigene Beschäftigung mit ihrer Heimat Großbritannien, der britischen Gesellschaft, aber auch britischen Traditionen geht noch ein gutes Stück weiter. Ihr Firmenlogo, der *Orb*, stellt als Abbildung eines Reichsapfels eine direkte Anspielung auf die britische Monarchie dar (vgl. Goodrum 2005: 8–9).

[4] Bisher wurden in der Serie 21 Bände veröffentlicht, die Geschichte ist noch nicht abgeschlossen. In Japan wie in anderen Ländern in Übersetzung gehörte der Manga regelmäßig zu den Bestsellern. Daneben finden sich eine Umsetzung als Anime, zwei Verfilmungen (2005 und 2006), verschiedene Videospiele und nicht zuletzt eine Reihe von Alben, auf denen zahlreiche Bands die Musik der im Manga vorkommenden *Black Stones* zum Leben erwecken (vgl. Yazawa Manga Seisakusha/Shueisha Inc. 2012: Internet). So entwickelte *NANA* sich zu einem medienübergreifenden Phänomen, an einigen Stellen war gar vom „Sozialphänomen *NANA*" (Oricon Inc. 2006: Internet) zu lesen.

Abbildung 1: Vivienne Westwoods Mode im Manga NANA. Quelle: Egmont Verlagsgesellschaften mbH, Köln.

Auch die erwähnten „klassischen" Materialien wie Tartan und der berühmte Harris-Tweed sind eng mit dem Bild der Marke verbunden; ihre exzentrischen Designs werden als „typisch Britisch" erklärt (vgl. Goodrum 2005: 6, 9–10). Das 60. Thronjubiläum von Elisabeth II wurde in Tokyo (unter anderem) mit einer Präsentation von Westwoods Entwürfen in den Räumen der britischen Botschaft gefeiert (vgl. Fashionsnap 2012: Internet).

Über die Marke Vivienne Westwood werden diese Themen auch an die (japanischen) Kunden weitergegeben und für sie konsumierbar gemacht, ähnlich wie es Goodrum (2008: 295) für die britischen Marken *Mulberry* und *Paul Smith* beschreibt:

> In these particular cases the corporate lifestyle being sold is quintessentially British, one that both mobilizes and reinforces a Japanese perception of what Britishness should be (rather than what it actually is). (Goodrum 2008: 295)

Wie *Mulberry* und *Paul Smith* war Westwood mit dieser Vermarktung von *Britishness* auch über das Image der „Queen of Punk" hinaus erfolgreich. „Westwoods Kleider waren schon immer eindeutig britisch gewesen und als solche auch von vielen Kunden außerhalb Englands begehrt", erläutert Claire Wilcox (2006: 25) und stellt fest, dass diese Britishness gerade bei japanischen Kunden gut angekommen sei. Ohne eine treue Fangemeinde in Japan hätte das Unternehmen wohl kaum seinen heutigen Erfolg erreicht. Bis heute ist Japan ein wichtiger Markt für Vivienne Westwood (vgl. Mulvagh 2003: 164; Webb 2005: Internet). In keinem anderen Land ist das Label mit so vielen eigenen Boutiquen vertreten; daneben findet sich ein reges Geschäft mit zahlreichen japan-exklusiven Lizenzprodukten, die in praktisch allen größeren Kaufhäusern erhältlich sind (vgl. Vivienne Westwood 2013: Internet).

Die Frage, welche Rolle Britishness für die Wahrnehmung der Marke Vivienne Westwood in Japan spielt und wie Westwood die Wahrnehmung Großbritanniens, speziell Londons, geprägt hat, wird im Folgenden genauer betrachtet. Umgekehrt wird auch darauf eingegangen, wie bestimmte Bilder von Großbritannien über Westwoods Mode konsumiert werden. Grundlage hierfür soll vor allem Westwoods Repräsentation in populärkulturellen Medien, insbesondere Zeitschriften, sein. Ein besonderer Fokus liegt dabei auf der Darstellung der Marke als Inbegriff des britischen Punks, wie man sie zum Beispiel in *NANA* findet. Westwoods Entwürfe der 1970er Jahre sind in diesem Manga und in aktuellen Mode-Zeitschriften überraschenderweise deutlich präsenter als aktuelle Kollektionen (vgl. Kap. 4.1). In Kapitel 3 möchte ich mich genauer mit der Geschichte der Rezeption des Labels in Japan beschäftigen, da die subkulturelle Verwurzelung der Marke die Sicht auf Westwood offensichtlich bis heute stark prägt. Daneben wird aber auch die Version von *Britishness* Berücksichtigung finden, die sich in Japan an den Massenmarkt richtet.

2 Die Konstruktion von *Britishness* für den japanischen Markt

Japan ist trotz anhaltender wirtschaftlicher Schwierigkeiten auch für die britische Modeindustrie von immenser Bedeutung und nach den USA der wichtigste Exportmarkt. Für viele (Luxus-)Marken besitzt der japanische Markt eine Bedeutung, die, so Allison Goodrum, nicht durch rein wirtschaftliche Überlegungen begründet werden kann (vgl. Goodrum 2008: 300–02; Goodrum 2009: 462). „Factors such as geographical proximity, speed of response, high freight costs and duties all pose substantial barriers to the economics of ‚making good business sense'" (Goodrum 2009: 462). Auch die Bereitschaft japanischer Konsumenten, für ausländische Markenprodukte deutlich höhere Preise – teilweise ein Vielfaches im Vergleich zum europäischen Markt – in Kauf zu nehmen, sorgt bei Beobachtern immer wieder für Erstaunen. Vielzitierte Beispiele sind hier große Modehäuser wie Louis Vuitton oder Hermès (vgl. Chadha / Husband 2006: 1–5; Hata 2004: 12–14; Fukuda 2006).

Für die „Queen of Punk" Vivienne Westwood, die sich fest auf dem japanischen Markt etablieren konnte, gilt dies ebenso wie für Luxusmarken wie *Mulberry* oder *Paul Smith* oder auch britische Traditionsprodukte wie *Harris Tweed* und *Fairisle Knits* (vgl. Goodrum 2008: 302). So heißt es in einem Blogeintrag der ‚Harris Tweed Authority', die sich um die Vermarktung des britischen *Harris Tweed* im Ausland bemüht, anlässlich einer Kooperation mit einem *select shop* in Tokyo:

> A very significant proportion of our beloved *Harris Tweed* leaves these shores bound for Japan where the cloth is held in equally high-esteem.
>
> Language barriers, the sheer volume of independent designers and creative brands and the prevalence of limited editions and small, bespoke collaborations for their own niche markets means we often don't get to lay eyes or hands on the amazing products they bring into the world.
>
> But happily the internet allows us to catch a glimpse of *Harris Tweed* pieces as they make their way into the boutiques of Harajuku and beyond. […] We don't know much about them but let's just look at their photos and enjoy knowing our humble *Harris Tweed* is still working its magic far, far from home … (The Harris Tweed Authority 2012: Internet)

Der Schlüssel zum Verständnis der engen und für viele Marken enorm wichtigen Beziehungen nach Japan liegt also nicht allein im wirtschaftlichen Bereich. Um die große Exporttätigkeit dieser Marken nach Japan verstehen zu können, ist laut Goodrum (2009: 462 ff.) auch eine Betrachtung kultureller Faktoren – und ihrer Wechselwirkungen mit wirtschaftlichen Faktoren – vonnöten. Vermarktet und gekauft wird hier offensichtlich weit mehr als nur Stoffe, Kleider oder Handtaschen: „Brand name goods possess a mystique, a cachet that creates the impression of sophistication, of internationalism and of taste" (Clammer 1997: 81).

Im Fall der bereits erwähnten britischen Luxusmarken *Mulberry* und *Paul Smith* spielt so, neben der in Japan generell sehr hohen Wertschätzung für westliche, besonders europäische Marken- und Luxusprodukte, die Präsentation der Marken in Japan über ihre *Britishness* eine besondere Rolle: Eine sorgfältig für den japanischen Markt konstruierte und an den Ansprüchen dortiger Konsumenten orientierte britische Identität der Produkte. Marken wie *Mulberry* und *Paul Smith* böten den Kunden weit mehr als materielle Güter; zentral seien durch die Marken angebotene „identity kits", so Goodrum (2008: 295) in Anlehnung an Erving Goffman. Ted Polhemus geht ebenfalls auf diese Eigenschaft von Marken ein: „The most compact and potent of visual signalling systems, brands allow consumers to express complex beliefs and values instantaneously" (Polhemus 2012: Internet). Dabei müssen sich die Konsumenten nicht auf eine einzige Identität festlegen. Aus einem „Supermarket of Style" (Polhemus 1994: 130–34) könnten sich Konsumenten unabhängig von Zeit und Ort ihre Identität aus verschiedenen Stilrichtungen, Subkulturen und Marken zusammensetzen. Goodrum (2008: 295) übernimmt diese Formulierung auch für den extrem vielfältigen japanischen Modemarkt.

Über den Konsum von Markenprodukten als „cultural resources" könnten die Kunden so an einem imaginären Großbritannien teilhaben. Verbunden werden damit Bilder von perfekter Etikette, Exzentrik und hohe Qualitätsansprüche (vgl. Goodrum 2008: 296). Auch britische Pop- und Subkultur – die Beatles, Swinging London, die Mods oder Punk – finden in diesem Bild Großbritanniens ihren Platz (vgl. Goodrum 2005: 3–5; Goodrum 2009: 471, vgl. Polhemus 2012:

228 ff.). Dieses imaginäre Großbritannien muss den Wünschen und Erwartungen der Konsumenten folgen, also bereits vorhandene Bilder typischer Britishness bedienen. Die Inszenierung durch die Unternehmen erstreckt sich auch hier weit über die eigentlichen Produkte hinaus auf die gesamte Selbstinszenierung der Marke über Werbung, Präsentation innerhalb der Ladenflächen oder teilweise bis in kleinste Details wie die Gestaltung der Unternehmenswebseite. „British fashion must satisfy strict criteria of what is imagined by Japanese intermediaries as British style, fit, character, and even monetary value" (Goodrum 2008: 300). Gleichzeitig werden diese Bilder über bekannte Marken, aber auch von anderen Akteuren wie Einkäufern oder japanischen Händlern, mitgeprägt (vgl. Goodrum 2008: 300; Goodrum 2009: 464–65).

Mit einer tatsächlichen Produktion in Großbritannien muss dies heutzutage nicht zwangsläufig etwas zu tun haben. *Mulberry* produziert in der Türkei, in Spanien und vor allem in Italien, wo auch Vivienne Westwood herstellen lässt (vgl. Goodrum 2009: 468–69; Webb 2005: Internet). Dies kann mitunter nicht unproblematisch sein, spielt doch das Label „Made in Britain" nach wie vor eine wichtige Rolle (vgl. Goodrum 2009: 468; Chadha/ Husband 2006: 292–93). Für Marken wird es so zunehmend wichtig, die eigene Authentizität durch Werte zu sichern, die weit über ihre eigentlichen Produkte hinausgehen. Britishness wird zum – in einigen Fällen entscheidenden – Faktor eines besonders bei Luxusmarken sorgfältig gepflegten Markenimages. Ein guter Teil des Wertes der Markenprodukte wird nicht durch das materiell vorhandene Kleidungsstück, sondern durch den Grad der von den Unternehmen angebotenen Authentizität bestimmt:

> It is apparent that retailers in the luxury fashion sector go to great lengths to create and construct these seemingly credible products with a coherent history and a prescribed identity. This is part of what is termed ‚lifestyle marketing'. (Goodrum 2008: 298)

Besonders die Konsumenten in Japan besäßen dabei, so Goodrum (2009: 475), reiches kulturelles (und natürlich finanzielles) Kapital sowie Wissen und Interesse daran, die von den Unternehmen angebotenen Identitäten im Detail wahrzunehmen. Auch Chadha und Husband (2006) betonen das detaillierte Wissen japanischer Konsumenten über besonders gefragte Luxusmarken:

> By the time she tries on a dress from the latest collection, or considers the purchase of a new buy in the store window, she already has definite perceptions about the brand and the particular piece in question. And if she is Japanese, she could effortlessly write a 2.000-word paper on it, full of exquisite details about the designer, the theme of his latest collection, how it links back to his earlier work […] (Chadha/Husband 2006: 32)

Als Gründe für dieses hohe Interesse und diese genauen Kenntnisse werden von Chadha und Husband eine ganze Reihe unterschiedlicher Faktoren genannt. So beschreiben sie unter anderem eine im Vergleich zu anderen asiatischen Nationen eher lange Geschichte von Luxuskonsum, in der sich Luxus(-mode) mit den entsprechenden wirtschaftlichen Voraussetzungen zu einem „way of life" (im Gegensatz zu einem reinen Statussymbol) entwickeln konnte. Der Konsum von Luxuskleidung und das Wissen um entsprechende Marken sei so sehr Bestandteil des alltäglichen Lebens, dass hinter dem Konsum ebenso Gewohnheit wie ein bewusster Geltungsdrang stehe (vgl. Chadha/Husband 2006: 43–47). Weiterhin betonen sie die geradezu symbiotische Beziehung zwischen (Luxus-)Marken, Konsumenten und Medien, hier insbesondere Zeitschriften (vgl. Chadha /Husband 2006: 62–63, 263–64).

Die wechselseitige Dynamik zwischen Kundenansprüchen und -vorstellungen von einem Großbritannien und der Selbstinszenierung von Marken oder Traditionsprodukten wie *Harris Tweed* setzt voraus, dass die Kunden dabei nicht nur passive Konsumenten sind. Der große differenzierte Modemarkt in Japan bietet scheinbar unbegrenzte Alternativen. In einem postmodernen *supermarket of style*, wie von Ted Polhemus beschrieben, können Konsumenten quasi beliebig zwischen unterschiedlichen Stilrichtungen wählen und ihre Identität in einer *bricolage* zusammensetzen. Besonders hervorgehoben wird von Polhemus (1996: 12) hier der Bereich japanischer *street fashion* und Subkulturen, der auch für die Marke Vivienne Westwood eine besondere Rolle spielt.

3 Vivienne Westwood

3.1 Die Punk-Jahre

Den entscheidenden Anstoß, sich mit Mode und Kunst zu beschäftigen, gab Mitte der 1960er Jahre für Vivienne Westwood die Begegnung mit ihrem späteren Mann Malcolm McLaren, damals Student einer privaten Kunstschule (vgl. Wilcox 2005: 10). McLaren hatte Freude an Tabubrüchen und Provokationen sowie an Möglichkeiten, Medien durch die Produktion von Manifestos, Collagen oder Fehlinformationen zu manipulieren (vgl. Mulvagh 2003: 35- 30). Er begeisterte sich für die Jugendkultur der 1950er Jahre, besonders Rock'n'Roll und die Anfang der 1970er Jahre wieder auflebende Subkultur der Teddy Boys[5]. Zusammen eröffneten Westwood und McLaren 1971 ihren ersten Laden *Let it Rock* in der King's Road 430, der sich ganz diesen Motiven verschrieben hatte und vor allem sorgfältig restaurierte Originalstücke aus den 1950er Jahren anbot (vgl. Mulvagh 2003: 51–55).

Es folgten mehrfache Umgestaltungen, Neuerfindungen und Neubenennungen des Geschäftes. Nach *Let it Rock* wandten sie sich unter dem Namen *Too Fast to Live, Too Young to Die* einer anderen Subkultur, den Bikern, zu. Auch hier boten Westwood und McLaren gebrauchte Stücke neben selbst gefertigter Kleidung an. Zu den bekanntesten Modellen gehörten T-Shirts, die Westwood und McLaren mit Nieten, Reißverschlüssen, Federn oder sogar Knochen in Kombination mit Aufdrucken politischer Slogans gestalteten (vgl. Mulvagh 2003: 57–61). 1974 folgte eine weitere Umgestaltung und der Laden erhielt den Namen *SEX* (vgl. Wilcox 2005: 12).

Während sich Westwood in dieser Zeit vor allem der Mode und dem Laden widmete, wandte sich McLaren zunehmend der Musik zu. Für kurze Zeit wurde er Manager der New Yorker Punkband *New York Dolls*, während Westwood

---

5 Der Stil war ursprünglich im London der 1950er Jahre entstanden: Jugendliche der Arbeiterklasse kleideten sich im „Neo-Edwardianischen" Stil, mit dem die Schneider der Savile-Row zunächst vor allem die Oberschicht ansprechen wollten. Die „Teddy Boys" (nach dem Spitznamen König Edwards VII) trugen in einer Parodie eben dieses Stils entsprechend extravagante, maßgeschneiderte Kleidung – Jacketts mit Samtaufschlägen, passende Hosen und so weiter, also Kleidung, die eigentlich nicht mit ihrem Status als Mitglieder der Arbeiterklasse in Einklang zu bringen war (vgl. Takamura 1997: 84-85).

die Gruppe mit Stücken von *SEX* einkleidete. 1975 wurden im Umfeld der King's Road 430 die *Sex Pistols* gegründet. McLaren als Manager wusste den Medienhype um die Band und das in diesem Zusammenhang zunehmend Gestalt gewinnende Phänomen Punk geschickt zu nutzen, um sowohl die *Sex Pistols* als auch den Laden erfolgreich zu vermarkten (vgl. Mulvagh 2003: 66–82; Price 2004: Internet).

1976 wurde der Laden erneut umbenannt: *Seditionairies* widmete sich nun vor allem der Punkbewegung. Angeregt durch die Fetisch-Szene entwickelte Westwood Bondage-Hosen aus schwarzem Baumwoll-Satin, die mit Gurten, Reißverschlüssen und D-Ringen dekoriert waren sowie bedruckte weiße Musselin-Hemden mit überlangen, an Zwangsjacken erinnernden Ärmeln. Westwoods Designs aus dieser Zeit haben ihre Gültigkeit als visuelle Definition des Punk-Looks bis heute nicht verloren (vgl. Takamura 1997: 142–45; Mulvagh 2003: 83 ff.; Wilcox 2005: 13–14). McLaren und Westwood als Initiatoren des Phänomens Punk zu bezeichnen wäre sicherlich zu einfach – auch wenn beide sich später gerne als Erfinder einer Jugendbewegung präsentierten. Bis heute dienen ihre Entwürfe jedoch vielfach als Inspirationsquelle: „[M]uch of their work captured and commodified the energy and iconoclastic tendencies of the movement" (Price 2004: Internet). Auch die im Manga *NANA* gezeigten Vivienne-Westwood-Stücke stammen zu einem guten Teil aus den Entwürfen für *Seditionaries* (vgl. Index Communications 2003: 26–27).

Tatsächlich fand Vivienne Westwood außerhalb Londons an kaum einem Ort so früh begeisterte Anhänger wie in Japan. Bereits Anfang der 1980er hatte man mit *A Store Robot* einen offiziellen Partner in Japan. Handelte es sich hierbei anfangs lediglich um eine Boutique, wurden schnell weitere Geschäfte beliefert und ein bis heute bestehendes Netzwerk an Händlern für Westwoods Kleidung aufgebaut. Sendungen Richtung Tokyo gehörten zu den ersten Exporten des Unternehmens, noch bevor man sich in der King's Road 430 überhaupt auf Interesse aus dem Ausland eingestellt hatte (vgl. Mulvagh 2003: 198).

Besonders in Harajuku, dem Stadtviertel in Tokyo, das auch Standort von *A Store Robot* war und in den 1980er Jahren zunehmend als kreatives Zentrum für Jugendmode bekannt wurde (vgl. Namba 2007: 352–354), machte sich ihr

Einfluss bemerkbar. Bereits zuvor waren Trends aus London in der Jugendmode Harajukus adaptiert worden; die von Vivienne Westwood und Malcolm McLaren präsentierte Punk-Ästhetik traf im Harajuku der 1980er Jahre jedoch besonders den Nerv der Zeit und wurde zu einer nachhaltigen Inspirationsquelle für junge Designer (vgl. Godoy 2007: 202).

Unter Tokyos Clubkids – Musiker und DJs oder angehende Designer, die die spätere internationale Bedeutung des Viertels entscheidend mitbestimmen sollten – waren während der späten 1970er und frühen 1980er Jahre *Seditionairies*-Stücke sehr begehrt. Eng verbunden war dies mit der Begeisterung für Punk und New Wave, die aus New York oder London ebenfalls schnell ihren Weg nach Japan fanden (vgl. Hopf 2004: 190; Kurokawa 2013: 68). Die von Westwood und McLaren aufgebaute symbiotische Verbindung von Mode, Musik und Subkultur (vgl. Price 2004: Internet) wurde als solche nach Japan importiert (vgl. Godoy 2007: 202). Zu den ersten Personen, die Modelle von *Seditionaries* mit nach Japan brachten und dort in einem kleinen, aber einflussreichen Kreis von Kreativen bekannt machten, gehörte Ōnuki Kensho, DJ und Initiator der *London Nite*, einer Party, auf der vor allem britischer Punk und New Wave gespielt wurde (vgl. Fujiwara, Kawakatsu 2009: 42–44; Kurokawa 2013: 67).

Für die vielen Westwood-Fans, für die eine Reise nach London noch unerschwinglich war, boten regelmäßige Events wie die *London Nite* eine Möglichkeit, selbst etwas vom Geist des Punk zu erleben. Auch wenn sich bereits eine sehr aktive, nicht unbedingt von den Entwicklungen in Großbritannien oder den USA abhängige Punkszene in Japan entwickelt hatte (vgl. Hopf 2004), wurde London – und Westwoods Laden auf der King's Road – für Generationen von Musikern, Designern und Punk-Fans zu einer regelrechten Pilgerstätte. So berichtet Musiker Hotei Tomoyasu (Jahrgang 1962, unter anderem Gitarrist bei *Boøwy*, inzwischen erfolgreicher Solomusiker):

> In meiner Jugendzeit gab es in Japan kaum Bands, Rock war damals eine Importware. Und was das Ausland anging, hatte man durch die Beatles und die Rolling Stones das Bild, dass vor allem England das Ursprungsland des Rock sei. Auch wenn aus Amerika die Musik von Elvis Presley ins Land kam, so war es doch England oder vielmehr London, was den Mode, Träume und Kunst um-

> fassenden Rock 'n' Roll vermittelte. (EikokuNewsDigest 2012: Internet, Übersetzung der Verfasserin)

Über seinen ersten Aufenthalt in London berichtet er im selben Interview:

> [...] in unserer freien Zeit gingen wir zur King's Road, dem heiligen Boden des Punk, und zum Camden Market, um uns Lederjacken zu kaufen. (EikokuNewsDigest 2012: Internet)

Westwoods Bondage-Hosen oder Parachute-Tops waren in Japan zwar schwer, aber nicht unmöglich zu erhalten. Neben den Importen durch *A Store Robot* entwickelte sich ein Second-Hand- und Sammlermarkt unter Fans, die die begehrte Kleidung untereinander verkauften und weitergaben (vgl. Fujiwara, Kawakatsu 2009: 44–45; Kurokawa 2013: 68).

3.2 World's End

Anfang der 1980er Jahre begannen Westwoods und McLarens Wege sowohl privat als auch in ihrem Schaffen auseinander zu gehen. Während sich McLaren auch nach dem Ende der *Sex Pistols* immer stärker der Musik widmete, begann Westwood sich zunehmend für Mode auch außerhalb eines subkulturellen Kontextes zu interessieren.

Statt aus dem Fundus von Nachkriegs-Subkulturen zu schöpfen, begann sie sich als eine der ersten Designerinnen im Detail für historische Schnitte und Verarbeitungstechniken zu interessieren (vgl. Craik 2009: 94–95). Das Thema sollte für die folgenden Jahre ihrer Karriere zentral bleiben. Westwoods erste formal präsentierte Kollektion, die aus dieser Neuorientierung hervorging, trug den Titel *Pirates*. Der Laden in der King's Road 430 wurde noch einmal völlig neu gestaltet und erhielt den Namen *World's End*, der bis heute beibehalten wurde (vgl. Abb. 2). Nach der spektakulären Präsentation von *Pirates* gewann Westwood allmählich auch die Anerkennung der etablierten Modepresse: *Women's Wear Daily* zum Beispiel sprach von Westwood als „hottest designer of the new look" (zit. nach Mulvagh 2003: 151). Die Show hatte ein Publikum von mehreren hundert Personen, darunter ehemalige Punks, Studenten von Kunsthochschulen und wichtige Mitglieder der Clubszene, aber auch Stars wie Mick

Abbildung 2: Westwoods Laden in der Kings Road in London im Jahr 2010. Quelle: Flickr Creative Commons, Bruno.

Jagger, Adam Ant oder Boy George. Ebenfalls großes Interesse fand *Pirates* bei Designer-Kollegen (vgl. Mulvagh 2003: 151).

Die enge Verbindung zwischen Westwoods Mode und der Popkultur blieb mit *Pirates* zunächst noch bestehen. McLaren übernahm das Management für Bands wie *Adam and the Ants* und später *Bow Wow Wow*, die bereits Kunden des Shops gewesen waren. Westwood erhielt so die Möglichkeit, diese Gruppen weiter auszustatten. Ihre Designs blieben so auch nach dem Ende der *Sex Pistols* in der Populärkultur präsent (vgl. Mulvagh 2003: 141–43).

Wie *Seditionairies* zuvor erreichte *Pirates* Japan praktisch sofort. Gespannt verfolgte man die erste Präsentation der Kollektion, und japanische Fans wurden noch stärker als zuvor zu einer finanziellen Stütze des Unternehmens. In der King's Road 430 war man jedoch kaum auf eine derartige Nachfrage aus dem Ausland eingestellt:

> Thousands of pounds' worth of ‚*Pirates*' clothes were being bought by the Japanese, Jordan recalled, but, the shop was not geared up for that sort of business – cargo listing, weights, export papers. We could hardly cope with the ordinary customer, let alone an export one. (Mulvagh 2003: 168)

3.3 Vivienne Westwood heute

Westwoods Liebe zur Geschichte und ihr Spaß am Spiel mit besonders „britischen" Konventionen und Traditionen gehört bis heute zu ihren Markenzeichen (vgl. Wilcox 2005: 21). Westwoods Entwürfe wurden im Verlauf der 1980er Jahre zunehmend verspielt und feminin, wie ihre bis heute vielfach reproduzierten *Rocking-Horse*-Schuhe – mit einer dicken Holzsohle versehene Ballerinas – oder die ‚Mini Crini', eine Neuinterpretation des viktorianischen Reifrockes. In Tokyo, besonders Harajuku, aber in etwas abgeschwächter Form auch darüber hinaus, stieß der Look auf eine bis heute anhaltende Begeisterung:

> The Japanese had been particularly intrigued by the teddy boy, mod and punk themes in Vivienne's previous collections, and they were now drawn to the elaborate and romanticised notions of an older and grander Englishness in her clothes of the mid-eighties. [...] Japanese fans made pilgrimages to World's End to buy in bulk, and some even brought scrapbooks lovingly filled with press cuttings and photographs of their heroine. (Mulvagh 2003: 209)

Obwohl Westwoods Entwürfe exzentrisch blieben und ihr Ruf als Rebellin und „Queen of Punk" bis heute besteht, entwickelte sich parallel ein Markt, der Westwoods zugänglichere Kleidung auch an ein breiteres, modeinteressiertes Publikum vermittelte. Die Neuorientierung brachte Vivienne Westwood langfristig Anerkennung als eine der kreativsten Designerinnen ihrer Zeit – eine Anerkennung, die ihr im Westen bis heute einen guten Teil ihrer Bedeutung sichert. Bereits 1989 wurde Westwood als einer der „hellsten Sterne am Modehimmel" bezeichnet (Fairchild 1989, zit. nach Wilcox 2005: 9). Ihre zunehmende Präsenz in Museen unterstreicht ihre Bedeutung für die Entwicklung der Mode in der zweiten Hälfte des 20. Jahrhunderts (vgl. Craig 2009: 194–95; Wilcox 2005: 7).

In Japan konnte sich das Label seine Popularität dabei weit über einen eher kleinen Kreis von Kreativen und Sammlern hinaus sichern. Verantwortlich hierfür ist vor allem Westwoods erfolgreiche Zusammenarbeit mit dem Handelskonzern Itōchū seit Anfang der 1990er Jahre. Während die Assoziation mit Jugend- und Subkultur bestehen bleibt, ist das Label in allen größeren Kaufhäusern vertreten; in keinem Land betreibt Vivienne Westwood mehr Boutiquen als in Japan. Der erste Flagshipstore des Labels eröffnete erst 1996 in Hibiya, also fernab von Harajuku, dem Stadtteil, der bislang für Westwood-Fans die erste Anlaufstelle gewesen war. 2003 zog der Flagshipstore dann nach Aoyama. Bis heute liegt er eher versteckt in einer Seitenstraße, aber in Reichweite Harajukus und der modebewussten Zielgruppe des Labels (vgl. Itōchū 2002: Internet).

Extrem erfolgreich ist bis heute für Itōchū als wichtigstem Lizenzhalter das Geschäft mit Lizenzprodukten. Unter Federführung des Unternehmens werden alltägliche und an den japanischen Markt angepasste Accessoires wie Handtücher oder auch Portmonees und Handtaschen produziert, die so in keinem anderen Land erhältlich sind. Ohne größere Schwellen sind diese Lizenzprodukte heute im regulären Sortiment vieler Kaufhäuser leicht erhältlich. Als wichtigste Zielgruppe werden in einer Pressemitteilung des Unternehmens von 2002 vor allem junge Frauen zwischen 26 und 31, also der zweiten Babyboomer-Generation (*dankai jūnia*), genannt (vgl. Itōchū 2002: Internet). Während davon auszugehen ist, dass diese Kunden der Marke bis heute treu geblieben sind, konnte Westwood sich ihre Popularität, wie im folgenden Kapitel noch deutlich werden soll, auch bei jüngeren Zielgruppen erhalten.

4 Wahrnehmung der Marke Vivienne Westwood in Japan

4.1 Vivienne Westwood im Kontext von Punk

Das Label hat in Japan seine in den späten 1970er und frühen 1980er Jahren entwickelte Popularität unter Musikern und Musikfans und seine Stellung als Symbol für Authentizität und eine Verbindung nach London bis heute nicht verloren. So berichtet Hakuei, Sänger der japanischen Rockband *Penicillin*, noch 2004 in einem Interview zum Thema:

> Mich fasziniert das Design, aber auch die Geschichte, der Einfluss und der Hintergrund der Marke [...] Was auf mich persönlich den größten Eindruck gemacht hat, ist die *Seditionairies*-Zeit Viviennes. Sie hat als Wegbereiter von Punkmode eine wichtige Rolle gespielt. Ich selbst habe immer Bondage-Hosen

> und Musselin-Shirts getragen, ich war wirklich beeindruckt, als ich erfahren habe, dass sie Schöpferin dieser Mode war. Es gibt wohl auch keine Marke, die an Vivienne herankommt. Es ist großartig, dass sich ihre Geschichte fortsetzt und ihre Leistungen bestehen bleiben. Wenn man von Punk spricht, wissen alle, dass Vivienne die Wurzel ist. Ich denke, nur als Pionier kann man eine solche tief reichende Wirkung entwickeln. (Index Communications 2004: 26)

Diese Rolle Westwoods als Authentizitätsanker, der es Musikern ermöglicht, sich klar im Bereich Punk einzuordnen – oder zumindest auf ihr Interesse daran zu verweisen – funktioniert auch im fiktionalen Bereich. Bestes Beispiel hierfür ist das bereits erwähnte Medien-Franchise *NANA*, ursprünglich auf dem seit 2000 veröffentlichten gleichnamigen Manga (Shūeisha) der Autorin Yazawa Ai basierend (vgl. Yazawa 2000). Die Geschichte schildert die Freundschaft zweier junger Frauen, Nana Komatsu und Nana Osaki, im gegenwärtigen Tokyo, die sich, obwohl sie gegensätzlicher kaum sein könnten, durch eine zufällige Begegnung kennen lernen. Während der Manga sich zunächst vor allem mit den (romantischen) Beziehungen zwischen den Charakteren beschäftigt, bildet die Geschichte um die Punk-Band Nana Osakis den zweiten wichtigen Strang der Erzählung (vgl. Fujie 2008: 3; Yazawa Manga Seisakusha/Shueisha Inc. 2009: Internet).

Die Marke Vivienne Westwood ist im Manga praktisch durchgehend präsent. Die Protagonisten, vor allem die Mitglieder der *Black Stones*, sind durch Frisuren, Tätowierungen und Piercings klar als Rockmusiker zu erkennen. In der Tradition der *Sex Pistols* werden Bondage-Hosen oder Westwoods bedruckte Musselin-Shirts getragen, Schmuckstücke usw. sind durch das *Orb*-Logo deutlich als Vivienne-Westwood-Markenprodukte zu erkennen (vgl. Abb. 1). Das Label vervollständigt so das Image der Band und verankert die auftretenden Personen in der Realität.

Das Thema *NANA* wurde auch von Modemagazinen aufgegriffen. Das Magazin *KERA* präsentierte so in einer Sonderausgabe 2003 (vgl. Abb. 3 und 4) ein von *NANA* inspiriertes Mode-Special, in dem die im Manga vorkommenden Kleidungs- und Schmuckstücke neben ihren realen Vorbildern präsentiert werden. Parallel stellte Yazawa selbst ihre persönliche Sammlung von Vivienne-Westwood-Kleidung vor (vgl. Index Communications 2003: 26–27; 36–37). Auffällig ist dabei, dass Vivienne Westwood im Magazin *KERA* nicht nur im Kontext

Abbildung 3: Cover des NANA-Specials der Modezeitschrift *KERA* (Index Communications, 2003).

Abbildung 4: Die im Manga NANA vorkommenden Kleidungsstücke von Vivienne Westwood werden in der japanischen Modezeitschrift *KERA* präsentiert.

der Serie Erwähnung findet, sondern auch der geschichtliche Hintergrund der Marke detailliert beschrieben wird. Die Ausgabe enthält außerdem verschiedene Berichte über London als Zentrum der Jugend- und Subkultur und „spirituelle Heimat“ der Leser des Magazins, bei denen es sich um Fans von Rockmusik und *Visual Kei*[6] handelt (vgl. Index Communications Corporation 2003: 50 ff.).

Die Marke Vivienne Westwood repräsentiert hier nicht nur einen bestimmten Stil oder fungiert als Dekoration und Modeaccessoire. Mit der Marke verbunden wird ein ganzer Lifestyle, den auch der Manga *NANA* sich zu Nutze macht und in einen aktuellen Kontext hebt. Das eigentliche Thema des Magazins *KERA* ist

6 Tiffany Godoy (2007: 159) definiert Visual Kei als „a larger genre of musical acts that have a very stylized look. […] Big hair. Layers of makeup. Signature costumes“. Der Stil der Musik wird beschrieben als „by and large a cross between metal, punk, goth, cyber and rock“. Zu Visual Kei vgl. auch den ausführlichen Beitrag von Jana Katzenberg hier in diesem Band.

Mode und Lifestyle in Japan, angepasst an eine eher junge Zielgruppe.[7] Es finden sich aber auch Artikel, die sich explizit mit „Punk Style" beschäftigen und – weit über *NANA* hinaus – auch detaillierte Informationen zur weiteren Entwicklung von Punk bieten. Vivienne Westwood spielt hier natürlich ebenfalls eine zentrale Rolle (vgl. Index Communications Corporation 2006: 192–97).

Die oben erwähnte Band *Penicillin* ist sicher keine Punkband im Stile der *Sex Pistols*, und Magazine wie *KERA* präsentieren neben Punk einen bunten Mix verschiedenster Subkulturen. Westwoods Designs werden von den unterschiedlichsten Modelabels aufgegriffen, von denen nicht alle einen direkten Bezug zu Punk haben. Der Verweis auf London und Punk bzw. im weiteren Sinne die Einordnung als ‚subkulturell' bleibt jedoch auch in diesen Kontexten bestehen. Die Darstellung des Labels wird verbunden mit einer Art Rückblick auf den englischen Punk der 1970er Jahre. Das Wissen darüber wird zum Beispiel über Zeitschriften vermittelt. Dies alles macht gerade im Bereich von Jugend- und Subkulturen die Rolle von Marken als Teil einer *bricolage* deutlich:

> There is music, immediacy, and a sense of life to her [Vivienne Westwood's] fashion. And it is cool. The punk element helped Harajuku kids identify fashion as a subculture that could allow them to express their own social allegiances and grievances. Japanese street fashion picked up those elements freely and remixed them in a unique manner (at times disjointed from their original meanings, but still keeping their original spirit). (Godoy 2007: 202)

Der enge Bezug zu London und zu britischen Jugend- und Subkulturen kann nach Narumi Hiroshi auch als eine Möglichkeit gedeutet werden, mit der Jugendliche in Japan *otherness* herstellen können, sich also aktiv von der Gesellschaft abzugrenzen und mit einem „somewhere not here" (Narumi 2010: 431), häufig einem imaginären ‚Westen', zu identifizieren. Andererseits haben sich auch die Mainstream-Medien an einer (ausgrenzenden) Konstruktion von *otherness* beteiligt: Das ‚Andere' im Auftreten der Jugendlichen wurde, so Narumi in Anschluss an Roland Barthes, zum Anlass für Marginalisierung und Ablehnung

[7] Das Magazin präsentiert nach Angaben des Verlags Mode im Bereich von Rock, Punk und *Gothic Lolita* sowie Musik für ein bis etwa 20 Jahre altes Publikum. Die monatliche Auflage der Zeitschrift liegt bei 120.000 Exemplaren. Die Zeitschrift unterhält darüber hinaus eine Reihe von Läden, die die präsentierte Kleidung anbieten, sowie einen eigenen Onlineshop (vgl. Index Communications Corporation 2012: Internet).

durch die bürgerliche Gesellschaft. Während in Großbritannien Subkulturen sich durch Referenzen auf Kriminalität, Einwandererkulturen und amerikanische Populärkultur, aber auch auf vorangegangene Subkulturen abzugrenzen suchten, erfolgte dies in Japan vor allem durch die Anbindung an westliche (Populär-)Kultur. Vivienne Westwood ermöglicht es so, diese *otherness* und gleichzeitig die Identifikation mit westlichen Subkulturen (Punk) auszudrücken. Mode (*street fashion*) spielt dabei eine nicht zu unterschätzende Rolle (vgl. Narumi 2012: 430–32).

4.2 Vivienne Westwood als Verkörperung „Britischer Exzentrik"

Der dandyhafte Erzähler in Takemoto Novalas[8] Kurzgeschichte *Sekai no owari to iu na no zakkaten* („Little Shop called The End of the World", Shogakukan 2000), benennt den Laden, den er in der Geschichte eröffnet, ganz bewusst nach Westwoods World's End. Die Erzählung widmet sich der Beziehung des Geschäftsinhabers mit einer jungen Frau, für die Vivivenne Westwood zu einer regelrechten Obsession geworden ist. Der Erzähler kommentiert die zunehmende Popularität der Marke Vivienne Westwood in der Geschichte folgendermaßen:

> Vivienne Westwood released a relatively affordable line of clothing called the Red Label in 1997. It's now the favourite brand of young women in Japan. But ‚relatively affordable' was still expensive, not prohibitively so, but just high enough that you really had to have gumption in order to actually take out your wallet. That's what got young women. Most the young women I saw wrapped in Vivienne Westwood were low class. Most of those women in the city wanted too badly to appeal to those around them by dressing up in Vivienne Westwood. (Takemoto/Ishii 2009: 18)

Tatsächlich konnte sich Westwoods Mode in Japan auch weit über einen direkt mit Punk oder im weiteren Sinne mit Subkulturen verbundenen Bereich hinaus etablieren, während das Unternehmen auch in England bei einem zuneh-

---

8 Der besonders nach der erfolgreichen Verfilmung seines Romans *Shimotsuma monogatari* [engl. Titel *Kamikaze Girls*] bekannt gewordene Autor präsentiert sich selbst als Fan und Sammler von Westwoods Kleidung. Er ist, durch häufige Auftritte in Magazinen wie der *Gothic & Lolita Bible*, sowohl als Autor als auch als Model eng mit der Lolita Subkultur verbunden. Auch die Protagonisten seiner Romane lassen sich, wie in *Sekai no owari to iu na no zakkaten* und *Shimotsuma monogatari* häufig in diesem Umfeld ansiedeln (vgl. Index Communications 2004: 30 ff; Takemoto/ Ishii 2009; Takemoto 2013: Internet).

mend breiteren Publikum Erfolg hatte. Zelebriert wurde Westwoods Britishness auf ähnliche Weise, wie dies bei der kommerziell enorm erfolgreichen Marke *Paul Smith* der Fall war – Smith und Westwood wurden in diesem Kontext auch durchaus parallel gesetzt, wie zum Beispiel der Anfang der 1990er Jahre eröffnete Store „Smith & Westwood" in Liverpool zeigt.

Westwood selbst hatte, in den 1990er Jahren mehrfach als *British Designer of the Year* ausgezeichnet, bereits den Status einer Institution und eines unabdingbaren Teils der Modeindustrie Britanniens erreicht (vgl. Amey 2013: Internet). Ihre eigene britische Herkunft war für Westwood seit ihren Entwürfen für *Seditionairies* Thema, spätestens ab Mitte der 1980er waren britische Traditionen und Eigenheiten zentrales Motiv ihrer Kollektionen (vgl. Goodrum 2005: 6–10; Wilcox 2005: 20 ff.).

In Japan kam diese verspielte, zum Teil romantisch inszenierte Britishness durchaus an. So betont Kurokawa (2013: 73), dass gerade der von Westwood vielfach verwendete Tartan in Japan bereits eine lange Vorgeschichte habe. Zum Modestoff wurde er, so Kurokawa, Ende der 1970er Jahre mit den erfolgreichen Japan-Auftritten der schottischen Popgruppe *Bay City Rollers*, die Tartan in ihren Bühnenkostümen verwendeten. „The Japanese people had long associated tartan check with what they regarded as cute British attire." (Kurokawa 2013: 71). Bereits seit Anfang des 20. Jahrhunderts war er beliebtes Material gerade für Kinderbekleidung und Schuluniformen (vgl. Kurokawa 2013: 71–73). Für die Popularität, die Westwoods Entwürfe seit den späten 1980er Jahren auch bei einem weiblichen Publikum in Japan hatten, ist diese Vorgeschichte der Materialien von Bedeutung.

4.3 Vivienne Westwood als „Grande Dame" der Mode

Der Einfluss Westwoods in Japan blieb nicht auf Sammler von Originalstücken und Fans beschränkt, die Westwood trugen – und bis heute tragen. Westwood inspirierte ganze Generationen jüngerer Designer einerseits ästhetisch, andererseits durch ihre Karriere und ihre Etablierung als Außenseiterin in der Modewelt.

Eine wichtige Rolle für die internationale Anerkennung Tokyos als Modestadt spielen die Gegend von Ura-Harajuku (die „Rückseite Harajukus") und die *street fashion*-Szene, die sich dort in den 1980er und 1990er Jahren entwickelt hat (vgl. Godoy 2009: 10–11; Kawamura 2012: 27–30). Obwohl es sich hier um einen Teil des Stadtviertels Harajuku handelt, das auch mit Subkulturen wie Visual Kei oder Gothic Lolita assoziiert wird, ist das Publikum Ura-Harajukus ein völlig anderes:

> Though Harajuku is a small district within Tōkyō, it contains numerous sub-sections that have grown up around a handful of shops or designers. One such sub-section is Ura-Hara [...]. Where Harajuku is frenetic and gaudy and exhibitionist, Ura-Hara is reserved, almost monochromatic in its palette, and hidden. There is also a clear gender split between the two. Ura-Hara's domain is that of male designers and their exclusively male market. (Godoy 2007: 166)

Ura-Harajuku ist bis heute Standort von *A Store Robot*, dem ersten Importeur für Vivienne-Westwood-Produkte. Zusammen mit zu dieser Zeit neu entstehenden Clubs entwickelte sich Harajuku zum „Mekka für New Wave" und Punk (Namba 2007: 352), wobei auch Vivienne Westwood und Malcolm McLaren eine besondere Rolle spielten. Musikszene und Mode entwickelten sich in einem fast symbiotischen Verhältnis. Betrachtet man Westwoods Rolle für die Entwicklung Ura-Harajukus, zeigt sich jedoch, dass ihr Einfluss und ihre Bedeutung sich nicht immer auf einen nostalgischen Rückblick auf den Londoner Punk der 1970er Jahre beschränken.

Marken wie *A Bathing Ape* und *UNDER COVER*, die als Vertreter des Ura-Harajuku-Booms bekannt wurden, entwickelten die Ideen des Punk, des „Do it Yourself" und die Verbindung von Mode und Populärkultur noch ein gutes Stück weiter (vgl. Godoy 2007: 166–69). Eine der zentralen Figuren war hier Fujiwara Hiroshi, ein international erfolgreicher DJ und Produzent, Berater für diverse weltweit bekannte Marken und bis heute einer der am engsten mit dem Bild Ura-Harajukus verbundenen Protagonisten. Vivienne Westwood lernte er bei einem Aufenthalt in London kennen, als er für einige Zeit bei *World's End* arbeitete (vgl. Godoy 2007: 170–77; Fujiwara, Kawakatsu 2009). Fujiwara gehörte zu einem engen Netzwerk von befreundeten Designern, Innenarchitekten, Künstlern und Musikern, die das Image des Viertels nach außen hin seit den 1980er Jahren prägten (vgl. Namba 2007: 358–59). Hiromichi Ochiai, Designer der im Kontext von Ura-Harajuku bekannt gewordenen Marke *FACETASM*, beschreibt seinen Eindruck von dieser Zeit:

> Whilst the Ura-Harajuku movement of *Undercover* and *A Bathing Ape* was moving forwards, in the other direction you had the likes of *Margiela*, *Westwood*, *Dirk Bikkembergs*, *W and LT* heavily present. It was a period where many independent shops were putting an incredible amount of foreign brands on the racks. This was also a period in which cartoonists / manga writers / comic writers such as Santa Inoue and Kyoko Okazaki were getting involved in fashion. For me, the importance of this incredibly stimulating period was that culture and fashion were really mixed together. (LN-CC 2012: Internet)

Zum Vorbildcharakter von Vivienne Westwood als Designerin kam die durch die King's Road mitgeprägte Idee des „Do it Yourself". Vivienne Westwood gehörte außerdem zu den ersten Designern, denen der Sprung aus der *street fashion* in die *high fashion* gelang – und sie regte japanische Labels wie *UNDER COVER* zu einer ähnlichen Entwicklung an (vgl. Godoy 2007: 10 ff.).

5 Fazit

„British fashion is precariously poised amidst a clutch of conflicting narratives, representations and ideologies" (Goodrum 2005: 12). Diese von Alison Goodrum angesprochenen Widersprüche verkörpert und verarbeitet Vivienne Westwood wie kaum eine andere Designerin in ihren Arbeiten:

> Even the briefest of biopics on Vivienne Westwood [...] provide a fascinating account of which runs the gamut of fashion, from jarringly subversive 1970s street styles to latter-day creations which borrow from fine tailoring and craft traditions. (Goodrum 2005: 1)

Street fashion, Subkultur und Handwerkstradition gehören zusammen mit der Diskussion und Kritik britischer Identität fest zum Marken-Image Westwoods, das untrennbar auch mit der Person Vivienne Westwood und ihren immer wieder Aufsehen erregenden Auftritten verbunden ist (vgl. Goodrum 2005: 1–10).

In Japan sind Westwoods Arbeiten von den ersten Stücken für *Let it Rock* über *Seditionaries* bis zu den aktuellen Kollektionen präsent. Westwoods Bondage-Hosen und Musselin-Shirts finden sich heute ebenso in japanischen Zeitschriften wie aktuelle Arbeiten der Designerin. Transportiert werden damit auch Westwoods vielfältige, zum Teil widersprüchliche Versionen von Britishness und ihre Vorstellung davon, was speziell britisches Design ausmacht. Die mit dem Label verknüpften Bilder Großbritanniens umfassen Punk und das Bild Londons als *street-fashion*-Metropole ebenso wie britische Traditionen und Handwerkskunst.

Vivienne Westwoods frühe Entwürfe sind bis heute repräsentativ für die enge Verbindung zwischen Mode, Musik und Subkultur, und das Label bezieht in Japan heute sicher einen guten Teil seiner Bedeutung aus diesem Aspekt. Eine Vivienne-Westwood-Tasche oder ein *Orb*-Anhänger, auch wenn es sich nicht direkt um *Seditionaries*-Originale handelt, repräsentieren so viel mehr als einfache Modeaccessoires. Dies gilt sicherlich nicht für alle Konsumenten – das Interesse an der Geschichte des Labels ist aber, wie zum Beispiel Beiträge in Mode-Magazinen zeigen, nach wie vor gegeben. Die Marke wird kaum als simples Statussymbol, jedenfalls nicht zur Demonstration finanziellen oder sozialen Kapitals konsumiert – viel eher kann in diesem Zusammenhang von der Demonstration subkulturellen Kapitals (vgl. Thornton 1996) ausgegangen werden. Die Marke verweist bis heute auf den „authentischen" englischen Punk der späten 1970er Jahre und hat in diesem Kontext ihre Aussagekraft behalten können. Das *Orb*-Logo verortet reale wie fiktive Musiker – siehe *NANA* – im Kontext von Subkultur und in der Geschichte des Rock. Vivienne Westwood wird so in einem unübersichtlichen *supermarket of style* zu einem konsumierbaren Zeichen. Fiktive Charaktere wie Yazawas *Black Stones* können so klar in der Realität und dem Kontext von Punk verortet werden. Gleiches gilt für reale Musiker bzw. ihr Image, die (natürlich nicht ausschließlich) über die Marke Vivienne Westwood eine Verbindung mit London, England und einem Punk-Lifestyle herstellen. Marken wie Vivienne Westwood ermöglichen dabei nach Narumi Hiroshi (2012: 430–32) nicht nur die Identifikation mit westlichen Subkulturen (Punk), sondern auch die Herstellung von *otherness* und einen Ausdruck von Abgrenzung von der japanischen Gesellschaft.

Die große Popularität, der sich Vivienne Westwood seit Anfang der 1990er Jahre auch bei einem Massenpublikum erfreut, zeigt allerdings auch, dass die über die Marke vermittelte „Britishness" weit über den Kontext von Subkultur hinaus geht. Westwoods Entwürfe transportieren die eigene Begeisterung der Designerin für die britische Geschichte und ihr Interesse an ‚typisch britischen Eigenheiten' und damit auch ein Bild britischer Traditionen. Diese romantisierten Vorstellungen eines älteren und großartigeren Großbritanniens (vgl. Mulvagh 2003: 209) fanden in Japan schnell eine große Fangemeinde. Dies lässt sich nach Kurokawa (2013) unter anderem über die von Westwood verwendeten Materialien wie Tartan oder Tweed erklären, die in Japan bereits lange vor Westwood mit diesen Bildern verknüpft wurden.

Eine etwas überspitzte Variante dieser Wahrnehmung von Vivienne Westwood als Vertreterin eines romantisierten Bildes von Britishness lässt sich vielleicht in der japanischen Subkultur *Gothic Lolita*, zentrales Thema der Ausstellung *Kitty and the Bulldog (2013)* im Londoner Victoria and Albert Museum, finden. Anhänger des Stils adaptieren eine modernisierte Variante der europäischen Mode des 19. Jahrhunderts, machten sich aber auch Westwoods Aufbereitung historischer Mode zunutze (vgl. Koga 2009: 103–4). Die Wurzeln der Subkultur *Gothic Lolita* und ihre Verbindungen zum *Visual Kei* lassen sich aber auch auf die Adaption von Punk und New Wave in Japan zurückführen. In Magazinen wird *Gothic Lolita* immer noch fest in diesem Kontext verankert, wie die erwähnten Interviews mit Musikern oder ausführliche Berichte zu Punk zeigen. Gleichzeitig spielen natürlich romantisierte Bilder von Europa eine zentrale Rolle. Vivienne Westwood steht in den Magazinen für beide Bilder Großbritanniens – für Punk und Romantik.

Literatur

Amey, Cathrine (2013): „Punk Spirit Never Dies". Online verfügbar unter: http://www.brightonfashionweek.com/blog/punk-spirit-never-dies [23.01.2013].

Clammer, J. R. (1997): *Contemporary urban Japan. A sociology of consumption*. Oxford, UK ; Malden, MA: Blackwell Publishers.

Chadha, Radha; Husband, Paul (2006): *The cult of the luxury brand inside Asia's love affair with luxury*. London: Nicholas Brealey International.

Craik, Jennifer (2009): *Fashion. The key concepts*. Oxford/New York: Berg.

EikokuNewsDigest: „Hotei Tomoyasu intabyū – Boku ga bokurashiku iru tame ni rokku no seichi ni yatte kita" [Interview mit Hotei Tomoyasu – Um ich selbst zu sein, bin ich zum heiligen Boden des Rock gekommen]. Online verfügbar unter http://www.news-digest.co.uk/news/features/9574-tomoyasu-hotei-interview.html.

Fashionsnap (2012): „Vivian ga shinsaku wo sekaihatsu harō erizabesu nisei joō sokui 60 jūnen kinen" [Erste Präsentation von Vivians neuen Entwürfen anlässlich des 60-jährigen Thronjubiläums von Elisabeth II.]. Online verfügbar unter: http://www.fashionsnap.com/news/2012-06-07/vivienne-westwood-uk/ [4.1.2013].

Fujie, Kazuhisa; Hot, Onno van't (2008): *Nana essentials. The ultimate fanbook.* [S.l.]: DH Pub.

Fukuda, Yoco (2006): „Louis Vuitton in Japan". In: Lutum, Peter (Hg.) (2006): *Japanizing. The structure of culture and thinking in Japan.* Münster, Piscataway, N.J: Lit; Distributed in North America by Transaction Publishers.

Godoy, Tiffany; Vartanian, Ivan (2007): *Style deficit disorder. Harajuku street fashion,* Tōkyō. San Francisco: Chronicle Books.

Goodrum, Alison L. (2005): *The national fabric: fashion, Britishness, globalization.* Oxford: Berg.

Goodrum, Alison L. (2008): „Rising Sun, Setting Trends: Fashioning Britishness in, and for, Japan". In: Johnson, Henry Mabley;Jaffe, Jerry C. (Hg.) (2008): *Performing Japan contemporary expressions of cultural identity.* Folkestone, UK: Global Oriental

Goodrum, Alison L. (2009): „True Brits? Authoring National Identity in Anglo-Japanese Fashion Exports". In: *Fashion Theory: The Journal of Dress, Body & Culture.* 13 (4): 461–480.

Hata, Kyojiro (2004): *Louis Vuitton Japan. The building of luxury.* New York, NY: Assouline.

Hopf, Anja (2004): „Stop Jap!: 70nendai matsu kara 80 nendai shotō ni kakete no nihon no ongaku shīn no atarashii nagare – mada kakarezaru nihon no ‚panku' ron wo megutte." [Stop Jap! Eine neue Richtung in Japans Musikszene Ende der 1970er bis Anfang der 1980er Jahre – Erstmalige Diskussion von ‚Punk' in Japan]. In: *Ritsumeikan gengo bunka kenkyū,* Vol. 15, Bd. 3. S. 187–198.

Index Communications Corporation (2003): *KERA Maniakksu.* Tokyo: Index Magazines.

Index Communications Corporation (2004): *Gothic & Lolita Bible Vol. 14* Tokyo: Index Magazines.

Index Communications Corporation (2005): *Gothic & Lolita Bible Vol. 18* Tokyo: Index Magazines.

Index Communications Corporation (2012): „KERA – Media Information". Online verfügbar unter: http://www.indexcomm.co.jp/company/media_01.html?eid=00002 [5.10.2012].

Itōchū Corporation Co., Ltd (2002): „Kabushikigaisha orizonti to no kongo no torikumi hōshin ni tsuite" [Strategische Ausrichtung in Zusammenarbeit mit der Orizzonti co., Ldt.]: Online verfügbar unter: http://www.Itochu-tex.net/press_release/02041101.htm [25.03.2013].

Jones, Sarah (2012): „Interview: Kitty and the Bulldog Lolita Exhibit at The V&A". Online verfügbar unter http://www.rokkyuu.com/fashion/interview-kitty-and-the-bulldog-lolita-exhibit-at-the-va/ [4.10.2012].

Kawakatsu, Masayuki; Fujiwara, Hiroshi (2009): *Oka no ue no panku: jidai o editto suru otoko fujiwara hiroshi hanseiki [Tiny Punks on the Hills: Das halbe Leben des Editors einer Ära, Fujiwara Hiroshi]*. Tōkyō: Shōgakukan.

Kawamura, Yuniya (2012): *Fashioning Japanese Subcultures*. London, New York: Berg.

Koga, Reiko (2009): *Kawaii no teikoku: Mōdo to media to onna no kotachi [Das Königreich des kawaii: Mode, Medien und Mädchen]*. Tōkyō: Seidosha.

Kurokawa, Yuku (2013): „Vivienne Westwood's ‚seditionaries' clothes and the change in Japanese girls' cute fashions in the early 1990s". In: *Costume*. Vol. 47, Bd. 1: 63–78.

LN-CC (2012): „New Generation Tōkyō Feature Pt 1. 90's Tōkyō -The Legacy of an Era". Online verfügbar unter: http://www.ln-cc.com/page/90-tokyo [6.10.2012].

Masuada, Aiko (2012): „Lolita look returns to its spiritual home in London". In: *Asahi Shinbun AJW*, 30.06.2012. Online verfügbar unter: http://ajw.asahi.com/article/cool_japan/culture/AJ201206300033 [15.9.2012].

Mulvagh, Jane (2003): *Vivienne Westwood. An unfashionable life*. London: HarperCollins.

Namba, Kōji (2007): *Zoku no keifugaku. Yūsu sabukaruchāzu no sengoshi*. [Abstammungsgeschichte der ‚zoku': Die Geschichte der Jugend- Subkultur in der Nachkriegszeit]. Tōkyō: Seikyūsha.

Narumi, Hiroshi (2010): Street Style and Its Meaning in Postwar Japan. In: *Fashion Theory* 14 (4), S. 415–438.

Polhemus, Ted (1994): *Street style. From sidewalk to catwalk*. London: Thames and Hudson.

Polhemus, Ted (1996): *Style Surfing: What to wear in the 3rd Millenium*. London: Thames and Hudson.

Polhemus, Ted (2012): „The Language of Brands". Online verfügbar unter http://www.tedpolhemus.com/main_concept7%20467.html.

Price, Shannon (2004): „Vivienne Westwood (born 1941) and the Postmodern Legacy of Punk Style". Online verfügbar unter http://www.metmuseum.org/toah/hd/vivw/hd_vivw.htm [17.9.2012].

Oricon Inc. (2006): Nakashima Mika, Ichikawa Yui iki mo pittari ‚Shinsei NANA'. Online verfügbar unter: http://beauty.oricon.co.jp/news/20061003_05.html [2.10.2012].

Schilling, Mark (2005): „Romancing rock 'n' roll". In: *The Japan Times online*. Online verfügbar unter http://www.japantimes.co.jp/text/ff20050916a1.html [2.10.2012].

Takamura, Zeshū (1997): *Roots of street style. Za sutorīto sutairu.* 1. Aufl. Tōkyō: Graphic-sha.

Takemoto, Novala, Anne Ishii (Übers.) (2009): Little Shop Called End of the World. In: Takemoto, Novala, Anne Ishii (Hrsg.): *Missin'*. San Francisco, CA: VIZ Media. S. 5-71.

Tekomoto, Novala (2013): Offizielle Webseite. Online verfügbar unter: http://www.novala.quilala.jp/ [14.1.2013].

The Harris Tweed Authority (2012): „Freak's Store X Harris Tweed". Online verfügbar unter: http://www.harristweed.org/blog/2012/09/freaks-store-x-harris-tweed/ [14.1.2013].

Thornton, Sarah (1996): *Club cultures. Music, media, and subcultural capital.* 1. Aufl. Hanover: University Press of New England.

Vivienne Westwood Ltd. (2013): „Bibian uesutouddo kōshiki saito (Vivienne Westwood: Offizielle Webseite)" (Unernehmenshomepage). Online verfügbar unter http://www.viviennewestwood-tokyo.com/, zuletzt geprüft am 25.05.2013.

Webb, Martin (2005): „The reign of Vivienne. Queen of subversive fashion continues to court controversy". In: *The Japan Times Online* 2005, 01.12.2005. Online verfügbar unter http://www.japantimes.co.jp/text/fl20051201a1.html [15.9.2012].

Wilcox, Claire (2005): *Vivienne Westwood.* Berlin: Nicolai.

V&A (2013): „Past Exhibitions and Displays 2012". Online verfügbar unter: http://www.vam.ac.uk/content/articles/p/past-exhibitions-and-displays-2012/ [7.3.2013].

Yazawa, Ai (2000): *Nana 01.* Tokyo: Shueisha.

Yazawa, Ai; Rödel, Christine (2005): *Nana 01.* Köln: Egmont.

Yazawa Manga Seisakusha/Shueisha Inc. (2009): „Nana Online" (Verlagswebseite). Online verfügbar unter http://annex.s-manga.net/s-nana/index.html [7.10.2012].

III. Horror

Austausch des Grauens
J-Horror als transkulturelles Genre

Elisabeth Scherer

1 Einleitung

Das unheimliche weißgekleidete Mädchen mit strähnigen schwarzen Haaren, wie wir es aus dem japanischen Horrorfilm *Ringu* (1998) und dem amerikanischen Remake *The Ring* (2002) kennen, ist zu einer Art „poster girl for Asian horror" (Feeley 2012: 46) geworden. Nicht nur in Japan, auch auf Kinoleinwänden anderer ost- und südostasiatischer Länder finden sich weibliche Rachegeister, wie die Beispiele der Filme *Inner Senses* (Hongkong 2002), *A tale of two sisters* (Korea 2003) und *Shutter* (Thailand 2004) sowie transnationale Koproduktionen wie *The Eye* (2002) zeigen. Diese Geisterfilme teilen stilistische Konventionen, die im japanischen Horror (J-Horror) entwickelt wurden, beinhalten aber auch individuelle, lokale Motive. Wie Wai-Ming Ng (2008: 143) erläutert, haben lokale Filmindustrien in Asien japanische Stilelemente bewusst „domestiziert", um eigene, innovative Werke zu schaffen – und gingen damit auch auf das neu erwachte globale Interesse an asiatischen Horrorfilmen ein.

Selbst im westlichen Serien-Alltag ist die weißgekleidete Gestalt mittlerweile anzutreffen: In der US-Serie *Supernatural*[1] (season 1, ep. 05, „Bloody Mary") ebenso wie im altehrwürdigen *Tatort* (Folge 825, „Verschleppt"). Hier steht das Motiv außerhalb seines ursprünglichen kulturellen Kontextes und wird „entleert" als rein visuelles Element mit neuen Bedeutungen aufgeladen.

Was genau hat dem weiblichen Geist mit seinen strähnigen langen Haaren zu seinem globalen Erfolg verholfen? Warum kann das Motiv so einfach adaptiert, aufgenommen und transformiert werden? Hunju Lee ist ähnlichen Fragen in ihrer Dissertation über „New Asian female ghost films" nachgegangen und kommt zu interessanten Ergebnissen, muss aber an vielen Stellen zwangsläufig an der Oberfläche bleiben, da sie Werke aus mehreren asiatischen Ländern vergleicht. In meinem Aufsatz nähere ich mich dem Erfolg der weiblichen Geister

[1] Vgl. hierzu den Beitrag von Katharina Hülsmann in diesem Band.

und den Verflechtungen des Globalen, Lokalen und „Asiatischen“, die hinter ihnen stehen, auf andere Weise: Nicht ein Vergleich von Filmen aus verschiedenen Ländern steht im Mittelpunkt, sondern die japanische „Geisterkultur“ und der gegenwärtige J-Horror im Kontext von transkulturellen Strömungen. Ich zeige auf, dass Geschichten über weibliche Geister niemals nur „rein japanische Texte“ waren, sondern immer auch von anderen asiatischen Kulturen und später auch dem Westen beeinflusst worden sind. Transkulturelle Strömungen im Bereich des Übernatürlichen, wie die Adaption chinesischer Literatur, der Einfluss des westlichen Spiritismus und die Konventionen des globalen Horrorkinos, verdeutlichen, dass japanische weibliche Geister vielgereiste Wesen sind, die immer offen waren für Transformationen und transnationale Kooperationen.

Ich beginne mit einem kurzen Überblick über die Entwicklung des Stereotyps des weiblichen Geistes, die in engem Zusammenhang mit konfuzianischen und buddhistischen Konzepten steht, die Frauen als sündhafte, irrationale Wesen charakterisieren. Darüber hinaus werde ich erläutern, wie das Stereotyp durch chinesische Geistergeschichten, durch den westlichen Geistergeschichtensammler Lafcadio Hearn und durch den westlichen Spiritismus geprägt wurde. Schließlich stelle ich fest, dass japanischer Horror auch deshalb so erfolgreich wurde, weil er an westliche Horror-Konventionen anknüpft und sich zugleich mit der unheimlichen Seite des Lebens in hochentwickelten urbanen Gesellschaften beschäftigt.

2 Hintergrund: Monströse Weiblichkeit

Das Stereotyp der weißgekleideten rächenden Geisterfrau (*yūrei*[2]) mit zerzausten schwarzen Haaren entwickelte sich im Japan der Edo-Zeit (1603–1868), das durch eine lebendige bürgerliche Kultur gekennzeichnet war. Die unheimlichen Wiedergängerinnen trieben ihr Unwesen in Bilderbüchern, auf Theaterbühnen, in Kartenspielen und in der Erzählkultur dieser Zeit. Weibliche Geister hatte es

[2] *Yūrei* ist ein Begriff, der sowohl männliche als auch weibliche Geister bezeichnet. Der Begriff wird vor allem dann verwendet, wenn es um die stereotype Form des Geistes im weißen Gewand geht, der in der Edo-Zeit populär wurde. Für Rachegeister ohne konkrete Gestalt wurde vor allem zur Heian-Zeit die Bezeichnung *onryō* verwendet, ein neutralere Begriffe für Totengeister sind *shinrei* und *shiryō*. Zur Geister-Begrifflichkeit vgl. Scherer 2011: 35f.

in Japan schon zuvor gegeben – vor allem in der Literatur und im Nō-Theater – erst zur Edo-Zeit jedoch entwickelte sich das typische Äußere und die Figur avancierte zu einer Art unheimlicher vormoderner Pop-Ikone. Als eine Art Prototyp der Geschichten über weibliche Rächerinnen gilt Tsuruya Nanbokus Kabuki-Stück *Tōkaidō Yotsuya Kaidan* („Geistergeschichte von Yotsuya"), das 1825 in Edo uraufgeführt wurde (vgl. Abb. 1). In dieser Geschichte nimmt der herrenlose Samurai Iemon den Tod seiner Ehefrau O-Iwa in Kauf, da ihm die Heirat mit einer reicheren Frau gesellschaftlichen Aufstieg verspricht. O-Iwa, die zu Lebzeiten ihrem Mann treu ergeben war und nichts von dessen Machenschaften wusste, wendet sich nach ihrem qualvollen Tod als Rachegeist gegen Iemon und treibt ihn schließlich in den Wahnsinn.

Das Beispiel der O-Iwa verdeutlicht die Ambivalenz, die weiblichen Geistern in der Edo-Zeit innewohnte. Sie ist eine weibliche Figur, die – nach ihrem Tod – sehr aktiv auftritt, für sich selbst einstehen kann und ihre Rache beharrlich verfolgt. Eine für den Mann derart zerstörerische Frau, die im Zentrum der Handlung steht, kann allerdings nur in Verbindung mit Monstrosität auftauchen, als deformiertes, wiedergängerisches Wesen, das nicht mehr der menschlichen Gesellschaft angehört. Mit Figuren wie O-Iwa wurde in der Edo-Zeit damit etwas verhandelt, was innerhalb der Grenzen und Gesetze des feudalen Systems nicht möglich war. Frauen befanden sich in diesem System in einer sehr niedrigen Position, d. h. sie waren finanziell und in ihrem Handlungsspielraum meist völlig von Männern abhängig und hatten auch kaum Möglichkeiten, rechtlich etwas für sich einzufordern.[3]

Ideologisch wurde diese Unterdrückung von einigen Strömungen des Buddhismus und Konfuzianismus gestützt, die die Frau als triebhaftes, irrationales und unreines Wesen charakterisierten: „Frauen wurden als das ‚Andere', als Gegenpol zum Männlichen, konstruiert – als sündhafte Wesen, besessen von Gier und Eifersucht und mit einer starken Tendenz dazu, Dämonen oder Geister zu werden." (Kume 2005: 169). Besonders die Sexualität der Frau und ihre Fähig-

[3] Derartige Erklärungen für das vermehrte Auftreten von weiblichen Geistern, die auf das gesellschaftliche System der Edo-Zeit verweisen, findet man u. a. auch bei Jordan (1985) und Yokoyama (2008).

Abbildung 1: O-Iwa ist der Prototyp des weiblichen Rachegeistes der Edo-Zeit. Utagawa Kuniyoshi stellt hier in einem Farbholzschnitt die Szene aus dem Kabuki-Theater dar, in der O-Iwa kurz vor ihrem qualvollen Tod den Verrat ihres Mannes erkennt (1847). Quelle: Trustees of the British Museum.

keit zur Reproduktion wurden als Bedrohung für die männlich dominierte Gesellschaft gesehen (vgl. Ikoma 2006: 197). Ein sehr drastisches Beispiel für derartige Vorstellungen von der Sündhaftigkeit des weiblichen Geschlechts liefert das buddhistische „Bluthöllen-Sutra" (vgl. Shimazaki 2011: 218f., Arokay 2003: 193f.), das in Japan seit der Muromachi-Zeit verbreitet war. Diesem Sutra gemäß landen alle Frauen aufgrund ihrer angeborenen Sündhaftigkeit und Unreinheit nach ihrem Tod in der Bluthölle, wo sie in einem See aus Blut schwimmen müssen. Vor allem die Sōtō-Schule des Zen-Buddhismus verbreitete das Bild der „Bluthölle" in der Edo-Zeit. Im Konfuzianismus war es die einflussreiche Schrift *Onna Daigaku* („Die Hohe Schule der Frauen"), eine Sammlung von Verhaltensmaßregeln für Frauen, die Weiblichkeit als grundsätzlich triebhaft und irrational charakterisierte[4] : „The five worst infirmities that afflict the female are indocility, discontent, slander, jealousy, and silliness." (Nezu Press 2010: 33).

Die weibliche Monstrosität, die sich in den Geschichten über Geister und andere weibliche Ungeheuer zeigte, war damit einerseits ein Szenario des „Ernstfalles", in dem all die vermeintlichen malignen Dispositionen der Frau schrecklich zu Tage treten, andererseits aber auch eine Verarbeitung der verdrängten elenden Realität vieler Frauen. Befürchtungen über den Seelenzustand unglücklich Verstorbener wurden von – männlichen – Autoren in Geschichten gebannt und es wurde gewissermaßen ein „literarischer Exorzismus" betrieben, der durchaus nicht immer ernst sein musste, sondern auch parodistische Züge annehmen konnte.

Darüber hinaus starben damals noch viele Frauen bei der Niederkunft oder im Kindbett – eine Todesart, die als besonders schmerzvoll empfunden wurde und viele Geschichten über Frauen hervorbrachte, die sich über den Tod hinaus um ihr Kind sorgen.[5] Diese unruhigen Mütter, *ubume*, wurden in der bildenden Kunst meist mit blutbeflecktem Unterleib dargestellt.

---

4 Tocco (2003) merkt jedoch an, dass der Text *Onna Daigaku* nur einer von vielen war, die sich in der Edo-Zeit speziell an Frauen richteten. Texte über Moral oder Bildung – mit unterschiedlichen Intentionen – erschienen in Sammelbänden zusammen mit literarischen Werken und diversen Illustrationen. Die Bände dienten dabei auch der Leseübung.

5 Tanaka (1997) und Shimazaki (2011) behandeln dieses Thema der wiederkehrenden Mütter ausführlicher.

Die Unterdrückung von Frauen, ihre Kennzeichnung als triebhafte, unreine Wesen und ihr (dämonisierter) Status als „gebärendes Geschlecht“ sind ein wichtiger Hintergrund für die Geisterkultur der Edo-Zeit und auch für die weiblichen Geisterfiguren, die heute auf japanischen Kinoleinwänden erscheinen. Die Geister des J-Horror ähneln ihren Vorgängerinnen häufig jedoch nur noch äußerlich und weisen heute auf andere Ängste hin als zur Feudalzeit.

Einen ähnlichen Einfluss von Buddhismus und Konfuzianismus auf Filme mit weiblichen Geistern stellt auch Lee (2011) fest, die „New Asian female ghost films“ aus Japan, Korea, Hong Kong, Singapur und Thailand untersucht. Der Konfuzianismus war ihrer Meinung nach die Ideologie, die seit der Han-Dynastie das Patriarchat in Asien am stärksten gestützt hat; dieser Kontext sei in asiatischen Geisterfilmen der 1950er und 1960er Jahre weiter spürbar (Lee 2011: 95). Das übliche Schema derartiger Filme ist, dass Frauen sich zu ihren Lebzeiten an gesellschaftliche Normen anpassen und in ihre Rolle fügen, nach dem Tod jedoch aus der konfuzianisch geprägten Ordnung ausbrechen und sich gegen sie wenden. Buddhismus spielt in älteren Geisterfilmen vor allem als eine Art „Waffe“ eine wichtige Rolle, die gegen die weiblichen Geister gerichtet wird, um sie zu besänftigen (vgl. Lee 2011: 92).

Buddhismus und Konfuzianismus bildeten so in Asien einen gemeinsamen Kontext, der zu ähnlichen Konzepten idealer Weiblichkeit führte – und auch ähnliche Bilder der monströsen Kehrseite dieses Ideals hervorbrachte. Auf lokaler Ebene entwickelten sich aber sehr unterschiedliche visuelle und narrative Muster, die sich mit gesellschaftlichen Entwicklungen stetig veränderten. Der weibliche Geist kann so trotz ähnlicher geistesgeschichtlicher Hintergründe heute die verschiedensten metaphorischen Funktionen erfüllen.

3 Kulturelle Einflüsse auf japanische Geister

Neben den großen geistigen Strömungen Buddhismus und Konfuzianismus übten auch chinesische Geistererzählungen, literarische Verarbeitungen westlicher Autoren und der Spiritismus einen großen Einfluss auf die Vorstellungen von und Geschichten über (weibliche) Geister in Japan aus.

Chinesische Quellen wurden zum Beispiel schon in der frühen japanischen Geschichtensammlung *Konjaku Monogatarishū* („Sammlung von Erzählungen aus vergangener Zeit", 12. Jahrhundert) verarbeitet, besonders große Bedeutung erlangten Geister-Vorbilder aus China aber in der Edo-Zeit, in der Adaptionen chinesischer Geschichten zu einem wichtigen Zweig der damals sehr populären Spukliteratur (*kaidan*) wurden (vgl. Reider 2002: 18 ff.). In der Edo-Zeit war das Interesse am „exotischen" China allgemein groß, was noch dadurch verstärkt wurde, dass die Menschen selbst nicht reisen durften. In Japan wie in Korea und Vietnam fand besonders die Geschichtensammlung *Jiandeng xinhua* („Neue Gespräche beim Putzen der Lampe", 1378) von Qu You (1347–1433) große Verbreitung. Bereits im 15. Jahrhundert erschien in Korea eine Übertragung dieses Werks unter dem Titel „Geschichten vom goldenen Karpfen" (*Kumo shinhwa*) (vgl. Cheung 1986: 159 ff.). Ein unbekannter japanischer Autor übersetzte in den 1650er Jahren erstmals einige Geschichten aus dieser chinesischen Sammlung ins Japanische und brachte sie unter dem Titel *Kii zōtanshū* heraus (vgl. Reider 2000: 275f.). Asai Ryōi schließlich verlegte in seinem Werk *Otogi-bōko* („Amulettpuppen", 1666) das gesamte Umfeld der Geschichten nach Japan und siedelte die Handlung vorwiegend in der Muromachi-Zeit (1333–1568) an. Die bekannteste Geschichte aus „Amulettpuppen" ist *Botan dōrō* („Die Päonienlaterne"): Hier verliebt sich ein junger Mann in eine schöne Geisterfrau, geht eine sexuelle Beziehung mit ihr ein und geht schließlich an dieser zugrunde.

Auch die berühmte japanische Geistergeschichten-Sammlung *Ugetsu Monogatari* („Erzählungen unter dem Regenmond", 1776) ist von chinesischen Vorbildern beeinflusst: Allein im Vorwort lassen sich zehn Anspielungen auf klassische chinesische Werke ausmachen (vgl. Cheung 1986: 155). Für seine Erzählung „Das Haus im Schilfgras" zum Beispiel zog der Autor Ueda Akinari Geschichten aus dem *Konjaku monogatarishū* und aus der chinesischen Sammlung *Jiandeng xinhua* heran, die beide das Motiv der sich aufopfernden, sehnsüchtig wartenden Ehefrau enthalten.

Geisterfrauen kehren in der chinesischen Literatur hauptsächlich aus zwei Gründen in die Welt der Lebenden zurück: Entweder, weil sie von einer unerfüllten Leidenschaft getrieben werden, die gestillt werden will, oder weil sie die

Sorge um ihre Familie keine Ruhe finden lässt. Häufig wird eine romantische Beziehung zwischen einem lebenden Mann und einer Geisterfrau dargestellt, die am Ende der Geschichte wieder zerstört wird. Japanische Geschichten, in denen eine übernatürliche Leidenschaft dargestellt wird, orientieren sich oft an diesen geisterhaften Schönheiten der chinesischen Literatur. Wie Yomota (2009: 192) erläutert, waren chinesische Geisterfrauen vermutlich auch Vorbilder für die Legende von Thailands bekanntestem weiblichem Geist, Mae Nak Phra Khanong.

Die heutige japanische Geisterkultur ist außerdem stark geprägt durch den westlichen „Geistergeschichtensammler" Lafcadio Hearn, einen Amerikaner griechisch-irischer Abstammung, der 1890 nach Japan übersiedelte und bis zu seinem Tod 1904 dort blieb. Berühmtheit erlangte er für die über 50 japanischen Geistergeschichten, die er um 1900 aufschrieb.[6] Hearn trug für seine Erzählungen größtenteils althergebrachtes Material zusammen und schmückte es anschließend aus. Zwar enthielt seine eigene Bibliothek viele japanische Klassiker und auch *kaidan*-Sammlungen[7], da er jedoch selbst kein Japanisch lesen konnte, war er auf die Vermittlung seiner Frau Setsuko angewiesen, die ihm die Geschichten erzählte. Er schickte sie auch regelmäßig in Kabuki-Vorstellungen, von denen sie ihm hinterher genau berichten musste (vgl. Koizumi/Tokugawa 2012: 29).

Auch in Hearns Werken zeigt sich eine Faszination für weibliche Leidenschaft: Häufig kehren Frauen nach ihrem Tode zurück, entweder um versäumte Liebe zu erlangen oder um sich zu rächen. Im Vergleich zu den meist schlichten Originalgeschichten dramatisierte und romantisierte Hearn seine Erzählungen. Nach Kadotas Ansicht neigt Hearn in seinen Geistergeschichten dazu, Frauen von einem westlichen Standpunkt aus als vorbildliche Mütter bzw. Ehefrauen zu idealisieren, ohne zu sehen, dass es sich bei den dargestellten Frauen um Opfer des feudalen Systems handelt, die eigentlich nach Vergeltung dürsten müssten (vgl. Kadota 2005: 210). Hearn sehnte sich nach einem alten Japan, das er in der Zeit der Modernisierung mehr und mehr im Verschwinden begriffen sah. Er nimmt

[6] Diese Geschichten sind in sechs Sammlungen enthalten: *In Ghostly Japan* (1899), *Shadowings* (1900), *A Japanese Miscellany* (1901), *Kotto* (1902), *Kwaidan* (1904) und *The Romance of the Milky Way* (1905) (vgl. Perkins 1934: 39 ff.).

[7] Hearns Bibliothek befindet sich heute in der Sammlung der Universitätsbibliothek Toyama. Ein Katalog der Werke liegt vor (Toyama High School 1927).

daher in seinen Geschichten eine Konstruktion von Vergangenheit vor, die einerseits nostalgischen Sehnsüchten seiner japanischen Zeitgenossen entspricht, andererseits aber auch Bedürfnisse des exotistischen westlichen Japan-Diskurses abdeckt. Wie Blouin (2013: 11) erklärt, nutzten amerikanische Schriftsteller wie Hearn[8] ein imaginäres Japan als „fictive space for contemplating the limits of rationality as well as the sublime scope of modernization".

Hearns Geistergeschichten wurden und werden auch heute noch in Japan, wo der Autor unter seinem japanischen Namen Koizumi Yakumo bekannt ist, sehr breit rezipiert.[9] Viele der Geschichten aus dem alten japanischen Erzählgut wurden Anfang des 20. Jahrhunderts erst durch die japanische Übersetzung von Hearns Versionen wieder populär und sind heute mit der Einfärbung, die ihnen der westliche Autor verliehen hat, verbreitet. Die Stationen dieser transkulturellen Wanderschaft kann man zum Beispiel sehr gut an der Geschichte „The Reconciliation" sehen, die in Hearns Sammlung *Kwaidan* (1904) erschienen ist: Ausgangspunkt war eine Geschichte aus dem *Konjaku Monogatarishū* (12. Jh.), die in Hearns Bibliothek in einer Edition aus dem 19. Jahrhundert vorlag. Setsuko erzählte diese Geschichte ihrem Mann, der sie auf Englisch adaptierte; anschließend wurde sie wieder ins Japanische übertragen und kehrte so verwandelt zurück. 1964 hat überdies der japanische Regisseur Kobayashi Masaki „The Reconciliation" als eine von vier Geschichten Hearns in seinem Film *Kwaidan* aufgegriffen und ihr wiederum einen neuen Charakter verliehen.

Während Lafcadio Hearn und der japanische Volkskundler Yanagita Kunio (1875–1962) oder der Schriftsteller Izumi Kyōka (1873–1939) im Unheimlichen eine Art Anker japanischer Identität sahen, wurde der Glaube an Geister und andere übernatürliche Wesen seit dem Einsetzen des Modernisierungsprozesses

---

8 Weitere westliche Autoren, die früh japanische Geistergeschichten in ihr Repertoire aufnahmen, waren u. a. A.B. Mitford (Algernon Bertram Freeman-Mitford, 1837–1916), Alice Mabel Bacon (1858–1918), William Elliot Griffis (1843–1928) und Sidney McCall (alias Mary McNeil Fenollosa, 1865–1954).

9 Lafcadio Hearns Werke wurden bereits wenige Jahre nach ihrem Erscheinen ins Japanische übersetzt. Die Geistergeschichtensammlung Kwaidan beispielsweise, 1904 auf Englisch veröffentlicht, erschien schon 1910 in einer japanischen Übersetzung von Takahama Chyōkō [sic] (vgl. Perkins 1934: 142). Lafcadio Hearns Geschichten sind auch aktuell in Japan in zahlreichen Buchausgaben im Handel.

in Japan in intellektuellen Diskursen meist als rückständig und der Vormoderne angehörig angesehen.

Eine neue Art der Auseinandersetzung mit Geistern, die besser zu dieser Zeit des Aufbruchs zu passen schien als Geschichten über rächende Frauen, war der westliche Spiritismus, der im späten 19. und frühen 20. Jahrhundert in Japan sehr populär war (vgl. Takasuna 2012: 150). In der Populärkultur äußerte sich dies zum Beispiel in dem Orakel-Spiel *kokkuri-san*, das teilweise auf dem westlichen table-turning beruhte und in den späten 1880er Jahren zum Massenphänomen wurde.[10] Hierfür versammelte sich eine kleine Gruppe von Menschen, um einen Geist anzurufen. *Kokkuri-san* war eine kulturelle Praktik, die den Alltag mit Magie versah, gleichzeitig jedoch durch die westliche Herkunft den Status einer Neuheit hatte und den Teilnehmern ein gewisses Gefühl von Kontrolle über die angerufenen Geister verlieh. Foster bezeichnet *kokkuri* als „[...] a powerful medium, simultaneously a vestige of the ghosts that possessed the past and a portent of the spirits that would possess the future." (Foster 2006: 273). Darüber hinaus tauchten um 1880 in Japan die ersten Geisterfotografien auf – missglückte Fotos, um die sich unheimliche Geschichten rankten (vgl. Koike 2000). Diese *shinrei shashin*, die heute noch fester Bestandteil japanischer Populärkultur sind (vgl. Chalfen 2008), waren erste Beispiele einer Skepsis gegenüber Technologien der Reproduktion, die heute zum festen Topos des J-Horrors geworden ist.

Ende des 19. Jahrhunderts begann in Japan auch die Beschäftigung mit der Parapsychologie, unter anderem durch die Übersetzung von Werken Franz Anton Mesmers. Auch Anfang des 20. Jahrhunderts erschienen viele derartige Publikationen, und in Zeitungen wurde über die Forschungen der Society for Psychical Research in England berichtet (vgl. Takasuna 2012: 151). Der heute noch bekannteste japanische Forscher auf dem Gebiet der Parapsychologie war Fukurai Tomokichi, der sich in seinen Experimenten mit *tōshi* (Hellsehen) und *nensha* („Gedankenfotografie") beschäftigte (vgl. Koike 2000: 59 ff.). 1913 veröffentlichte Fukurai ein Buch mit seinen Ergebnissen, das in der Fachwelt jedoch als unhaltbar angesehen wurde und ihn letztlich seinen Posten an der Imperial University of Tokyo kostete. Später scheint er zumindest im Westen eine gewisse

[10] Katharina Hülsmann geht in ihrem Beitrag hier in diesem Band ausführlich auf *kokkuri-san* ein.

Anerkennung gefunden zu haben, da sein Werk 1931 in einer englischen Übersetzung erschien („Clairvoyance and Thoughtography").

Die Geschichte um Fukurai und seine weiblichen Medien diente als Anregung für die Vorgeschichte von Sadako in *Ringu*; auch *shinrei shashin* sind ein etabliertes Element des J-Horror, und das Motiv des *kokkuri-san* taucht in mehreren Filmen auf. Die Situation in Japan um die Jahrhundertwende, als es lebhafte Auseinandersetzungen zwischen Vormoderne und Moderne, zwischen vermeintlichem „Aberglauben" und westlicher Wissenschaft gab, spiegelt sich damit im gegenwärtigen japanischen Horrorkino.

4 Japanischer Horrorfilm im globalen Kontext

Geschichten über Geister wurden in Japan ins Medium Film übertragen, sobald die technischen Möglichkeiten dazu bestanden. Zu den vielfältigen kulturellen Strömungen, die in Japan Geister geformt hatten, kamen nun neue visuelle Attraktionen hinzu, die durch die Technik realisierbar wurden. In der ersten Dekade des japanischen Films war zwar der Einfluss des klassischen japanischen Theaters, vor allem des Kabuki, enorm (vgl. McDonald 1994: 23 ff.), durch die Vorführung von westlichen Filmen wurden nun aber auch filmische Mittel bekannt, die einen neuen Gestaltungsspielraum eröffneten. So konnte man Geister schon Anfang des 20. Jahrhunderts durch Schnitte, Überblendungen und Doppelbelichtung erscheinen und verschwinden lassen.

Seit der Nachkriegszeit orientierte man sich in Japan noch stärker am westlichen (Horror-)Kino. Nach dem Ende der Besatzungszeit erlebte der japanische Horrorfilm in den 1950er und 1960er Jahren eine neue Blüte und griff dabei weiter auf Elemente des Kabuki- und Nō-Theaters zurück. Die Regisseure entdeckten aber gleichzeitig auch mehr und mehr das Potential des Mediums Film, nutzten die Techniken der Montage und fanden expressive Mittel zur Darstellung der Geister. Stilelemente der japanischen *kaidan*-Filme aus dieser Zeit haben laut Lee (2011: 87) auch die Produzenten und Regisseure koreanischer Geisterfilme inspiriert, wie zum Beispiel bei dem Klassiker *Salinma* (Yong-min Lee, 1965). Im Westen und in Hong Kong hingegen hatten, wie Wai-ming Ng (2008: 146) feststellt, die „old-style Japanese ghost films" keine größere Anhängerschaft und daher auch kaum Einfluss. Die klassischen Geister-Stoffe dominierten das japanische Horrorkino bis Ende der 1960er Jahre, als die Studios sich schließlich vor allem Stoffen westlicher Prägung, das heißt Monstern, Vampiren und Serienkillern, zuwandten (vgl. Kitajima 2000: 25).

Hybride Werke, die intensiv Stilmittel des westlichen Horrorfilms mit japanischen Motiven verbanden, entstanden etwa ab 1990. Ein frühes Beispiel ist Kurosawa Kiyoshis Film *Sweet Home* (1989), in dem ein Dokumentarfilmer (verkörpert von Itami Juzō) und sein Team den Tücken eines Geisterhauses ausgesetzt sind. Es lassen sich in diesem Werk zwar eindeutige Einflüsse westlicher Horrorfilme wie *Poltergeist* (1982) erkennen, die Handlung jedoch erinnert auch an Geschichten aus der Edo-Zeit, die sich um spukende Mütter (*ubume*) drehen. Der Boom des neuen japanischen Horrors (*J-Horror*) begann Mitte der 1990er Jahre: Die Reihe *Gakkō-no-kaidan* („Schul-Geistergeschichten") erreichte mit einer Fernsehserie (ab 1994) und einer Reihe von Kinofilmen (ab 1995) ein großes Publikum. Stilistisch gibt es auch in dieser Reihe viele Parallelen zu westlichen Filmen der 1980er Jahre – so werden zum Beispiel die Kinder im ersten *Gakkō-no-kaidan*-Film von einem grell-pinken Monster verfolgt, das große Ähnlichkeit zu dem grünen „Slimer" aus der *Ghost-Busters*-Reihe aufweist.

Auch der emblematische Film des J-Horror, *Ringu* (1998), ist ein hybrides Werk: Der Regisseur Nakata Hideo selbst nennt als Vorbilder für seine Arbeit neben japanischen *kaidan*-Filmen auch die westlichen Klassiker *The Innocents* (Jack Clayton, 1961), *The Haunting* (Robert Wise, 1963) und *The Amityville Horror* (Stuart Rosenberg, 1979) (vgl. Totaro 2000). In Handlung und Spannungsaufbau gleicht *Ringu* zudem dem kanadischen Horrorfilm *The Changeling* (Peter Medak, 1980), in dem der Geist des kränklichen kleinen Jungen Joseph, der von seinem Vater aus Habgier umgebracht wurde, in einem alten Haus spukt. Wie Sadako befindet sich die Leiche des Jungen in einem alten Brunnen, über den inzwischen ein Haus gebaut wurde. Takahashi Hiroshi, der u. a. die Drehbücher für *Joyū-rei* („Don't look up", Nakata Hideo, 1996) und für die *Ringu*-Serie geschrieben hat, wurde außerdem nach eigener Aussage von dem Film *Ghost of Sierra de Cobre* (Josef Stephano/ Robert Stevens, 1964) inspiriert, den er als Kind im Fernsehen gesehen hat (vgl. Nakano 2005: 127/128).

Ringu folgt dem Prinzip eines *discovery-plots* (vgl. Carroll 1987: 57), in dessen Verlauf die Protagonisten seltsame Phänomene untersuchen, auf die Existenz eines Monsters oder Geistes stoßen, und dessen Motive nach und nach entschlüsseln. In klassischen japanischen Geistergeschichten und -filmen hingegen sind die Gründe für den Spuk von vorneherein bekannt. Eine direkte Konfrontation des Zuschauers mit Sadako erfolgt in *Ringu* erst ganz zum Schluss des Films, als Ryūji ihr zum Opfer fällt – vorher deuten nur visuelle Bruchstücke auf ihre Existenz hin. Dieser Aufbau, der die Gefahr als immer präsent, aber doch vage und nicht greifbar darstellt, ähnelt dem Spannungsbogen vieler westlicher Horrorfilme wie z. B. Ridley Scotts *Alien* (1979). Bei den weiblichen Hauptfiguren, die in den neuen asiatischen Geisterfilmen gegen den Einbruch des Unheimlichen ankämpfen, erkennt Lee (2011: 69) außerdem gewisse Ähnlichkeiten zu den *final girls*[11] (Clover 1993) aus dem westlichen Slasher-Genre. Als neue Stilelemente des J-Horror identifiziert Wai-ming Ng (2008: 147) eine Beleuchtungstechnik, die für dumpfe Farben und eine insgesamt düster-depressive Stimmung sorgt und spezielle metallisch klingenden Soundeffekte.[12]

Die J-Horror-Werke der 1990er Jahre schließen also an einen etablierten Kanon von Stilelementen an, der im insgesamt global geprägten Horrorkino anzutreffen ist. Wie Klein erläutert, sind gerade Genre-Filme für Prozesse von Transnationalisierung sehr gut geeignet: „Because of their formulaic construction and their derivation from other films, they do not demand from viewers a deep familiarity with a foreign culture or cinematic tradition, but rather a more easily acquired mastery of a recurring set of conventions." (Klein 2010: 3/4). Lokale Besonderheiten – wie die weiblichen Geister in Japan – treffen auf weitgehend neutrale, dem globalen Horror-Publikum bekannte Formen, die immer wieder neu arrangiert werden und so neue Bedeutungen generieren. Dieses Prinzip ist nicht nur in Japan anzutreffen, sondern kann als weltweites Phänomen bezeichnet werden.

---

[11] Dieser von Carol Clover (1993) geprägte Begriff bezeichnet die Protagonistin eines Horror- bzw. Slasher-Films, die sich schließlich als letzte Überlebende dem Killer stellt.

[12] Wierzbicki (2010: 197) weist darauf hin, dass dieser „sound of disembodied croaking, scraping, wheezing or bubbling" in den Filmen in direktem Zusammenhang mit den Todesarten stehe, die den Geist hervorgebracht haben.

Lokale Motive und neu entwickelte Stilelemente wiederum können auf diese Weise Eingang in die globale Zirkulation von Horror-Elementen finden, wie das bei Sadako aus *Ringu* der Fall war. US-Produzenten erkannten in *Ringu* das Potential, das die Geschichte und ihre Umsetzung durch ihre Hybridität bieten: Für westliche Zuschauer war der Geist etwas verwirrend Unvertrautes, zugleich boten Setting, Plotstruktur und Stilmittel jedoch genügend Anknüpfungspunkte, um „Eigenes" im Fremden sehen zu können.

Nachdem die Rechte für die ersten dieser Filme sehr erfolgreich an US-Produzenten verkauft worden waren, begannen asiatische Filmemacher damit, Horror-Werke gezielt auch unter dem Blickwinkel der Verwertbarkeit für Hollywood zu produzieren (vgl. Lim 2009: 198). Asiatische Horrorfilme wurden so teilweise zu einem „amalgam of local, regional and global influences, citing not only from one another but also their Hollywood remakes, and vice versa" (Feeley 2012: 46).

Wie Wai-ming Ng anmerkt (2008: 143), kann jedoch auch im Horror-Bereich nicht von einer homogenen Globalisierung die Rede sein. Während sich in Europa und den USA die asiatischen Horror-Motive hauptsächlich über eine „second hand globalization" in Form von Remakes verbreiteten, zirkulierten in Asien die Originalfilme in einer „direct globalization" und wurden außerdem durch eine „pirated globalization" ergänzt, die sich den Stil von *Ringu* und anderen Erfolgsfilmen aneignet, ohne die Copyrights zu erwerben. Die neue Art von Horrorfilm wurde außerdem auch durch Koproduktionen verschiedener asiatischer Länder zu einem transnationalen Phänomen: Die Produktionsfirma Applause Pictures war hier mit *Saam gaang* („Three", 2002), *Saam gaang yi* („Three...Extremes", 2004), *Gin gwai* („The Eye", 2002) und *The Maid* (2005) sehr erfolgreich. Diese Koproduktionen sind auf verschiedensten Ebenen transnational ausgerichtet: Finanzierung, Marketing, Schauspieler, Setting, Sprache, Mitarbeiter und Motivik (vgl. Feeley 2012: 45). Dabei liegt allerdings ein starker Fokus auf den Ländern Japan, Korea, Hongkong, Singapur und Thailand, auf die sich der Boom des „neuen asiatischen Horrors" weitgehend beschränkt.

5 Erfolgsrezept des J-Horror: Großstadtgeister

Bisher habe ich religiöses Erbe, Literatur und stilistische Konventionen des Horrorgenres als wichtige transkulturelle Einflüsse auf die japanische „Geisterkultur“ vorgestellt. Japanische Geisterfilme sind aber darüber hinaus auch deshalb international so erfolgreich, weil ihre Handlung nah am Leben von Menschen in hochentwickelten urbanen Räumen angesiedelt ist. Vor allem drei Motive machen J-Horror meiner Ansicht nach attraktiv für ein globales Publikum: Die Krise der Moderne, die sich im urbanen Raum manifestiert, die „Unheimlichkeit“ von Medien und die Auflösung der Kernfamilie. Durch diese Motive entfalten die Geister ihr Potential, auf Dinge hinzuweisen, die in der Gesellschaft verdrängt oder ignoriert werden (vgl. Kröger/Anderson 2013: xii).

Die ersten J-Horror-Geister wurden sehr stark von Modernen Sagen (*urban legends*) beeinflusst, vor allem von solchen, die unter Schulkindern kursierten. Der Volkskundler Miyata Noboru beschäftigte sich mit derartigen Geschichten in seinem Werk *Yōkai no minzokugaku* („Yōkai-Volkskunde“), und der Mittelschullehrer Tsunemitsu Tōru veröffentlichte 1990 eine Sagen-Sammlung unter dem Titel *Gakkō no kaidan* („Geistergeschichten aus der Schule“), die ein großes Publikum für sich gewinnen konnte. Vor diesem Hintergrund entstand um 1990 das Genre J-Horror, das sich nicht nur auf Film beschränkt, sondern in verschiedenen Medien, wie Videospielen, Manga und Romanen, manifestiert.

Auch wenn die meisten J-Horror-Filme in Tokyo spielen, zeigen sie für gewöhnlich keine bekannten Gebäude oder Orte, sondern durchschnittliche Wohnungen, öde Apartment-Komplexe und menschenleere Straßen. In dieser Atmosphäre bildet sich auch eine neue Art des Geisterhauses heraus: Während vormoderne Geisterhäuser weit von Städten – und damit der Gesellschaft – entfernt zu finden waren, stehen die heutigen Geisterhäuser mitten im Geschehen, als Überreste der Träume von Fortschritt und Moderne. An die Stelle von überwucherten romantischen Häusern mit zerschlissenen Papierschiebetüren ist nackter Beton getreten. Apartmenthäuser, die zur Zeit des wirtschaftlichen Hochwachstums für die Menschen gebaut wurden, die für den Erfolg Japans arbeiteten, bröckeln im J-Horror vor sich hin. Verlassene Krankenhäuser werden zum Zeichen für Verfall, Tod und den Missbrauch von Wissenschaft. Gebäude wie das Apartmenthaus in *Honogurai mizu no soko kara* („Dark Water“, Nakata Hideo, 2002) werden zu Symbolen für die „lost decade“, die in Japan mit dem Platzen der Wirtschaftsblase in den frühen 1990ern begann. Nach Lee ist diese visuelle Präsenz von ökonomischer Instabilität ein Grund dafür, dass sich J-Horror in anderen asiatischen Ländern so gut adaptieren ließ. Die Asienkrise von 1997 hat viele Länder in eine ähnliche Situation versetzt, die sich in den Geisterfilmen spiegelt: „The Asian people's anxieties about Asian modernity in crisis played a significant role in constituting specific themes of the Asian female ghost films made from the late 1990s to the early 2000s.“ (Lee 2011: 122).

Doch nicht nur riesige verlassene Gebäudekomplexe beherbergen Geister – im J-Horror sind die Menschen auch in ihren eigenen Häusern und Wohnungen nicht sicher, was sich zunächst in mysteriösen Telefonanrufen, seltsamen Geräuschen und schwarzen Haaren unbekannter Herkunft äußert. In *Ju-On* (Shimizu Takashi, 2002) nützt es einer der Protagonistinnen auch nichts, wie ein Kind unter einer Bettdecke Schutz zu suchen – der Geist ist in diese letzte Zuflucht ebenfalls bereits eingedrungen (vgl. Abb. 2). Wie Freud in seiner berühmten Schrift über das Unheimliche erklärt, wird etwas, das ehemals vertraut, also „heim-lich“ war, durch Verdrängung zu etwas „Un-heimlichem“. Auf J-Horror trifft das im engsten Sinne zu: Die Wohnung oder das Haus als Heimstatt der Familie werden zum „Un-Heim“, zum unheimlichen Raum, in dem ein traumatisches Ereignis aus der Vergangenheit in das Leben der Bewohner eindringt. In diesen Raum sind Erinnerungen eingeschrieben, durch die ein lineares Verständnis von Zeitlichkeit unterlaufen wird: „The haunted house refers to a space of recollection charged with affect: alternately fearsome, thrilling or tragic.“ (Lim 2009: 206). Wie auch Anthony Vidler in seinem Werk *The Architectural Uncanny* feststellt, ist die verlorene Qualität des Hauses als Heim (die im J-Horror über Geister transportiert wird) zu einem Leitmotiv der Postmoderne geworden (vgl. Vidler 1994: 66).

In einigen J-Horror-Filmen wird das Eindringen einer (vormodernen) Vergangenheit in die filmische Gegenwart auch über die Konstrastierung verschiedener Settings verdeutlicht. Sadako in Ringu stammt von der Insel Izu-Ōshima, das heißt im übertragenen Sinne von „Außen“, aus der Marginalität, von ei-

Abbildung 2: Im J-Horror wandeln sich Wohnung und Haus von der Zufluchtsstätte zum Un-Heim, wie hier im Film *Ju-On* (2002), wo der Geist schon unter der Bettdecke lauert.

nem Ort, an dem die Natur rau und unkontrollierbar erscheint. In Aktion tritt Sadako bevorzugt in sogenannten *washitsu*, traditionellen japanischen Tatami-Zimmern. Als Quelle des Unheimlichen werden so das „alte Japan" und eine ungezähmte Natur ausgemacht, was Freuds These entspricht, dass das Unheimliche „jene Art des Schreckhaften" ist, „welche auf das Altbekannte, Längstvertraute zurückgeht" (Freud 1947: 231). Der filmische Geist scheint „überwundene primitive Überzeugungen" (Freud 1947: 263) zu bestätigen, die unter der Oberfläche immer noch präsent sind. So sehr die groteske traditionelle Figur des *yūrei* auch gefürchtet wird, so ist sie doch zugleich auch Objekt einer Sehnsucht nach einer vergangenen Zeit, in der vermeintlich noch eine intakte „spirituelle Welt" existierte und Geister ein legitimes Mittel waren, um mit Verlusten, Schuld und Andersheit umzugehen. Als konkrete Verkörperung von sozialen Problemen oder individuellem psychischem Aufruhr können Geister eine Konfrontation erleichtern und das Unaussprechliche fassbar machen. Diese Ambivalenz der Geister – ihr Status zwischen Furcht und Sehnsucht – war schon immer wesentlich für die Rezeption von Geistergeschichten und ist auch heute noch ein wichtiges Element des J-Horror.

Eine weitere Besonderheit des J-Horror-Genres ist, dass die Geister für gewöhnlich nicht einfach vor ihren Opfern auftauchen, sondern durch verschiedene Medienkanäle in Erscheinung treten. Der erste Blick auf den Geist ist indirekt, und die Filme nutzen das Stilmittel der Multiperspektivität, um eine Atmosphäre der Unsicherheit zu kreieren. Ein Beispiel für diesen Stil ist der Film *Jaganrei* („Psychic Vision", Ishii Teruyoshi, 1988), der mit einem sehr geringen Budget für den Videomarkt produziert wurde. Auch wenn der Film heute kaum bekannt ist, kann er doch als erstes filmisches Beispiel für das J-Horror-Genre angesehen werden und es heißt, dass er bekannte Regisseure wie Nakata Hideo (*Ringu*) beeinflusst habe.[13]

Jaganrei ist als „Mockumentary" angelegt, also als Pseudo-Dokumentation: Am Anfang des Films wird erklärt, dass es sich um originales Filmmaterial handele, das gedreht worden sei, um das Popsternchen Satō Emi zu promoten. Das Material sei jedoch nie verwendet worden, da beim Filmen verschiedene unglückliche Ereignisse eingetreten seien, die schließlich zu dem Tod der Sängerin geführt haben. Das Filmmaterial, das anschließend gezeigt wird, offenbart den Auslöser der Unglücksfälle: Im Hintergrund ist undeutlich eine weiße Figur zu erkennen, die offensichtlich im direkten Kontakt von den Anwesenden nicht wahrgenommen werden kann. Erst durch die technische Transformation, durch den kinematographischen Code, ist es möglich, Zugang zu dieser „anderen", unsichtbaren Welt zu erlangen. Das Filmmaterial in *Jaganrei* enthält sogar eine Sequenz, die so gestaltet ist, als sei sie von einem übernatürlichen Wesen gefilmt worden – was durch eine starke Vogelperspektive verdeutlicht wird.[14]

Die Widerspenstigkeit der Medien und eine Multiperspektivität, die sich daraus ergibt, dass Material aus verschiedensten Quellen montiert wird, sind zu wichtigen stilistischen Konventionen des J-Horror geworden. In *Ju-on* und *Dark*

---

[13] Der japanische Autor Konaka Chiaki, der das Drehbuch von *Jaganrei* verfasst hat, schreibt in seinem Buch *Horā eiga no miryoku* („Die Faszination des Horrorfilms", 2003) über Produktion und Rezeption des Films.

[14] Pinedo (1997: 51ff.) bezeichnet diese Art der Kameraführung, bei der ein Blickwinkel ohne zugehöriges Individuum, praktisch „entkörperlicht", gezeigt wird, als „unclaimed point-of-view shot".

Water zum Beispiel zeigen körnige Bilder, die von Überwachungskameras aufgenommen werden, zuerst die Anwesenheit von etwas Übernatürlichem an (vgl. Abb. 3). In *Chakushin ari* („The Call", Miike Takashi, 2003) werden Mobiltelefone zu tödlichen Geräten, und in *Kairo* („Pulse", Kurosawa Kiyoshi, 2001) wird das Internet zum Hort des Unheimlichen. Vorläufer dieser Skepsis gegenüber modernen Massenmedien und Medialität an sich finden sich auch im westlichen Horrorfilm. So ist Regans Kauderwelsch in *Der Exorzist* (1973) erst verständlich, wenn man die Aufnahme ihrer Stimme rückwärts laufen lässt, und der Geist des ermordeten Thomas in *The Changeling* (1980) flüstert ebenfalls nur vom Band. Der Fernseher als Geisterportal taucht bereits in Tobe Hoopers *Poltergeist* (1982) und in David Cronenbergs *Videodrome* (1983) auf. Der neueste Teil der *Ringu*-Serie, *Sadako3D2* (2013), geht noch einen Schritt weiter und schafft ein sehr persönliches Horror-Erlebnis: Zum Film gehört eine Smartphone-App, die sich die Zuschauer auf ihrem eigenen Gerät installieren, das dadurch zum integrativen Bestandteil des Filmerlebnisses wird.

Abbildung 3: Unheimliche Erscheinungen machen sich im J-Horror oft zuerst über Medien bemerkbar, wie hier in *Ju-On* (2002) über eine Überwachungskamera.

Unheimliche Effekte, die durch Kameras oder Aufnahmegeräte erzeugt werden, sind so alt wie diese Technologien der Reproduktion selbst. Wie Gunning in einem Artikel über Geisterfotografie erläutert, erzeugt die Technik ein unheimliches Gefühl dadurch, dass sie Realität „entmaterialisiere“ und die Identität von Objekten und Menschen gefährde – durch die Erzeugung von „ghostly doubles“ (Gunning 1995: 43). Im Falle der Geisterfotografie ebenso wie im J-Horror wird den Medien eine höhere Sensibilität zugeschrieben, die es ermöglicht, Geister auf Film zu bannen. Die Bilder, die dabei entstehen, können nicht auf ein Original zurückgeführt werden, und dieses Fehlen einer klaren, greifbaren Referenz lässt sie geisterhaft werden. Oder, wie es Derrida in einem Interview zum Film *Ghost Dance* ausdrückt: „When the very first perception of an image is linked to a structure of reproduction, then we are dealing with the realm of phantoms.“ (Derrida 1989: 61).

Eine weitere Dimension unheimlicher Medialität ist, dass auch hier ein Schwellenzustand zwischen dem „Heimlichen“ und „Un-heimlichen“ zum Ausdruck gebracht wird. Kameras, Telefone und Videotechnologie sind wichtige Bestandteile unseres Alltags, die uns mit anderen Menschen verbinden, unsere Erinnerungen sammeln sowie Entspannung und Sicherheit bieten. Wenn ein Geist von unserem TV-Gerät – oder noch schlimmer, unserem Mobiltelefon – Besitz ergreift, kommt das einem Angriff auf unser „Heim“ und unsere Identität gleich. Als Hitomi in *Ju-On* den Fernseher einschaltet, hofft sie darin eine Beruhigung zu finden und eine Art Gefährten, der sie ihre Einsamkeit und Ängste vergessen lässt. Stattdessen verzerrt sich das vertraute Gesicht der Fernsehmoderatorin zu einer schrecklichen Fratze, das Bild friert ein und die Situation wird durch diese Mutation von Hitomis persönlichem Umfeld noch unheimlicher als zuvor.

In den japanischen Geisterfilmen der 1950er ging es in der Nachfolge der Geschichten aus der Edo-Zeit meist um eine Auseinandersetzung mit der Rolle der Frau. Im J-Horror sind die meisten Geister immer noch weiblich und manche Filme arbeiten weiterhin mit dem Motiv der „naturally-born monstrosities and otherness“ (Lee 2011: 145), die Frauen zugeschrieben werden. In *Ringu* zum Beispiel sind Sadako und ihre Mutter schon zu Lebzeiten mit paranormalen Fähigkeiten ausgestattet und haben einen starken Hang zum Übernatürlichen. Eine neue Entwicklung jedoch ist, dass Geister heute auch sehr häufig symbolisch für die Auflösung traditioneller Familienstrukturen stehen.

In dem US-Horror-Klassiker *Poltergeist* wird eine normale, intakte amerikanische Familie gezeigt, die gemeinsam gegen übernatürliche Kräfte kämpft. In japanischen Filmen wie *Ringu* oder *Dark Water* hingegen treten zerrüttete Familien auf, mit geschiedenen Eltern und alleinerziehenden Müttern. Vor diesem Hintergrund erscheint es nur konsequent, dass sich Kurosawa Kiyoshi, einer der bekanntesten J-Horror-Regisseure, 2008 mit dem Film *Tokyo Sonata* ganz dem Genre des sozialkritischen Dramas zugewandt hat (vgl. hierzu Rosenbaum 2010).

Sehr deutlich wird die Gestaltung der Familienverhältnisse im J-Horror zum Beispiel in einer Szene in *Ringu*, in der Yōichi seinen Vater auf der Straße trifft. Yōichi richtet seinen Blick auf den von Dunkelheit umgebenen Mann, geht dann aber einfach an ihm vorbei. Er erkennt seinen Vater nicht als das was er ist, aufgrund seiner mangelnden Präsenz ist er nicht mehr für ihn als ein Schatten auf dem Weg. Diese Szene steht dafür, dass das Konzept der Kernfamilie in Japan nicht mehr in gleicher Weise funktioniert wie früher – als wichtige Institution, die Sicherheit bietet und die Gesellschaft trägt. Die Beziehungen sind zersplittert und abwesende Familienmitglieder werden zu geisterhaften Figuren für die Zurückgebliebenen. Ähnlich verhält es sich in *Dark Water*: Hier kämpft eine alleinerziehende Mutter mit den Folgen ihrer Scheidung und versucht sich gleichzeitig um ihre Tochter zu kümmern, was nicht immer gelingt. Das Bild der Tochter, die vergeblich im Kindergarten auf ihre Mutter wartet, die sie abholen soll, ist emblematisch für die Situation der Überforderung, die hier dargestellt wird (vgl. Abb. 4). Als die Wohnung der beiden von einem Geistermädchen heimgesucht wird, ist die einzige Möglichkeit, die der Mutter zum Schutz ihrer Tochter bleibt, eine Art „Adoption" des Geistes – was auch als eine Art „Wiedergutmachung" für ihr Versagen in der Mutterrolle interpretiert werden kann.

Aufgrund ihres niedrigen sozialen Status sind alleinerziehende Mütter in der Logik der Horrorfilme die idealen Opfer: Ihr täglicher Kampf, Arbeit und Kinderbetreuung zu vereinbaren, ihr mühsames Schwimmen in den tückischen Wogen der Gesellschaft, machen sie angreifbarer für die Attacken übernatürlicher

Abbildung 4: Das Bild des kleinen Mädchens, das in *Dark Water* (2002) vergeblich auf seine Mutter wartet, steht für die Auflösung traditioneller Familienstrukturen, die im J-Horror häufig thematisiert wird.

Kräfte. In den Geistergeschichten der Edo-Zeit waren es erwachsene Frauen, die zu Opfern wurden und sich dann in Geister verwandelten. In den heutigen Geisterfilmen können Frauen auch als Schuldige dargestellt werden – in dem Sinne, dass es ihnen nicht gelingt, ein „normales" Familienleben aufrecht zu erhalten. Als diejenigen, die am meisten unter Scheidung und der Auflösung der Familie leiden, treten im J-Horror die Kinder auf – nicht selten in der Form von Geistern, die aufgrund von Missbrauch oder Vernachlässigung keine Ruhe finden können. Kume sieht in diesen unheimlichen Kindern auch ein Element, das zum Erfolg des J-Horror in Hollywood beigetragen haben könnte: „Wenn Kinder, die eigentlich als liebenswert gelten, sich mit bösen Kräften gegen gute Menschen richten, so erzeugt das besonders effektiv Angst und Schrecken." (Kume 2005: 166).

Die Dysfunktionalität der traditionellen Familie erscheint im J-Horror auf zwei Ebenen: In der Film-Gegenwart, in der Familienmitglieder von einem Geist heimgesucht werden, und in der Vergangenheit, in der eine Familientragödie zum Auslöser für den gegenwärtigen Spuk wurde. Das Trauma, das die J-Horror-Geister verkörpern, ist damit niemals einfach nur Vergangenheit, sondern korrespondiert mit den gestörten Beziehungen, in denen sich die Lebenden befinden. Die Untersuchung der Motive der Geister wird damit für die Protagonisten auch zu einer Erfahrung ihres eigenen Unbewussten.

6 Fazit

Weibliche Geister, wie sie im J-Horror auftreten, sind kein rein japanisches Phänomen: Auch wenn sich das Stereotyp zur Edo-Zeit entwickelte – einer Zeit, zu der sich Japan weitgehend gegenüber der Außenwelt abschottete –, so waren dennoch deutlich Einflüsse aus der chinesischen Kultur spürbar. Verbindungen zu anderen (süd-)ostasiatischen Geister-Überlieferungen und dem darin präsenten Frauenbild bestanden außerdem über die großen geistigen Strömungen Buddhismus und Konfuzianismus. Als sich Japan Mitte des 19. Jahrhunderts öffnete, betrachtete man alte Vorstellungen des Übernatürlichen wie weibliche Geister als rückständig, während westliche spirituelle Konzepte breit rezipiert wurden und im japanischen Alltag neue Geschichten und Praktiken (wie zum Beispiel *kokkuri-san*) hervorbrachten.

J-Horror schließt an derartige Einflüsse und an das globale Horror-Kino an, gleichzeitig ähneln die Wesen, die in diesen Filmen auftauchen, aber auch sehr stark ihren Vorgängerinnen aus dem 18. und 19. Jahrhundert. Die Geister sind weiterhin weiblich, tragen weiße Kleider, und ihre schwarzen Haare sind strähnig und offen.

Der Erfolg der weiblichen Geister liegt auch in ihrem Potential begründet, die Ängste von Menschen zu verkörpern, die in hochentwickelten urbanen Räumen leben. Die Protagonisten, die im J-Horror mit Geistern konfrontiert werden, finden sich in komplexen Situationen wieder, in denen das Vergangene in die Film-Gegenwart einbricht. Die Figur des weiblichen *yūrei*, der klassische japanische Geist schlechthin, kehrt in diesen Filmen als Zeichen einer verdrängten Vergangenheit zurück, eines vormodernen „Anderen“, das zugleich gefürchtet und herbeigesehnt wird.

Sei es die eigene Wohnung, das Mobiltelefon oder die Kernfamilie – im J-Horror bricht alles „Heimische“ weg, das normalerweise Stabilität und Sicherheit gewährt, und das Individuum wird ganz auf sich zurückgeworfen. Das Vertraute verkehrt sich ins Schreckliche, Entstellte, und das Liebenswürdige, Unschuldige (verkörpert vor allem durch die Kinder) entwickelt sich in eine zerstörerische Richtung. Geister stehen nicht mehr nur für einen einzelnen schuldhaften Akt, sondern für eine fundamentale Unsicherheit, die auch auf die Identität der Protagonisten übergreift. Häufig stehen die Hauptfiguren in irgendeiner Verbindung zu dem Geist, haben ähnliche Schicksale, oder geben sich sogar selbst für den Geist auf.

Das transkulturelle Potential des J-Horror entfaltet sich aufgrund seiner Offenheit, seiner Hybridität und seiner Nähe zum Großstadtleben. Die japanischen weiblichen Geister sind gewissermaßen „kulturelle Wiedergängerinnen“, deren Reisen und Wandlungen sie zu einem Modell für die zahlreichen Schreckgestalten haben werden lassen, die heute die Kinos in Asien und weltweit bevölkern.

Literatur

Árokay, Judit (2003): „Frauen und Frauenbilder im japanischen Buddhismus“. In: Schmithausen, Lambert; Sobisch, Jan-Ulrich (Hg.): *Vorträge im Rahmen des weiterbildenden Studiums Buddhismus in Geschichte und Gegenwart*. Hamburg: Universität Hamburg. S. 183–196.

Benneville, James S. De (2001): *The Kwaidan of the Lady of Tamiya. Samurai Tales of the Tokugawa*. London: Kegan Paul.

Blouin, Michael J. (2013): *Japan and the Cosmopolitan Gothic. Specters of Modernity*. New York: Palgrave Macmillan.

Branigan, Edward (1984): *Point of View in the Cinema: A Theory of Narration and Subjectivity in Classical Film*. Berlin: De Gruyter.

Byron, Glennis (2012): „Global Gothic“. In: Punter, David (Hg.): *A New Companion to the Gothic*. Hoboken: Wiley, S. 369–378.

Carroll, Noel (1987): „The Nature of Horror“. *The Journal of Aesthetics and Art Criticism*, Vol. 46, No. 1 (Autumn, 1987). S. 51–59.

Chalfen, Richard (2008): „Shinrei Shashin: Photopraphs of Ghosts in Japanese Snapshots“, *Photography & Culture*, Vol. 1, Nr. 1 (Juli 2008). S. 51–72.

Cheung, Dominic (1986): „With You a Part of Me: A Study of New Tales of the Trimmed Lamp, Tales of Moonlight and Rain, New Tales of the Golden Carp and the ‚Ghost-Wife' Theme in China, Japan and Korea". *Explorations. Essays in Comparative Literature.* Ed. by Makoto Ueda. Lanham: University Press of America. S. 148–173.

Clover, Carol J. (1993): *Men, Women, and Chain Saws: Gender in the Modern Horror Film.* Princeton: Princeton University Press.

Cranmer-Byng, L.; Kapadia S. A. (Hg.) (2010): *Onna Daigaku: A Treasure Box of Women's Learning.* [Ursprünglich publiziert als ‚Women and Wisdom in Japan', 1905]. Weston-super-Mare: Nezu Press.

Derrida, Jacques (1989): „Ghost Dance Interview". *Public* 2 (1989), S. 60–67.

Feeley, Jennifer (2012): „Transnational spectres and regional spectators: Flexible citizenship in new Chinese horror cinema", *Journal of Chinese Cinemas,* Vol. 6 No. 1, S. 41–64.

Foster, Michael Dylan (2006): „Strange Games and Enchanted Science: The Mystery of Kokkuri", *The Journal of Asian Studies,* 65(2), S. 251–275.

Freud, Sigmund (1947): „Das Unheimliche". In: *Gesammelte Werke. Zwölfter Band: Werke aus den Jahren 1917–1920.* London: Imago Publishing, S. 227–268.

Fukurai, Tomokichi (1975): *Clairvoyance and Thoughtography.* New York: Arno Press. [Reprint of the 1931 ed. published by Rider, London].

Gunning, Tom (1995): „Phantom Images and Modern Manifestations: Spirit Photography, Magic Theater, Trick Films and Photography's Uncanny". In: Petro, Patrice (Hg.): *Fugitive Images from Photography to Video.* Bloomington: Indiana University Press, S. 42–71.

Gunning, Tom (2004): „Re-Newing Old Technologies". In: Thorburn, David; Jenkins, Henry; Seawell, Brad: Rethinking Media Change: The Aesthetics of Transition. Cambridge: MIT Press, S. 39–60.

Ikoma, Natsumi (2006): „Why do Japanese Ghosts have No Legs? – Sexualized Female Ghosts and the Fear of Sexuality". In: Sorcha Ni Fhlainn (ed.): *Dark Reflections, Monstrous Reflections: Essays on the Monster in Culture.* Oxford: Mansfield College, S. 189–200.

Kadota, Mamoru (2005): „Wakai ni okeru saiwa no hōhō. Rafukadio Hān ga nozonda fūfuai no sugata". („How ‚The Reconciliation' Was Retold. The Conjugal Love Which Lafcadio Hearn Wished to Depict in the Story"). *Research Bulletin of Nara University of Education,* Vol. 54, No.1, 2005. S. 201–210.

Kitajima, Akihiro (2000): „‚Yotsuya kaidan' ‚kaibyō' mono o chūshin ni kaidan eiga o ryōsan." [„Massenproduktion von kaidan-Filmen, hauptsächlich ‚Yotsuya kaidan' und ‚Geisterkatzen'-Filmen"]. In: Haraguchi, Tomoo; Murata, Hideki (eds.): *Nihon horā eiga e no shōtai.* [*Einladung zum japanischen Horrorfilm*]. Tokyo: Heibonsha, S. 24–25.

Klein, Christina (2010): „The American Horror Film? Globalization and Transnational U.S.-Asian Genres". In: Hantke, Steffen (Hg.): *American Horror Film. The Genre at the Turn of the Millennium.* Jackson: University Press of Mississippi, S. 3–14.

Koizumi, Setsuko; Tokugawa, Hayato (Hg.) (2012): *The Annotated Reminiscences of Lafcadio Hearn.* San Francisco: Shisei-Dō Publications.

Konaka, Chiaki (2003): *Horā eiga no miryoku. Fandamentaru horā sengen.* [*Die Faszination von Horrorfilmen. Ein grundlegendes Horror-Manifest*]. Tōkyō: Iwanami shoten.

Kröger, Lisa; Anderson, Melanie (2013): „Introduction". In: ibid. (Hg.): *The Ghostly and the Ghosted in Literature and Film: Spectral Identities.* Lanham: Rowman & Littlefield.

Kume, Yoriko (2005): „Onna rei no inai japanīzu horā nante!". [„Was wäre japanischer Horror ohne weibliche Geister?"]. In: Ichiyanagi, Hirotaka; Yoshida, Morio (Hg.): *Horā Japanesuku no genzai.* [*Horror Japanesque heute*]. Tokyo: Seikyūsha, S. 165–171.

Lee, Hunju (2011): *The new Asian female ghost films: Modernity, gender politics, and transnational transformation.* Dissertation, University of Massachusetts. ProQuest Dissertations and Theses, http://udini.proquest.com/view/the-new-asian-female-ghost-films-pqid:2312462381/ [3.1.2014].

Lim, Bliss Cua (2009): *Translating Time. Cinema, the Fantastic, and Temporal Critique.* Durham: Duke University Press.

McDonald, Keiko (1994): *Japanese Classical Theater in Films.* London/Toronto: Associated University Press.

Miyata, Noboru (1985): *Yōkai no minzokugaku. Nihon no mienai kūkan.* [*Yōkai-Volkskunde. Japans unsichtbarer Raum*]. Tokyo: Iwanami Shoten.

Nakano, Yasushi (2005): „Joyū-rei ron. Arui wa, eiga no jikogenkyū sayō ni hisomu ‚ma' ni tsuite". [„Erörterung zu Joyū-rei. Oder: Über das Magische der Selbstreferenzialität im Film"]. In: Ichiyanagi, Hirotaka; Yoshida, Morio (Hg.): *Horā Japanesuku no genzai.* [*Horror Japanesque heute*]. Tokyo: Seikyūsha, S. 115–130.

Perkins, Percival Densmore (1934): *Lafcadio Hearn. A Bibliography of his writings.* New York: Houghton Mifflin.

Pinedo, Isabel Christina (1997): *Recreational Terror: Women and the Pleasures of Horror Film Viewing.* Albany: Suny Press.

Reed, Matthew (2011): *A Public Haunted House: the Uncanny Urban Space on Screen.* M.A. thesis, Concordia University Montreal. http://spectrum.library.concordia.ca/35858/1/Reed_MA_F2011.pdf [3.1.2014].

Reider, Noriko (2000): „The Appeal of Kaidan. Tales of the Strange". *Asian Folkore Studies,* Vol. 59 (2000). pp. 265–283.

Reider, Noriko (2002): *Tales of the Supernatural in Early Modern Japan. Kaidan, Akinari, Ugetsu Monogatari.* Lewiston, N.Y. (u. a.): Mellen.

Rosenbaum, Roman (2010): „From the traditions of J-horror to the representation of *kakusa shakai* in Kurosawa's film *Tokyo Sonata*", *Contemporary Japan* 22, S. 115–136.

Scherer, Elisabeth (2011): *Spuk der Frauenseele. Weibliche Geister im japanischen Film und ihre Kulturhistorischen Ursprünge*. Bielefeld: Transcript.

Shimazaki, Satoko (2011): „The End of the ‚World': Tsuruya Nanboku IV's Female Ghosts and Late-Tokugawa Kabuki". *Monumenta Nipponica*, Volume 66, Number 2, S. 209–246.

Stutterheim, Nadine (2002): *Shinshaku Yotsuya kaidan. Kinoshita Keisukes filmische Deutung eines Kabukitheaterstückes aus dem Jahr 1825*. Magisterarbeit, Humboldt-Universität Berlin. Via: http://www.asaf.hu-berlin.de/seminar-fuer-ostasien-studien/japan/studium/ausgewaehlte-arbeiten/yotsuya.pdf; [1.12.2013].

Takasuna, Miki (2012): „The Fukurai affair: parapsychology and the history of psychology in Japan", *History of the Human Sciences* 25(2), S. 149–164.

Totaro, Donato (2000): „The Ring Master: Interview With Hideo Nakata". In: *Off Screen*, 21. Juli 2000. http://www.horschamp.qc.ca/new_offscreen/nakata.html [31.7.2009].

Toyama High School (1927): *Catalogue of the Lafcadio Hearn Library in the Toyama High School*. Via: http://hdl.handle.net/10110/79 [3.1.2014].

Tsunemitsu, Tōru (1990): *Gakkō no kaidan*. [*School Ghost Stories*]. Tokyo: Kōdansha.

Vidler, Anthony (1994): *The Architectural Uncanny: Essays in the Modern Unhomely*. Cambridge: MIT Press.

Wai-ming Ng, Benjamin (2008): „When Sadako Meets Mr. Vampire: The Impact of Ringu on Hong Kong Ghost Films", *Asian Cinema* 19(1), S. 143–156.

Yomota, Inuhiko (2009): „Indonesian and Thai Ghost Films". In: *Asian Alternatives for a Sustainable World: Transborder Engagements in Knowledge Formation*, S. 190–195.

Wenn Vampire die Welt bereisen
Der Vampir in Stephen Kings *'Salem's Lot* und Ono Fuyumis *Shiki*

Sebastian Boehnert

1 Einleitung

Mit dem Jahr 2002 brach eine bedeutende neue Ära für das japanische Horror-Genre an. Durch Gore Verbinskis *The Ring*, einem Remake von Nakata Hideos *Ringu* (1998), erfuhr der Grusel-Film aus Japan eine weitreichende Anerkennung, die sich Produzenten wie Konsumenten in diesem Maße zuvor kaum hatten erträumen können. Mit Nakatas *Ringu* – einem Meilenstein im Bereich des japanischen Horrorfilms – wurde die vermeintlich besonders ‚japanische Art', Schauergeschichten zu gestalten, ein weltweit genutztes Muster. Die amerikanischen Studios waren so dankbar für die neuen Einflüsse auf ein als erstarrt empfundenes amerikanisches Horror-Kino, dass sich die Frage, ob das, was man kopierte, denn wirklich so japanisch sei, gar nicht erst stellte. Geistergeschichten aus Japan waren etwas Besonderes: Weil niemand sie verstand (oder versuchte sie zu verstehen), waren sie exotisch und damit eine willkommene Abwechslung zu dem damals vorherrschenden Slasher-Genre[1].

In Japan wurde diese Anerkennung der japanischen Kulturindustrie, die sich auch im weltweiten Boom von populärkulturellen Produkten wie Anime und Manga zeigte, vor dem Hintergrund der anhaltenden ökonomischen Probleme nach der Wirtschaftskrise Anfang der 1990er Jahre sehr positiv aufgenommen. Unter dem Schlagwort *Cool Japan*[2] unternimmt das japanische Wirtschaftsministerium seither mit verschiedenen Aktionen und Kampagnen Versuche, die Soft Power[3] des Landes weiter zu stärken. Der globale Erfolg japanischer Kul-

[1] Im Slasher-Genre steht meist ein psychisch gestörter Täter im Mittelpunkt, der hinter einer brutalen Mordserie steht. Klassiker des Genres sind *The Texas Chainsaw Massacre* (Tobe Hooper, 1974), *Halloween* (John Carpenter, 1978) und *Friday the 13th* (Sean S. Cunningham, 1980).

[2] Wortneuschöpfung von Douglas McGray, die die weltweite Attraktivität japanischer Populärkultur nach dem Jahr 2002 beschreibt (vgl. McGray 2002).

[3] Die Möglichkeit, internationalen kulturellen Einfluss durch populäre Kulturprodukte zu gewinnen (vgl. Nye 1990).

turprodukte wurde als eine Bestätigung der japanischen Besonderheit durch das Ausland interpretiert. Auch im Diskurs zur Horror-Literatur entstanden vermehrt Theorien, die den sogenannten *Nihonjinron* zuzuordnen sind, d. h. solchen Theorien, in denen die Einmaligkeit und Homogenität der japanischen Kultur nachgewiesen werden soll und ausländische Einflüsse auf die japanische Kultur verneint werden (vgl. Dale 2011). Die Wurzeln des japanischen Schauerromans werden in diesem *Nihonjinron*-Diskurs bei dem Ethnologen Yanagita Kunio (1875–1962) oder dem Autor Izumi Kyōka (1873–1939) gesucht. So schreibt Higashi Masao in der von ihm edierten Aufsatzsammlung *Horror Japanesque* (2003) über die Entwicklung des japanischen Horror-Genres:

> Schlüsselpersonen sind zwei Giganten, deren Namen ich bereits vorher erwähnte: Der größte Autor der Moderne im Bereich von grotesker und phantastischer Literatur, Izumi Kyōka, und der Vater der japanischen Volkskunde, Yanagita Kunio. (Higashi et al 2006: 192)

Man muss sich allerdings bei einem so breit gefassten Genre, das starken Fluktuationen und Beeinflussungen unterworfen ist, fragen, ob eine Betrachtungsweise, die zentral auf die klassische japanische Literatur fokussiert ist, sinnvoll ist[4]. Gerade die Offenheit der Autoren, die sie über die Grenzen von Genre und Nation hinaus gehen lässt, gibt oft den Ausschlag für bedeutende Neuentwicklungen. Ebenso ist es schwer vorstellbar, dass heute lediglich japanische Wurzeln in einer Literaturgattung anzutreffen sind, die sich im internationalen Austausch entwickelt hat. Die moderne Horror- und Mystery-Literatur Japans wurde in der Meiji-Zeit (1868–1912) maßgeblich durch Importe und Übersetzungen aus dem anglophonen und deutschsprachigen Raum beeinflusst (vgl. Kawana 2008: 21 f.).

[4] Das Horror-Genre wird in Japan oft auch unter dem *misuteri* (Mystery) Begriff subsummiert, der jedoch von dem *misuterī* (Mystery) Begriff differenziert werden muss. Setogawa Takeshi nimmt dazu eine Unterscheidung vor, die Publikationsmethode und Genre vereint. *Misuteri* ist eine besondere Bezeichnung, mit der auf Detektivromane verwiesen wird, *Misuterī* hingegen bezeichnet zwar auch Detektivromane, umfasst aber darüber hinaus auch Abenteuerromane, Horror und *True-Crime*-Geschichten und erweckt sogar Assoziationen zu Werbesprüchen wie „*kuchibeni ni misuterī* (Im Lippenstift steckt das Geheimnisvolle)" oder Artikelüberschriften wie, „*kūkōki datsuraku no nazo, kūhaku no nijikan no misuterī* (Das Geheimnis des Flugzeugabsturzes, das Mysterium der ungeklärten zwei Stunden)". Es ist ein weit gefasster, vielfältig benutzter Begriff (vgl. Setogawa 1999: 16). Daher ist eine identische Übernahme von Begrifflichkeit und Verständnis des japanischen Horror-Genres nur schwer umsetzbar und würde bedeutende Teile von dessen Entwicklungsgeschichte und Struktur außer Acht lassen.

Wichtige Autoren waren unter anderem Edgar Allan Poe und E. T. A. Hoffmann (vgl. Mizuta-Lippit 2002).

Ein interessantes gegenwärtiges Beispiel für eine derartige grenzüberschreitende Genre-Literatur sind die Werke der Autorin Ono Fuyumi, die auf den ersten Blick durch ihre sehr japanischen Settings einen äußerst „japanischen“ Eindruck vermitteln. Doch gerade die Horror-Mystery Roman-Serie *Shiki*[5] („Leichendämon“, Abb. 1), die inzwischen auch durch eine Anime- (2010) und eine Manga-Adaption (2008) bekannt geworden ist, erweist sich unter anderem durch die Widmung als eindeutig westlich beeinflusst. „To ’Salem’s Lot“ (Ono 2002 a: 3) heißt es zu Beginn des Romans in englischer Sprache, womit Ono einen Bezug zu einem Werk des US-Autors Stephen King herstellt. Bei der Lektüre von *Shiki* stellt sich schnell heraus, dass hier das Handlungsgerüst von Kings *’Salem’s Lot* („Brennen muss Salem“) in ein japanisches Setting versetzt wurde. Der folgende Aufsatz geht der Frage nach, ob Onos Geschichte tatsächlich eine eigenständige und durchgehend japanische „J-Horror-Erzählung“ ist. Gleichzeitig soll untersucht werden, an welchen Stellen sie sich klar in eine historisch belegbare Genre-Entwicklung einreiht und durch welche Elemente Ono eine Eigenständigkeit ihres Romans erreicht.

Im Verlauf des Aufsatzes wird, nach einer kurzen Vorstellung der beiden Werke, ein Vergleich zwischen Kings Roman und Onos Adaption durchgeführt. Strukturelle sowie inhaltliche Elemente werden gegenübergestellt, um offenlegen zu können, inwieweit Ono sich an der Vorlage orientiert und welche Auswirkungen dies auf der Bedeutungsebene des Romans hat.

2 Der Untergang einer amerikanischen Kleinstadt: Stephen Kings *’Salem’s Lot*

Da die vergleichende Auseinandersetzung mit diesen beiden Werken die Kenntnis des Inhalts voraussetzt, wird im Folgenden kurz der Handlungsverlauf von Stephen Kings *’Salem’s Lot* wiedergegeben. Um eine Einordnung in einen soziokulturellen Kontext zu ermöglichen, werden auch Informationen zum zeit-

5 Ein Neologismus, zusammengesetzt aus den Kanji für Leichnam (*shikabane*) und Dämon (*oni*).

Abbildung 1: Der erste Band von Ono Fuyumis Vampir-Roman *Shiki* (Leichendämon), hier in der Ausgabe von 2002 (Verlag: Shinchōsha).

geschichtlichen Hintergrund und der in diesem Zusammenhang erfolgten Entwicklung verwandter Horror-Literatur erörtert.

2.1 Handlung

Im Amerika der 1970er Jahre entscheidet sich Ben Mears, ein aufstrebender Autor, seine Heimatstadt Jerusalem's Lot[6] aufzusuchen, um Inspiration für einen autobiographischen Roman zu erlangen. Als Inspirationsquelle soll insbesondere der Ort eines persönlichen traumatischen Kindheitserlebnisses dienen, das alte – unter Kindern als Spukhaus verrufene – Marsten-Haus. Dieser Ort setzt sich düster von der sonst eher verschlafenen Kleinstadtidylle ab und wird inzwischen von Fremden bewohnt, den österreichischen Immigranten Richard Straker und Kurt Barlow. Zunächst erscheinen diese als harmlose Antiquitätenhändler, die allerdings durch Herkunft und Tätigkeit stark aus der Dorfgemeinschaft hervorstechen. Nach dem Tod eines Kindes und der heidnischen Opferung eines Hundes werden jedoch ihre wahren Absichten enthüllt: Sie sind Vampire und wollen den kleinen Ort übernehmen. Nun liegt es an Ben Mears und einer kleinen Gruppe von Einwohnern, sich gegen die beiden und gegen ebenfalls zu Vampiren gewordene Kleinstädter zu stellen. Vielen fällt es schwer, einen Feind zu bekämpfen, der die Gesichter einst vertrauter Menschen trägt, und auch der Glaube des ansässigen römisch-katholischen Priesters Callahan ist nicht stark genug, um der übernatürlichen Bedrohung unter Zuhilfenahme des Sakralen Herr zu werden. So geht der Ort bald seiner vollständigen Vernichtung entgegen.

2.2 Die Furcht vor der Kontrolle: Das Amerika der 1970er

Stephen King beschreibt seine erste Inspiration zu seinem 1975 erschienenen Vampirroman folgendermaßen:

> One night, the second time through the adventures of the sanguinary Count […] I wondered out loud to my wife what might have happened if Drac had appeared not in turn-of-the-century London but in the America of the 1970s. „Probably he'd land in New York and be killed by a taxi cab, like Margaret Mitchell in Atlanta", I added laughing. (King 2007: 749)

[6] Jerusalem's Lot ist der eigentliche Name des Ortes; sowohl innerhalb des Romans als auch als Titel wird jedoch die Abkürzung 'Salem's Lot verwendet.

Nach weiteren Überlegungen kam King zu dem Schluss, dass eine Figur, die ursprünglich das Unheimliche verkörperte, nun machtlos gegen die amerikanische Moderne sein müsse. In den amerikanischen Kleinstädten jedoch, so King, wäre seine Macht sicherlich weiterhin ungebrochen, nicht anders als in der alten Welt. Kings Roman ist als Modernisierung des klassischen Dracula-Stoffes zu lesen und bezieht sich zugleich auf das politische Geschehen im Amerika der 1970er Jahre (vgl. Joshi 2011: 182 ff.). Korruption und Kontrollversuche durch die Regierung wurden damals nach und nach aufgedeckt und verstärkten die angespannte Stimmung in der Ära des Kalten Krieges – die auch durch xenophobe Tendenzen in der Beziehung zwischen dem kapitalistischen Westen und dem kommunistischen Osten geprägt wurde. Der Ölschock bildete 1973 für viele Amerikaner einen Wendepunkt, an dem auch das Vertrauen in die Regierung und den bisher gepriesenen Kapitalismus zusammenbrach und durch Angst vor Fremdkontrolle und Paranoia ersetzt wurde. Eric Hobsbawm beschreibt dies in *Age of Extremes* 1973 als auslösendes Moment für eine kontinuierliche Abwärtsbewegung: „The history of the twenty years after 1973 is that of a world which lost its bearings and slid into instability and crisis" (Hobsbawm 1994: 403).

Das Szenario in *'Salem's Lot* entstand in einer deutlich verunsicherten Gesellschaftsstimmung. Die Mitglieder der Mittelschicht, wie auch subkulturelle Bewegungen, sahen sich einerseits durch den Kapitalismus – und die damit verbundene Konkurrenzmentalität, die das „Wir-Gefühl" des amerikanischen Ideals untergrub – und von einer Oberschicht kontrolliert. Andererseits fürchteten sie aber auch die Bedrohung durch kommunistische – ausländische – Mächte und einen gesellschaftlichen Werteverfall. Tony Magistrale beschreibt hierzu passend Kings Vorgehensweise, das Böse nicht lediglich als äußere, sondern auch als innere Kraft darzustellen, die das Gute im gegenwärtigen Amerika bedroht.

> It is his awareness of the pervasiveness of evil – indeed, that it exists in ourselves, our social and political institutions, in short, in everything human – that links King to the literary tradition of American gothicism. (Magistrale 2009: 100)

Ein stärkerer Individualismus und eine Förderung des freien Denkens, wie von der 1968er Bewegung erhofft und von subkulturellen Bewegungen wie den Hippies am gesellschaftlichen Rand angestrebt, hatte sich in Amerika nicht durchgesetzt. Viele empfanden Enttäuschung darüber, dass das Gesetz des Stärkeren für das gesellschaftliche Zusammenleben maßgebend erschien und suchten nach Hoffnung spendenden Narrationen (vgl. Davis 2009: 83–95). Heidi Strengell beschreibt den Roman als eine bewusste Verbindung klassischer Horrormotive und Strukturen der Moderne:

> Throughout his fiction King reworks traditional material and uses the horror formula to depict American social reality. Although the vampire provides supernatural thrills and fun, King reveals familial discord, violence and other social illnesses for what they are in 'Salem's Lot. (Strengell 2006: 159 f.)

Der Vampir Barlow wird ein Symbol dieser Bedrohung und zerstört damit die Hoffnung eines einfachen und glücklichen Amerikas. Das amerikanische Ideal wird ins Wanken gebracht, indem ein Blick hinter die Kulissen geworfen wird. Auf die Angst vor einer solchen Dekonstruktion weisen auch Hoppenstand und Browne hin.

> [H]e thrusts uncontrollable evil into the midst of Rockwellian America where Barlow drains life from the vitality of the American pastoral. It is not so much death which the readers of 'Salem's Lot fear, but that death may not be final, that something can threaten their values from beyond the grave, that something so powerfully corrupt can rob them of their instinctual belief in myth as a source of truth. (Hoppenstand / Browne 1987: 77)

So kann man *'Salem's Lot* nicht nur als Kings ersten wirklichen Horror-Roman lesen, sondern die Vampirinvasion fungiert auch als ein Symbol für ein Zeitgefühl, geprägt von der Angst vor dem äußeren und inneren Anderen.

2.3 *'Salem's Lot* als Adaption und Modernisierung des klassischen Vampirromans

Wie bereits erwähnt, ist Kings Roman weit mehr als eine reine Adaption des klassischen Vampirstoffes. Dabei ist es jedoch wichtig darauf hinzuweisen, dass der Vampir eine vielfältige Ursprungsgeschichte hat. Die etymologische Herkunft des Begriffes ist ungewiss, er wird jedoch oft auf das Serbokroatische zurückgeführt (vgl. McNally 1994: 119). Im Volksglauben der Balkanländer handelt es sich um einen lebenden Leichnam, der nachts das Grab verlässt, um sich vom Blut der Lebenden zu ernähren. Der Vampir lässt sich in verwandten Formen in verschiedenen Teilen der Welt finden (vgl. McNally 1994: 117 f.); es lässt sich auch eine Verbindung zum germanisch-angelsächsischen Motiv des Wiedergängers herstellen. Die Vorstellung von lebenden Toten lässt sich bis ins antike Babylon oder nach Griechenland und den Figuren der Lamia oder der Strigae zurückverfolgen (vgl. Marigny 1993: 14–25). Verbindende Elemente sind in fast allen Fällen das bewusste Verlassen des Grabes und die Heimsuchung der Lebenden.[7] Die bereits erwähnte Vorstellung des blutrünstigen Wiedergängers – wie er auch in der Literatur als Vorbild genommen wurde – entstand nach Susanne Pütz als eine Verschmelzung mitteleuropäischer und orientalisch antiker Konzepte im Grenzgebiet der Balkanländer, das zwischen den Kultureinflüssen Europas und Asiens liegt (vgl. Pütz 1992: 15 f.).

Die 1819 geschriebene Kurzgeschichte *Der Vampyr* von John William Polidori wird als Vorgänger des modernen Vampirromans verstanden (vgl. Frayling 1992: 108); sie zeichnet den Vampir als menschenähnlich, voller Lust und Begierde. 1872, mit der Veröffentlichung von Sheridan Le Fanus *Carmilla,* wurde der Figur des Vampirs eine neue Nuance hinzugefügt, die bis heute vorzufinden ist. In dieser Erzählung, die Bram Stokers *Dracula* um 25 Jahre vorausging, verführt eine überirdisch schöne, adlige Vampirin eine junge Frau. Der Vampir war nun nicht länger das untote Ungeheuer aus osteuropäischen Volkserzählungen, er wurde zu einem Symbol für Lust, unterdrückte Sexualität und Lasterhaftigkeit, gleichzeitig aber auch stark romantisiert. Dies zeigt sich auch in Bram Stokers *Dracula,* dessen titelgebender Vampir von lustvoller Liebe und Verlangen getrieben handelt, letztendlich jedoch gegen die Reinheit puritanischer Tugend verlieren muss. So zeichnete Stoker in seinem Roman mit der Heldin Mina auch ein neues Frauenbild. Mutig, intelligent, rein und vollkommen frei von den

[7] Vampirgestalten und Wiedergänger sind jedoch klar von karibischen und afrikanischen Vorstellungen der Zombiegestalt abzugrenzen. Der Zombie ist ein durch Magie wiedererweckter Leichnam oder die Seele eines Toten, die durch einen Zauberer oder Schamanen kontrolliert werden (vgl. Ackermann / Gauthier 1991). Die moderne Vorstellung des Zombie und der Übertragung durch einen Biss kann auf eine mögliche Verbindung mit dem Vampirmythos zurückgeführt werden. Ein wichtiger Einfluss auf das gegenwärtige Verständnis ist George A. Romeros Film *Night of the Living Dead* (1968), in dem kosmische Strahlen die Toten wiederbeleben und sie einen unstillbaren Hunger nach menschlichem Fleisch entwickeln lassen. Das Szenario des Films wurde maßgeblich von Richard Mathesons Roman *I am Legend* (1954) beeinflusst und Matheson selbst beschrieb die Gestalt in seinem Roman als Vampir. (Vgl. Christie 2011: 67).

Zwängen der Lust ist es ihr möglich, die Helden bei der Vernichtung des Vampirs zu unterstützen (vgl. Heldreth / Pharr 1999: 35).

Die Vampire in Kings Roman fügen sich jedoch nicht in dieses Muster ein: Selbst der Anführer der Vampire, Kurt Barlow, ist ein berechnender Charakter, dessen Ziel die vollständige Unterwerfung seiner neuen Heimat ist. King nahm der Figur des Vampirs ihren romantischen Charakter, um sie mit einer neuen, zeitgemäßen Bedeutung zu füllen. So wird nicht nur der Handlungsort nach Amerika verlegt, auch der Charakter des Vampirs wird amerikanisiert.

Kings Vampire haben nicht die Eleganz, die ihnen in der Gothic-Horror-Bewegung Englands zugeschrieben wurde, sondern erinnern viel mehr an die Außerirdischen aus *The Body Snatchers,* einem Science-Fiction-Roman von Jack Finney aus dem Jahr 1955, der sich mit der gleichen Angst vor Fremdkontrolle auseinandersetzte. Kings Vampire infiltrieren das Dorf im Stillen, übernehmen heimlich die Kontrolle über zentrale Instanzen, und bevor die Bewohner reagieren können, sind die Eindringlinge zu einem zentralen Kontrollelement der Stadt selbst geworden. Gleichzeitig legen Kings Vampire, ebenso wie die Genre-Figuren des 19. Jahrhunderts, die verborgenen Wünsche ihrer Opfer frei und machen sich diese zu Nutze. In diesem Sinne kann man also von einer Modernisierung und einer Verschmelzung von Genres sprechen.

Ein weiterer bedeutsamer Einfluss waren für King die Horror-Comics des Verlags EC Comics (vgl. King 2007: 747), der in den 1940er und 1950er Jahren unter anderem die Reihen *Tales from the Crypt* und *Vault of Horror* veröffentlichte, in denen klassische Themen und Figuren der Horrorliteratur für ein junges amerikanisches Publikum neu aufgelegt wurden. Die Vampire in den Comic-Versionen waren nicht die eleganten Vampire der Gothic-Literatur, sondern blutrünstige Bestien, wenn auch weiterhin an klassische Illustrationen angelehnt.

Der Kampf mit Graf Dracula in Stokers Roman habe sich, erklärt King, in einer Zeit des Wissenschaftsoptimismus abgespielt; doch die heutige Haltung gegenüber Wissenschaft und Aufklärung sei kritischer, fast schon in einem Zustand der Desillusionierung:

> Mine was a world that had begun to choke on its own effluent, that had hooked itself through the bag on diminishing energy resources, and had to deal not only with nuclear weapons but nuclear proliferation [...]. I saw myself and my society at the other end of the technological rainbow, and set out to write a book that would reflect that glum idea. One where, in short, the vampire would end up eating the fearless vampire-hunters for lunch. (King 2007: 11)

Die Welt wird nicht verändert, um dem Vampir Platz zu machen; er selbst musste sich, wie das Raubtier, das er ist, der Umwelt anpassen und den Menschen ein- und schließlich überholen. Der Vampir wird Teil der Evolution und ist damit, ebenso wie der Mensch, dem Gesetz des Stärkeren unterworfen.

3 Der Tod eines japanischen Dorfes – Ono Fuyumis *Shiki*

Nach der Erörterung von Stephen Kings Roman soll nun Ono Fuyumis *Shiki* vorgestellt werden. Der Fokus liegt hier auf der Rahmenhandlung sowie auf bestimmten Elementen, die für die vergleichende Betrachtung von besonderem Interesse sind. Wie auch bei Kings Roman wird das Werk in einen soziokulturellen und historischen Kontext eingebettet und die Entwicklung des Genres nachgezeichnet.

3.1 Handlung

Der Roman beginnt mit einer Rückblende: Wir erfahren, dass in einem besonders trockenen Spätherbst im ländlichen Japan der 1990er Jahre die Siedlung Sotoba, tief in den Bergen, einem Waldbrand zum Opfer fällt. Kurze Zeit später gehen Gerüchte um, dass verstümmelte Leichen an der Brandstelle gefunden worden sein sollen. Episodenhaft werden die tragischen Einzelschicksale geschildert, die in ihrer Gesamtheit zum Untergang von Sotoba führten.

Schon immer gab es Legenden, dass sich dieser Ort an der Grenze zum Totenreich befinde. Bald kommt es zu einer Reihe von Todesfällen, die offensichtlich durch Anämie bedingt sind und den Dorfarzt vor ein Rätsel stellen. Diese Ereignisse fallen mit der Ankunft der Familie Kirishiki in Sotoba zusammen, bei der es sich in Wahrheit um eine Gruppe von Vampiren handelt, die den Zusammenbruch der japanischen Wirtschaftsblase[8] zum Anlass nimmt, um sich auf das Land zurückzuziehen.

Unmerklich wird daraufhin der Ort von lebenden Toten, den sogenannten *okiagari* („Wiederauferstandenen")[9], übernommen. Verwaltung, Polizei, Bewohner – sie alle werden langsam in die Reihen der Untoten eingefügt. Lediglich der Dorfarzt, Ōzaki Toshio, und der buddhistische Mönch und Autor, Muroi Seishin, nehmen die Bedrohung als solche wahr. Während Ōzaki versucht, die Dorfbewohner von der Existenz der Vampire zu überzeugen, fühlt sich Muroi eigenartig zu den Untoten hingezogen. Sie ähneln den *shiki*, den Wesen, die er in seinem eigenen Roman beschreibt.

Es entbrennt ein Kampf um das Dorf und die Dorfbewohner beginnen eine rücksichtslose Hetzjagd, um ihre Heimat zu verteidigen. Die Grenzen zwischen Gut und Böse verwischen im Verlauf dieser Ereignisse vollkommen. Der Waldbrand, dem Sotoba am Ende zum Opfer fällt, stellt sich als eine Verkettung unglücklicher Einzelhandlungen heraus, mit denen der Existenz der Vampire sowie den menschenverachtenden Handlungen der Dorfbewohner ein Ende gesetzt wird. Lediglich einige wenige Dorfbewohner unter der Leitung Ōzakis sowie der zum Vampir gewordene Muroi Seishin, der als neuer Beschützer die Vampir-Anführerin Sunako begleitet, entkommen dem Schauplatz.

3.2 Zwischen Traditionalismus und Neuordnung: Das Japan der 1990er

Wie in Kapitel 2.2 erläutert, reflektierte Kings *'Salem's Lot* die Unsicherheit der amerikanischen Bevölkerung in den 1970er Jahren. Ono Fuyumis *Shiki* hingegen ist im Kontext einer wichtigen wirtschaftlichen und gesellschaftlichen Entwicklung Japans in den 1990ern zu sehen: Dem Platzen der Wirtschaftsblase und

---

8 Die japanische Wirtschaftsblase brach 1990 in sich zusammen. Dieser wirtschaftliche Zusammenbruch sorgte für einen starken moralischen Schock, der sich über das folgende Jahrzehnt hinweg zog (vgl. Saxonhouse / Stern 2004).

9 Das Wort *okiagari* ist in Onos Roman ein Begriff, der sich im Volksglauben des Dorfes Sotoba verankert hat. Er steht in enger Verbindung mit der Tradition der Leichenbestattung und den überlieferten regionalen Sagen. *Okiagari* stellt damit die Fremdbeschreibung der Vampire durch die Dorfgemeinschaft dar. Das Wort *shiki* hingegen ist ein vom Dorfpriester Muroi Seishin erfundener Neologismus, der von den Vampiren selbst als Selbstbeschreibung aufgenommen wird.

der anhaltenden Rezession. Diese Jahre, die auch als ‚verlorenes Jahrzehnt' bezeichnet werden, liefern den Hintergrund für die Stimmung, die in Onos Werk thematisiert wird. Angst vor steigender Arbeitslosigkeit und die Suche nach neuen Alternativen dominierten das Denken der japanischen Jugend, die von den Umwälzungen besonders hart getroffen wurde. Man fürchtete den wirtschaftlichen Niedergang und eine erneute Hegemonie durch ein wirtschaftlich stärkeres Amerika.

In diesem Zusammenhang kamen auch fremdenfeindliche Tendenzen auf, die sich besonders in ländlichen Gemeinden erkennen ließen (vgl. Karan 2005: 181). Marilyn Ivy beschreibt diese Entwicklung als einen Prozess, mit dem die eigene, japanische Identität gestärkt werden sollte:

> [W]hat makes the Japanese so different from everyone else makes them identical to each other; what threatens that self-sameness is often marked temporally as the intrusively modern, spatially as the foreign. (Ivy 1995: 9)

Ivy zeigt hier auf, dass nicht nur das Fremde, sondern auch das Moderne, das in traditionelle Dorfgemeinschaften eindringt, als entgegengesetzt zur japanischen Identität betrachtet wurde. Das japanische Dorf, so Ivy, habe sich seit der Nachkriegszeit kontinuierlich zu einem Raum entwickelt, in dem der gefühlte Verlust von Kultur und japanischer Identität durch das Aufrechterhalten von folkloristischen Praktiken und Traditionen aufgefangen werden soll:

> Located in the ever-receding countryside (*inaka*) or on the edges of advanced capitalist prosperity – that is, distanced in some fashion from central, metropolitan sites of representation – these [folkloristic] practices compel as recalcitrant spectacles of the elegiac, as allegories of cultural loss that Japanese often link, viscerally, with personal loss. (Ivy 1995: 12)

Die wachsende Beliebtheit von traditionellen folkloristischen Praktiken und das erhöhte Aufkommen neuer Religionsgemeinschaften seien in direktem Zusammenhang mit den Folgen der Rezession zu sehen.

Allerdings war das ‚verlorene Jahrzehnt' nicht nur von Ängsten geprägt. Cassegard (2010: 44) weist zum Beispiel auf den japanischen Kunstkritiker Sawaragi Noi hin, der den Einfluss der wirtschaftlichen und gesellschaftlichen Umwälzungen auf die japanische Kunstszene durchaus als positiv empfindet. Die japanische Kunstszene der Nachkriegszeit sei von nationalistischen Ideologien und der Berufung auf japanische Tradition geprägt gewesen. Das Platzen der Wirtschaftsblase sei deshalb auch als eine Art Weckruf zu sehen, der dazu führte, dass sich Autoren und Intellektuelle wieder verstärkt politisch engagierten. So wurden die Umwälzungen des ‚verlorenen Jahrzehnts' auch als Chance begriffen, gesellschaftliche Neuordnungen anzustreben und traditionalistisches Denken, besonders im kreativen Bereich, zu hinterfragen. Das widersprüchliche Lebensgefühl dieser Zeit – mit fremdenfeindlichen Tendenzen einerseits und zunehmender Distanzierung von traditionalistischen Denkweisen andererseits – wird unter dem Begriff *seikimatsu-kan* („Gefühl zur Jahrhundertwende") zusammengefasst, in Anlehnung an das *fin de siècle* des ausklingenden 19. Jahrhunderts. Dieses äußerte sich in einem beinahe überschwänglichen Lebensgefühl, als Reaktion auf die Unsicherheit, Ängste und Hoffnungen, die mit dem ausgehenden Jahrhundert einhergingen. Das ‚verlorene Jahrzehnt' wurde so auch zu einem Freiraum für Experimentierfreude, die Gebhardt mit dem damals aufkommenden Okkultismus-Boom verbindet:

> Occult games at school such as the *kokkurisan*[10] […], occult programs on television, an increasing interest in the „dark", for instance in *karuto* (the word derives from occult, it signifies black magic and sectarianism) and in necrophilia, the fascination with death and dead bodies, including strange murder cases, could be seen as the hard-core side of Japan's New Gothic. This was all often attributed to the uncertainty and uneasiness felt because of the turn of the century […]. (Gebhardt 2001: Internet)

Die hier angeführten ‚okkulten' Interessen umfassen dabei nicht nur traditionelle folkloristische Praktiken, sondern auch ein eher als populärkulturell motiviert zu verstehendes Interesse an düsteren Motiven. In Bezug auf *Shiki* ist der Vorgriff auf die Auslöschung des Handlungsortes zu Beginn des Werkes als symptomatisch für dieses Zeitgefühl zu sehen. Der Niedergang des Dorfes ist gewiss, die Frage ist nur, auf welchem Weg dieser eintreten wird. Miyabe Miyuki beschreibt

[10] Eine Form der Séance, in welcher mit einer Münze Buchstaben oder Zahlen auf einem Papier oder Holzstück ausgewählt werden. Laut dem Volksglauben werden dabei die Hände der Beteiligten von einem heraufbeschworenen Geist geführt, wodurch die Zukunft vorhergesagt werden kann. Zum Zusammenspiel der folkloristischen Praktik *kokkuri-san*, Populärkultur und Alltagskultur siehe den Beitrag von Katharina Hülsmann in diesem Band.

dies in ihrem Kommentar zur 2002 erschienenen Taschenbuch-Ausgabe folgendermaßen:

> Der Grund ihres Scheiterns ist im gegenwärtigen Japan letztendlich darin zu finden, dass weder Glaube noch Gott mehr Sicherheit bieten, und ist daher ganz anders begründet als die gescheiterten Versuche des amerikanischen Priesters [in Kings Roman].[11] (Ono 2002 e: 478)

Dieses Spannungsfeld zwischen Verzweiflung, Identitätskrise und Überlebensdrang überträgt Ono in *Shiki* auf das japanische Dorf. In dem Ort Sotoba lässt sie die Angstmomente, die Verzweiflung aber auch die kreativen Tendenzen des ausklingenden 20. Jahrhunderts zusammenlaufen und bündelt sie im zeitlichen Rahmen der Handlung. Insofern sind es ähnliche Ängste, die in den Vampir-Erzählungen von King und Ono thematisiert werden. Die Bewertung der Ereignisse und damit die Botschaft, die mit Onos Erzählung vermittelt wird, ist jedoch eine andere als bei King, wie im Folgenden im direkten Vergleich von Handlungsort und handelnden Charakteren genauer herausgestellt werden soll.

3.3 *Shiki* als Adaption und Japanisierung von *'Salem's Lot*

> Ich denke, man kann mit Stolz sagen, dass es sich bei Shiki um ein kostbares Juwel handelt, denn es offenbart Kultur und Zustand Japans, inklusive seiner Schwächen. (Miyabe in Ono 2002 e: 478)

Miyabe Miyuki sieht die Besonderheit von Onos Roman darin, dass es sich bei *Shiki* zwar um eine Hommage an Kings Werk, nicht aber um eine schlichte Adaption handelt, da Themen und Probleme an den neuen kulturellen Hintergrund angepasst werden.

Eine Tradition des Vampirromans, wie wir sie bei King in Form der Gothic-Literatur hatten, liegt *Shiki* als japanischem Roman zunächst nicht zu Grunde. Der japanische Vampir, *kyūketsuki* genannt, ist keine fest verankerte literarische Figur mit einem lokalen mythologischen Hintergrund, sondern ein zunächst unreflektiert übernommener Kulturimport. Leonard Wolf sieht eine Verbindung zwischen Vampirmythen und der Erzählung *The Story of Chūgorō*, die in der 1904 veröffentlichten Geschichtensammlung *Kwaidan* von Lafcadio Hearn zu

[11] Übersetzungen aus dem Japanischen sind, wenn nicht anders gekennzeichnet, vom Verfasser.

finden ist. Diese Vermutung lässt sich jedoch eher als spekulativ bezeichnen, da sich der angesprochene blutsaugende *bakemono* in dieser Erzählung als Frosch herausstellt (vgl. Wolf 1997: 12–16). Edogawa Rampo ordnet den *kyūketsuki* in seiner 1954 veröffentlichten Essaysammlung *Geneijō* („Schloss der Illusionen") der Kategorie *majutsuteki kyōfu* („Angst vor Hexerei") zu, während er unter einer anderen Kategorie Gestalten wie *yūrei* und *bakemono* („Geister, Monster") aufführt (Edogawa 1954: 244). Dies legt die Vermutung nahe, dass der Vampir von der japanischen Welt der Geister und Monster abgegrenzt wurde. Er steht in einer Reihe mit weiteren Unterkategorien wie Dämonen, künstlichen Lebewesen und Besessenheit; daran lässt sich eine generelle Abgrenzung der als „importiert" empfundenen übernatürlichen Phänomene erkennen.

Adaptionen des westlichen Vampirs in Literatur und Film breiteten sich erst im Japan der Nachkriegszeit aus. Beginnend mit Nakagawa Nobuos Gruselfilm *Kyūketsuga* („Die Vampir-Motte") im Jahr 1956[12], in dem sich der Täter schließlich als Mensch und nicht als Vampir entpuppt, begann man langsam – stark orientiert am westlichen Film – die Gestalt des Vampirs nach Japan zu importieren. Schnell wurden jedoch auch japanische Sagen und historische Ereignisse in den Vampir-Mythos eingeflochten. So waren die blutsaugenden *onryō* (Rachegeister) in Kaneto Shindōs *Yabu no naka no kuroneko* („Kuroneko", 1968) deutlich an klassischen Darstellungen des weiblichen Vampirs orientiert, verhielten sich jedoch wie die rachsüchtigen Geister der japanischen Erzähltradition.

Auch Dracula selbst erschien 1979 in einer auf Japan zugeschnittenen Variante: In *Kyūketsuki dorakyura Kōbe ni arawaru: akuma wa onna o utsukushiku suru* („Der Vampir Dracula erscheint in Kōbe: Der Dämon macht Frauen schön") sucht er die Reinkarnation einer Geliebten in der Hafenstadt Kōbe. In Kikuchi Hideyukis *Vampir Hunter D*, einem seit 1983 in Serie veröffentlichten Roman, findet eine kreative Mischung verschiedenster japanischer und westlicher Stilelemente statt – vom post-apokalyptischen Setting über Western-Elemente bis hin zum Protagonisten, der selbst ein Nachfahre des Grafen Dracula zu sein scheint. Kakinouchi Narumis und Hirano Toshikis Mediamix-Serie

[12] Adaption der gleichnamigen Geschichte von Yokomizo Seishi in der bekannten Kindaichi Kōsuke Reihe (erschienen 1955) und damit eigentlich näher dem Mystery-Genre verwandt.

Vanpaia miyu („Miyu der Vampir", seit 1998) stellt die Protagonistin als Tochter eines Dämons (*Shinma*) und einer Menschenfrau dar und siedelt die Handlung an als sehr „japanisch" empfunden Orten wie z. B. einem Shintō-Schrein an. Auch Miyus Kostüm macht die intendierte Japanisierung des Vampirstoffes deutlich. Damit wird klar, dass es sich beim Vampir-Genre in Japan stets um ein hybrides Konstrukt handelt. Der *kyūketsuki* kann als Staffage für verschiedenste Genres dienen und die genannten Werken vereinen Elemente aus Mystery, Horror, Science Fiction und Fantasy.

Ono musste in ihrem Roman eigene Rahmenbedingungen für ihre Vampirgestalt schaffen, da Japan zunächst als Ort für einen aus dem Grab auferstehenden Leichnam wenig passend erscheint. Die weit verbreitete und buddhistisch tradierte Einäscherung von Leichen bietet wenig Spielraum für die körperlich auferstandenen lebenden Toten und erfordert eine zusätzliche Erklärung, wie es zu dem Phänomen kommen kann. Die geringe Verbreitung des Vampir-Mythos wird berücksichtigt, indem die Ortsansässigen, verglichen mit den Figuren bei King, weit länger skeptisch und unschlüssig gegenüber den Ereignissen bleiben. Auch die lebenden Toten selbst, im Roman sowohl als *okiagari* („die Auferstandenen") wie auch als *shiki* bezeichnet, leiden darunter, dass sie sich schwer in gängige Kategorien einordnen lassen. So kommentiert das Vampirmädchen Sunako, dass sie sich zu Beginn ihrer Existenz nicht bewusst gewesen sei, welcher Gattung sie angehöre, und daher in eine Krise verfallen sei (vgl. Ono 2002 a: 89). Sie findet jedoch an dem Begriff *shiki*, den Muroi in einem seiner Romane nutzt, Gefallen und beginnt ihn als Selbstbezeichnung zu nutzen. Im Vergleich zu Kings Geschichte spielt Ono hier intertextuell und intermedial mit der Funktion und der Verbreitung des Vampirs als mythologische Figur. In einem japanischen Erzählrahmen funktioniert ein europäisch verwurzelter Charakter anders als in seinem ursprünglichen Umfeld, und genau dieses Umstandes scheint sich Ono bewusst zu sein. Die Autorin ist zudem mit einem vollkommen anderen Publikum konfrontiert, das den Vampir als Figur zwar kennt, ihn aber nicht als Element der eigenen Kultur und damit nicht als immanente, sprich direkte, Bedrohung wahrnimmt. Ono versucht daher, auf der Grundlage von Kings Übertragung des Vampirmythos in die Moderne, die Figur des Vampirs in eine für diese Figur eigentlich fremde Kultur einzubinden.

Wie auch *'Salem's Lot* thematisiert Ono die gegenwärtigen Probleme ihres soziokulturellen Umfeldes und wie King greift auch sie auf mediale Vorbilder zurück, die ihr geläufig sind. Doch statt Bram Stokers *Dracula* nutzt sie Kings Neudefinition der Vampirlegende als Grundlage für ihren Roman, und statt Horror-Comics nutzt sie eindeutig Elemente der japanischen Popkultur und des Manga. Doch für die Frage, inwiefern Ono in ihrem Roman die Grenzen von Genre und national verankerter Literatur überschreitet, müssen die Rückbezüge auf Kings Roman und die Verbindungen zu diesem genauer untersucht werden.

4 Okkulte Totenmesse oder schleichende Apokalypse: Ein Vergleich von *'Salem's Lot* und *Shiki*

4.1 Vergleich zwischen Jerusalem's Lot und Sotoba

In *Shiki* wird uns in einer Buch-im-Buch Passage das Gefühl näher gebracht, welches das Dorf in seinen Bewohnern weckt. Der Roman *Shiki,* der in Onos Roman von dem Dorfpriester Muroi Seishin geschrieben wird, gewährt einen Einblick in seinen Charakter und seine Gedanken über sein eigenes Leben und liefert somit auch im übertragenen Sinne eine Bewertung des Lebens in Sotoba. Der Leser wird daher von Beginn an in eine bestimmte Richtung gelenkt:

> Alles in allem sind sie [Fichten] sehr simple Bäume. Und doch war es dieses unschuldige Fichtenwäldchen, das dieses Dorf im Tod gefangen hielt. Es war die Grenze des Dorfes, die Schwelle zwischen hier und dort, und dieser Forst lag nicht im Diesseits, sondern im Jenseits. (Ono 2002 a: 7)

Mit diesem Fokus auf den Fichtenwald als Schwelle zwischen Leben und Tod wird der Bezug zu Kings Roman deutlich. Die Fichten, die in Onos Roman eine Grenze markieren, haben auch in *'Salem's Lot* einen besonderen Standort und eine markierende Funktion:

> The trees, mostly pine and spruce, rose in gentle slopes toward the east, seeming to almost crowd against the sky at the limit of vision. From here the town was not visible. Only the trees, and in the distance, where those trees rose against the sky, the peaked, gabled roof of the Marsten House. (King 2007: 22)

So beschreibt Kings Hauptfigur den unheimlichen Anblick, der ihn bei seiner Ankunft in Jerusalem's Lot beinahe zur Umkehr zwingt. Das Marsten House, das als Unterschlupf für die Vampire dient, wird in Kings Roman als ein Ort des Todes bezeichnet[13] und wird durch die Mauer aus Bäumen – auch zu einem Großteil Fichten – vom restlichen Ort abgegrenzt. Auch in Onos Roman befindet sich das zentrale Versteck der Vampire, das Kanemasa-Anwesen, mitten im Fichtenwald. Ein zentraler Unterschied ist, dass wir bei King und Ono zwei verschiedene Gegenüberstellungen vorfinden. Während in *'Salem's Lot* das einfache Kleinstadtleben mit dem dekadenten, aber verfallenen Anwesen kontrastiert wird, wird in *Shiki* zwischen der scheinbaren Übersichtlichkeit des Dorfes und der Undurchdringbarkeit des Waldes differenziert – das Kanemasa-Anwesen wird stets als Fremdkörper wahrgenommen und seine Funktion in Frage gestellt. Obwohl diese Konzepte zunächst ähnlich erscheinen – und der Adaptionsprozess, der Ono Fuyumis Schreiben zu Grunde liegt, klar erkennbar ist – sind sie doch in ihrer metaphorischen Funktion grundlegend unterschiedlich. Bei King haftet das Böse dem Haus selbst an, das Gier und Selbstsucht widerzuspiegeln scheint – womit ein Bezug zur Kritik der damit verbundenen Dekadenz hergestellt wird, die Kings Roman zu Grunde liegt. In Onos Roman geht es dagegen stärker um eine Psychologisierung des Waldes, mit dem Anwesen als Zentrum dieses unbekannten Raumes, und um seine Funktion für das Dorf:

> Diese ewig dem Verderben entgegen steuernden Bäume wachsen für die Toten, verwurzelt im Körper der Berge, die das Dorf umschließen. Die Dorfbewohner nutzen die Fichten eifrig, um die Grabtafeln, die Sotoba, herzustellen. Und nicht nur die, sondern auch Särge. Seit der Gründung dieses Dorfes gab es den Ritus, Dinge für die Toten herzustellen. So wurde der Fichtenwald zum Reich der Toten und die Fichten selbst zum Mahnmal des Todes. In diesem Dorf werden auch jetzt noch Ganzkörper-Bestattungen durchgeführt. (Ono 2002 a: 8)

Den Wald in *Shiki* kann man – in seiner Funktion als Friedhof – auch als Symbol für das Verhalten der Dorfbewohner sehen, die ihre Probleme und Missetaten verdrängen, also symbolisch begraben. Zusätzlich betont wird dies durch den Glauben, der um die Bestattungsriten Sotobas herum konstruiert ist:

[13] Der Vorbesitzer des Hauses brachte seine Frau und sich auf brutale Weise um. Die Hauptfigur, Ben Mears, ist überzeugt, in seiner Kindheit dort auf dessen Geist getroffen zu sein (vgl. King 2007).

> Jeder Bewohner besitzt in den Bergen eine eigene Grabstätte, wo einst sein Leichnam bestattet werden wird. Grabsteine gibt es keine. Lediglich die hölzernen Grabtafeln zeigen, dass dies der Ort der Toten ist. Auf der Totenfeier zum dreiunddreißigsten Jahrestag wird die Grabtafel entfernt und eine Fichte gepflanzt. Vergisst man dies jedoch, so kehrt der Tote zurück und geht in den Bergen um, jedweder Menschlichkeit beraubt. Dieses stille Wäldchen voller Fichten, die sich für Menschen opfern, ist wahrlich das Land der Toten. (Ono 2002 a: 8)

Die Rückkehr der Toten ist nicht lediglich ein Genre-Element des Horror-Romans und eine Übernahme von Kings Vampiren, sondern kann durchaus als Metapher für die Angst vor einer verdrängten Vergangenheit oder der Furcht vor der Rückkehr einer beseitigten Gefahr gelesen werden.

Gleichzeitig hat der Friedhof hier eine vollkommen andere Funktion als bei King. Während in den USA die Sargbestattung üblich ist, erscheint sie in Japan als etwas Besonderes und verdeutlicht im Falle von *Shiki* überdies eine besonders enge Verbindung der Bewohner Sotobas mit dem Land, auf dem sich ihr Dorf befindet. Hier spiegelt sich eine Problematik wider, die sich in Japan besonders seit den 1990er Jahren herausgebildet hat: Der Konflikt zwischen der Verbundenheit zum Heimatort und der Notwendigkeit, diesen zu verlassen, um nicht dem finanziellen und gesellschaftlichen Tod – im Roman symbolisiert durch die *shiki* – anheim zu fallen. In *'Salem's Lot* dagegen wird ein Ungleichgewicht der Kräfte thematisiert, wie es im Amerika der 1970er zwischen Oberschicht und Unterschicht herrschte. Dieses Ungleichgewicht wird verbildlicht durch das ebene Jerusalem's Lot und das auf einem Hügel gelegene Marsten House. In *Shiki* jedoch liegt der Fokus nicht auf Dichotomien, sondern auf dem Zwischenraum, in dem sich jeder Mensch zwischen den Extremen hin und her bewegt. Dadurch wird deutlich, dass Ono Fuyumis Geschichte auf eine tief sitzende Unsicherheit und auf einen Mangel an philosophischen, gesellschaftlichen oder moralischen Ankerpunkten verweist. Diese Unsicherheit trat im Japan der 1990er Jahre durch strukturelle Veränderungen von sozialen und wirtschaftlichen Gegebenheiten zu Tage.

Das Kanemasa-Anwesen fungiert lediglich als Sammelpunkt der Gruppe der *shiki*, ist aber nicht das Zentrum der Bedrohung, den das Marsten House in *'Sa-*

lem's Lot darstellt. Während in Kings Roman also eine gezielte Übernahme von oben durch eine Kontrollinstanz stattfindet, ereignen sich in Onos Erzählung – besonders in Hinblick auf den brutalen Angriff der Dorfbewohner gegen die Untoten – Aggressionen aus beiden Richtungen. In Kings Werk findet sich eindeutig eine hierarchische Beziehung zwischen dem Marsten-Haus und dem Rest der Kleinstadt. Das Marsten-Haus ist durch seine eindrucksvolle Architektur als Wohnort für die Oberschicht gekennzeichnet und setzt sich so schon auf sozialer Ebene vom Rest der Stadt ab. Darüber hinaus ernähren sich die in der Erzählung dort wohnenden Vampire von den Bewohnern der Stadt, wodurch sie sich diese Bewohner parasitär zu Nutze machen. In *Shiki* hingegen ist das Kanemasa-Anwesen durch seine Positionierung im Bergwald nicht Teil des Dorfes. Dies kann als eine Anlehnung an die klassische, mythologisch begründete Klassifizierung der Bergregion als „Sphäre der Götter" (vgl. Hori 1974: 148–167) gesehen werden, die sich unter anderem daran erkennen lässt, dass Shintō-Schreine in Japan häufig an Berghängen zu finden sind. Das Kanemasa-Anwesen ist damit in der Erzählung grundsätzlich als ein ambivalentes Element angelegt. Die Kontrollangst, die *'Salem's Lot* dominierte, wird ersetzt durch einen Kampf um Lebensraum zwischen den Parteien der Lebenden und der Toten, ohne dass die Parteien eindeutig moralisch bewertet werden.

4.2 Ben Mears und Ōzaki Toshio: Die Vampirjäger

In *'Salem's Lot* ist der Protagonist Ben Mears ein erfolgreicher Schriftsteller, der in seinen Heimatort zurückkehrt und eher zufällig Teilnehmer an den Geschehnissen wird. Gerade durch seine Funktion als Außenseiter, ohne direkte emotionale Bindungen, ist es ihm möglich, den Kampf aufzunehmen. Den Antagonisten scheint zunächst die Möglichkeit zu fehlen, direkte Kontrolle über ihn zu erlangen. Der Protagonist in *Shiki* ist dagegen weitaus schwieriger zu bestimmen. Wie der Anfang von Kings Roman ist Onos Geschichte von ständigen Perspektivenwechseln geprägt. Dadurch kann man nicht von einem zentralen Protagonisten sprechen, jedoch übernimmt Ōzaki Toshio eine ähnliche Funktion wie Ben Mears in Kings Roman. Ōzaki ist ein junger Arzt, wie Mears in den Dreißigern, der den direkten Kontakt zu seinen Patienten in der Umgebung des

Dorfes schätzt. Als Arzt wird er zum Vertreter einer rationalen, wissenschaftlichen Vorgehensweise und er versucht, die Bedrohung, die Sotoba heimsucht, zu definieren. Schließlich erbringt Ōzaki den Beweis, dass die Verursacher der Todesfälle die vampirähnlichen *shiki* sind.

Auch wenn die beiden Charaktere auf den ersten Blick unterschiedlich erscheinen, so nehmen sie in der Erzählung eine vergleichbare Funktion ein. Zunächst jeweils als Skeptiker eingeführt, bemühen sie sich rastlos darum, die Wahrheit ans Tageslicht zu bringen. Sie sind es auch, die die Ortsansässigen mobilisieren und den Gegenangriff gegen die Vampire organisieren. Wie im Falle des Settings übernimmt Ono auch hier von King nur die narrative Funktion und die Charakterisierung, steuert jedoch die Auswirkungen der Ereigniskette in eine ganz andere Richtung. In *Shiki* ergeben sich aus Ōzakis Handlungen weitaus negativere Folgen, und die Figur wirkt dadurch wie eine Antithese zu Kings doch sehr heldenhaftem Ben Mears. Dies könnte man als einen Verweis Onos auf den gesteigerten Pessimismus im Japan der 1990er verstehen; die Vorstellung einer einzelnen Heldenfigur, die, auf sich selbst gestellt, die Rettung der Welt herbeiführen kann, erscheint nun nicht mehr zutreffend.

Zentral ist in beiden Romanen die Funktion der Charaktere als Vampirjäger. Obwohl Ben Mears nicht in der Lage ist, alle Ortsansässigen zu retten, wird ihm doch keine direkte Schuld an deren Tod angerechnet. Er ist vielmehr der unschuldige Held, der zur Tötung seiner Geliebten gezwungen wird. King beschreibt seinen Zustand wie folgt:

> It was done. […] He fled. He stumbled going up the stairs, fell and crawled towards the light at the top. Childhood horror and adult horror had merged. […] He screamed once, miserably. (King 2007: 475)

Es ist ein Moment des Kontrollverlusts, und gleichzeitig der auslösende Moment, der den Entschluss zum Kampf gegen den Vampiranführer Barlow erst wirklich hervorbringt. Onos Ōzaki hingegen wird in eine vollkommen andere Situation gebracht. Im Moment der Erkenntnis, dass es sich um eine Vampirinvasion handelt, nutzt er den Tod seiner Verlobten Kyōko – und deren darauf folgende Verwandlung in einen *shiki* – dazu, die physiologischen Merkmale der Untoten und ihre Schwachpunkte genauer zu untersuchen. Dies gibt ihm viel mehr als Mears die Möglichkeit, den Gegenschlag zu planen; dieses Handeln beschreibt ihn aber auch als rücksichtsloseren Menschen. Er schiebt seine moralischen Grundsätze beiseite für ein vermeintlich höheres Ziel, was ihn zugleich als weit weniger heldenhaft kennzeichnet.

Auch im Ergebnis des Kampfes gegen die Vampire spiegelt sich dieser neue Pessimismus wider. Während Mears die Flucht aus dem Kontrollgriff des Übernatürlichen durch die Flucht aus den USA gelingt, steht Ōzaki letztendlich vor einer Katastrophe, die er selbst mit zu verantworten hat. Sein übersteigertes Verantwortungsgefühl erzeugt in ihm gleichzeitig die Illusion, als Anführer einen kontrollierten Schlag gegen die Vampire ausführen zu können, was aber zu einem Massaker auf beiden Seiten führt.

Das Element der Kreativität, d. h. die Funktion des Protagonisten als Autor, taucht bei Ōzaki nicht auf und wurde stattdessen von Ono auf die Figur Muroi Seishin übertragen. Man könnte vermuten, dass dies darin begründet liegt, dass Ōzaki – in seiner Funktion als Arzt – lediglich die Heilung einer bereits vorhandenen Situation im Sinn hat, nicht aber die Schöpfung eines neuen Systems. So führen seine Versuche, die Vampir-Krankheit einzudämmen, zu einer Vernichtung beider Seiten, für die er sich selbst verantwortlich macht. Der Protagonist ist am Ende der Handlung gebrochen und sieht tatenlos der Flucht Murois und Sunakos aus Sotoba zu.

4.3 Vater Callahan und Muroi Seishin: Die verzweifelten Männer Gottes

Obwohl in Kings Werk ein starker Pessimismus gegenüber Glauben und Kirche zu spüren ist, wird das Religiöse doch nicht vollständig entmachtet. Callahans schwacher individueller Glaube ist schließlich der Grund für seine Niederlage, nicht die Schwäche des christlichen Glaubens an sich. Dies zeigt sich unter anderem in der weiterhin vorhandenen Wirkungsweise von heiligen Symbolen zur Abwehr der Vampire und in dem ungebrochenen Glauben der Hauptfiguren. Bis zum letzten Moment wehrt sich Callahan gegen die Vereinnahmung durch den Vampir und den Verlust seiner Menschlichkeit. Die Existenz als Untoter bedeutet für den Priester nicht nur den körperlichen, sondern auch den moralischen

Tod und den Zusammenbruch seines Weltbildes. Bei Ono hingegen findet der Konflikt auf einer anderen Ebene statt. Die Frage nach der Bösartigkeit der Untoten wird moralisch gestellt. Besonders deutlich wird dieser Aspekt durch die Figur des Autors und Dorfpriesters Muroi Seishin. In seinem „Roman im Roman“ thematisiert Muroi ein Gefühl des Ausgestoßen-Seins und setzt dieses in den Kontext der jüdisch-christlichen Erzählung von Kain und Abel:

> In diesem Niemandsland würde das Licht niemals eine Pflanze wachsen lassen. Es war so eisig, dass selbst die Luft zu gefrieren schien. Es gab nicht ein bisschen Wärme. Dieses Licht ließ die Härte dieses Landes nur noch deutlicher fühlbar werden und machte den Schatten … die tiefe Sünde für alles und jeden erkennbar. Ein Ausgestoßener […]. (Ono 2002 a: 27)

Ono lehnt sich hier deutlich an King an, der mit dem „Land Nod“ ebenfalls auf die Geschichte von Kain und Abel anspielt. Im Laufe der Erzählung wird erkennbar, dass Muroi in seinem Roman seine Wahrnehmung der Welt mit Hilfe einer biblischen Parabel nachzeichnet. Er versteht sich selbst – und damit den Protagonisten seines Romans – sowohl als Kain als auch als Abel; er musste seine Wünsche töten, um seine Aufgabe als Priester für Sotoba zu erfüllen. Er fühlt sich als Ausgestoßener in der menschlichen Gesellschaft, nachdem er erkannt hat, dass die Dorfbewohner bereits seinen Vater benutzten, um sich durch die Religion von ihren Sünden zu befreien und ihn dadurch an das verhasste Dorf ketteten. So erscheint ihm Kirishiki Sunako, die Anführerin der Vampire, nicht als Bedrohung, sondern vielmehr als mögliche Erlösung aus einem Leben, das er selbst nicht gewählt hat.

Seine widerwillige Annahme des Priesteramtes versteht er als symbolischen Selbstmord, durch den er sich selbst verraten und seine Menschlichkeit bereits verloren hat. Es wird deutlich, dass seine freiwilligen Blutspenden an Sunako eine Antwort auf die metaphorische „Blutspende“, die Selbstaufgabe seiner Familie zum Wohle Sotobas, darstellt. Er spendet sein Blut einem neuen Ziel, das er als sinnvoller betrachtet als den Erhalt der Dorfgemeinschaft. Seine Verwandlung in einen Vampir ist also eine Befreiung von gesellschaftlichen Fesseln sowie eine Abkehr von seiner religiösen Pflicht. Betrachtet man den Charakter Murois im Hinblick auf diesen Konflikt, so wird deutlich, dass er die Figur Vater Callahans in gewisser Weise fortsetzt. Während Callahan in einem sozio-historischen und kulturellen Kontext steht, in dem er erst aus seinem Paradies – seinem Glauben – vertrieben werden musste, hat Muroi diese illusorische Glaubenswelt – seine Hoffnungen – bereits hinter sich gelassen. Die Charaktere in Onos Roman befinden sich bereits zu Beginn in der Glaubenskrise, in die die Charaktere in Kings Roman erst im Verlauf der Handlung versetzt werden. Während Kings Vampire gezwungen sind, den Glauben und den Frieden in der Stadt erst zu zerstören, treffen Onos Vampire bereits auf einen Ort, der nur durch die Selbstaufgabe einiger weniger Personen vor der drohenden Zerstörung bewahrt werden kann. Dies schafft eine direkte Verbindung zu der Ansicht, die einige Künstler und Kunstkritiker in Bezug auf die Wirtschaftsblase und deren Platzen im Japan der 1990er äußerten: Die Sicherheit der japanischen Gesellschaft war nur eine künstlich geschaffene Illusion, die einer zu starken Herausforderung nicht standhalten konnte.

4.4 Kurt Barlow, Richard Straker und die Kirishiki-Familie: Die Vampire

> And behind him, looming over them, a white, grinning face like something out of a Frazetta painting, which split to reveal long, sharp fangs – and red, lurid eyes like furnace doors to hell. Barlow's hands flew out (Callahan had just time to see how long and sensitive those livid fingers were, like a concert pianist's) […]. (King 2007: 490)

So beschreibt King den Herrn der Vampire, Kurt Barlow, bei seinem ersten Auftritt. Die Fassade des umtriebigen Geschäftsmanns, mit der er und Richard Straker, sein Diener, in die Stadt kamen, wird direkt zerstört und durch das Bild eines Dämons ersetzt. Die erste Begegnung mit Kirishiki Sunako in *Shiki* hingegen fällt vollkommen anders aus:

> Kindlich verspielt legte sie ihren Kopf zur Seite. Das hortensienfarbene Kleidchen betonte ihre zarten Formen. Sie war vielleicht 12 oder 13 Jahre alt. Ihr langes Haar floss wie ein Strom in sanften Wellen ihre Schultern hinab. „Herr Muroi?“ Seishin nickte. Er kannte dieses Mädchen nicht. Sie wirkte nicht, als sei sie aus Sotoba, doch er verstand schnell, um wen es sich handelte. (Ono 2002 a: 434)

Das Unheimliche an Sunako ist nicht, wie bei Kurt Barlow, eine dämonische Macht, sondern das Ungewisse und Uneinschätzbare, das sie ausstrahlt. Ihre Erscheinung als unschuldiges Mädchen bildet einen deutlichen Kontrast zu der Macht, die sie zu besitzen scheint; durch diese Verbindung des Alltäglichen mit dem Übernatürlichen wird ein starker Verfremdungseffekt erzeugt, der den Leser an der Sicherheit des Alltags zweifeln lässt. Diese Angst vor der Ungewissheit, die mit einer Veränderung einhergeht, spiegelt sich im Roman auch im Plan der Vampire. Es geht nicht um die Übernahme der Welt durch das Böse, sondern um eine Veränderung der Welt hin zu einem neuen System. Sunakos Wunsch ist es, eine Zufluchtsstätte für Wesen wie sie zu erschaffen, die von der Gesellschaft ausgestoßen wurden. Dies führt jedoch zu einem Konflikt, da die Dorfbewohner diese Verwandlung ihrer Heimat in etwas anderes nicht wünschen. Statt eines Dialogs erfolgt hier ebenso wie in Kings Roman ein Kampf. Doch in Onos Geschichte sind die Vampire weitaus sympathischer und erfahren eine Entwicklung über die der reinen Antagonisten hinaus – das geht so weit, dass die Grenzen zwischen Gut und Böse vollkommen verschwimmen.

Auch dies kann als Ausdruck für die Umstände gesehen werden, in denen Ono diese Adaption schuf. Viele gesellschaftliche Gruppen befanden sich in einer gespaltenen Situation, sowohl der Wunsch nach Veränderung als auch der nach Bewahrung alter Werte waren gleichmäßig starke Einflüsse auf die gesellschaftliche Stimmung in Japan. Die Angst vor einem möglichen Schaden, den eine Veränderung (konkreter: die Verwandlung in einen Vampir) anrichten kann, wird auch innerhalb der Gruppe der *shiki* thematisiert. So spielt sich im letzten Drittel der Handlung folgende Diskussion zwischen Kirishiki Sunako und Mutō Tōru, einem Oberschüler, der zu den ersten Wiederauferstandenen zählt, ab:

> „Du leidest darunter, dass du ihn getötet hast, nicht wahr?" „Ist das nicht logisch?", sagte Tōru und blickte Sunako direkt in die Augen. „Ich kannte Natsuno. Wie könnt ihr alle dabei so ruhig bleiben? Das ist Mord!" Sunako lächelte. Es war ein Lächeln, das einen leichten Hauch von Trauer in sich trug. „Shiki jagen Menschen. Für die Menschen sind wir die Antagonisten. Aber man kann es nicht ändern, denn wenn wir sie nicht jagen, dann sterben wir." […]„Menschen jagen doch auch Lebewesen, oder? Sie leben weiter, indem sie anderes Leben nehmen. Es ist dasselbe. Es ist nur ein Akt der Lebenserhaltung". (Ono 2002 d: 338–339)

Auch die vermeintlichen Antagonisten sind also in Onos Roman an die zeitlichen und gesellschaftlichen Veränderungen angepasst. Sie sind sich der Richtigkeit ihres Zieles nicht mehr bewusst und versuchen lediglich, in einer Welt, die ihre Ziele verloren zu haben scheint, weiter zu existieren. Dies spiegelt den Zusammenbruch eines eindeutigen Wertesystems wider, der in den 1990er Jahren in Japan zu beobachten war, ausgelöst unter anderem durch Ereignisse wie den Anschlag der Aum-Sekte auf die U-Bahn in Tōkyō am 20. März 1995 und Fälle wie die von dem 14-jährigen Sakakibara Seito verübten Morde im Jahr 1997. Die Vorstellung einer übergeordneten gesellschaftlichen oder philosophischen Ordnung (nach Lyotard: *grand narrative*) brach endgültig zusammen und für das Individuum steht damit lediglich die Verfolgung individueller kleiner Ziele im Vordergrund. Diese Pluralität von Absichten, die von kleinen Gruppen und Einzelpersonen verfolgt werden, erzeugt zusätzlich ein Element von Ungewissheit und Instabilität, und anhaltende Werte können nur noch schwer verankert werden.

In diesem Kontext erhält auch Muroi Seishins Verwandlung in einen *shiki* im Finale von Onos Roman keine durchweg negative Prägung. Von dem dem Blutrausch verfallenen Dorfoberhaupt Ōgawa in die Enge getrieben, wird Sunako rückhaltlos mit Mordanschuldigungen und der Bezeichnung „menschenmordendes Ungeheuer" (Ono 2002 e: 439) konfrontiert. Sie ist hier jedoch nicht die negativ besetzte Person, war es doch Ōgawa, der im Kampf gegen die *shiki* immer mehr Gefallen am Töten gefunden hat. So wird Sunako, die körperlich weitaus Schwächere, in eine Opferrolle versetzt, und nur durch seine Verwandlung in einen Untoten ist es Muroi möglich, sie zu retten (vgl. Ono 2002 e: 434–441). Damit ist das offene Ende, bei dem Muroi Seishin und Kirishiki Sunako weiterleben und in die Nacht verschwinden, keineswegs vergleichbar mit dem Ende in Kings Version. Während Kings Erzählung weiterhin in der Ungewissheit verbleibt, ob wir Kontrolle über uns selbst erlangen können, und damit im übertragenen Sinne das Verhältnis zwischen Individuum und Staat im Ungewissen lässt, wird in Onos Geschichte ein hartes Urteil über beide Parteien gefällt: Sowohl die „Wahl-Familie" der Vampire, die eine neue Gesellschaftsordnung widerspiegelt, als auch die gewachsene Dorfgemeinschaft, die bewährte Lebensform der Vergangenheit, brechen unter dem Konflikt zusammen.

5 Fazit

Die Untersuchung hat gezeigt, dass Ono immer im Bewusstsein von Kings Roman schreibt, sich jedoch nicht damit zufrieden gibt, lediglich die Ereignisse an einem neuen Ort nachzuerzählen. Indem sie Aussage und Hintergrund des Werkes an einen neuen Ort transportiert, setzt sie beides auch in einen neuen Kontext. Ähnlich wie einige japanische Autoren der Vorkriegzeit und der populäre japanische Grusel-Roman der Nachkriegszeit (vgl. Kawana 2008: 21) verbindet Ono verschiedene Methoden internationaler Autoren mit einer japanischen Verortung. Dies führt zurück zu der Frage, wie man *Shiki* in seiner Funktion als Horror-Roman bewerten kann.

Miyabe merkt dazu an, dass in ihrem Roman zwar Stilmittel des amerikanisch beeinflussten Horror-Genres durchaus spürbar seien, sie jedoch zugleich bewusst nach etwas Unheimlichem gesucht habe, das der japanischen Umgebung und dem japanischen Alltag innewohnt (vgl. Miyabe in: Higashi et al 2003: 16). Es wird damit deutlich, dass es sich um japanische Literatur im Sinne der Erzählperspektive einer in Japan lebenden Autorin handelt. Es ist jedoch die Anpassung von bekannten Stilmitteln auf den sozialen und historischen Kontext Japans, die den Roman ausmacht, nicht der Umstand, dass dieses Werk eine genuin japanische Qualität besäße. Dies zeigt, dass Wirkung und Botschaft deutlich durch eine lokale Verankerung – in einen Kontext, der dem Leser nahe steht – beeinflusst und begünstigt werden. Es zeigt aber auch, dass Genre-Literatur nicht einem national zu verortenden Kanon angehört, sondern Teil einer Literatur ist, die sich im transkulturellen Austausch entwickelt.

Wie Ono Fuyumi durch ihre Adaption unter Beweis stellt, ist eine Narration nicht an Einflüsse aus ihrem lokalen, nationalen und sprachlichen Ursprungsbereich gebunden und aus ihrem ursprünglichen gesellschaftlichen, kulturellen und zeitlichen Kontext herauslösbar.

Shiki zeigt zugleich, genau wie Kings Roman, dass länderspezifische zeitgeschichtliche Prozesse wichtig für die Entwicklung und Wirkung der Bedeutungsebene eines Romans sind. In diesem Sinne ist Onos Roman zwar eindeutig transkulturell, entfaltet einige Bedeutungsebenen aber deutlich als ein in einem japanischen Kontext geschriebener Roman. Ono füllte das Grundgerüst eines bekannten Romans mit einer eigenen, neuen Bedeutung, die dennoch den Bezug zum amerikanischen Horror-Roman spürbar bleiben lässt.

Dadurch wird deutlich, dass eine kreative Revolution, wie man sie sich auch in den frühen 2000ern in den USA durch den Import von asiatischen Horror- und Mystery-Erzählungen erhoffte, durchaus möglich ist. Durch das Zulassen und Anerkennen neuer Elemente aus einem internationalen „Genre-Ideenpool" steigt auch die Möglichkeit für neue kreative Kombinationen, die, wie in Onos Fall, zwar zunächst ihrer ursprünglichen Bedeutung entleert werden müssen, aber dann frei einsetzbar sind.

In diesem Kontext wäre es sehr interessant zu beobachten, inwieweit der Re-Import solcher Ideen, die bereits eine Wanderung vom Westen nach Japan hinter sich haben, einen Einfluss auf die westliche Kulturindustrie haben könnte. Im Zuge des Vampir-Booms, der auf die Filme der *Twilight*-Reihe folgte, wurden auch vermehrt Vampirgeschichten aus Japan importiert – sei es nun in Form von Manga, Anime oder anderen populärkulturellen Medien –, die wiederum Einfluss auf westliche Künstler ausübten. Das Beispiel der „japanischen Vampire" zeigt, wie sich durch die immer stärkere Vernetzung von Alltag, Medien und Kommunikation auch ein immer schnellerer globaler Ideen-Austausch ergeben kann.

Literatur

Ackermann, Hans-W.; Jeanine Gauthier (1991): „The Ways and Nature of the Zombie". In: *The Journal of American Folklore* Vol.104 No.414. Ohio: American Folklore Society, S. 466–494.

Azuma Hiroki (2001): *Dōbutsuka suru posutomodan: otaku kara mita nihon shakai* [„Die animalisierende Postmoderne: Die japanische Gesellschaft aus der Sicht der Otaku"]. Tokyo: Kodansha.

Cassegard, Carl (2010): „Japan's lost decade and its two recovieries: On Sawaragi Noi, Japanese Neo-pop and anti-war activism". In: Cornyetz, Nina & J. Keith Vincent (Hg.)

(2010): *Perversion and Modern Japan: Psychoanalysis, literature, culture*, New York: Routledge.

Christie, Deborah (2011): „A Dead New World: Richard Matheson and the Modern Zombie". In: Christie, Deborah; Lauro, Sarah Juliet (Hg.) (2011): *Better Off Dead: The Evolution of the Zombie as Post-human*. New York: Fordham University Press, S. 67–80.

Dale, Peter (2011): *Myth of Japanese Uniqueness*. London: Routledge.

Davis, Jonathan P. (2009): „The Struggle for Personal Morality in America". In: Bloom, Harold (Hg.) (2009): *Stephen King*. New York: Infobase Publishing.

Edogawa, Ranpo (1954): *Geineijō* [„Schloss der Illusionen"]. Tokyo: Iwatani Shoten.

Frayling, Christopher (1992): *Vampyres: Lord Byron to Count Dracula*. London: Faber & Faber.

Gebhardt, Lisette (2001): „Report from a research on the ‚intellectual *ikai*' of contemporary Japan", http://www.japanologie.uni-frankfurt.de/japlehre/geb/intelikai.html [30.11.2011].

Heldreth, Leonard G.; Pharr, Mary (1999): *The blood is the life. Vampires in literature*. Bowling Green, Ohio: Bowling Green State University Popular Press.

Higashi, Masao et al. (2006): *Horā japanesuku dokuhon* [„Horror Japanesque Reader"]. Tōkyō: Futabasha.

Hobsbawm, Eric J. (1994): *The age of extremes: a history of the world, 1914–1991*. Michigan: Pantheon Books.

Hoppenstand, Gary; Ray Broadus Browne (1987): *The Gothic World of Stephen King: Landscape of Nightmares*. Wisconsin: Popular Press.

Hori, Ichiro (1974): *Folk Religion in Japan: Continuity and Change*. Chicago: The University of Chicago Press.

Ivy, Marilyn (1995): *Discourses of the Vanishing: Modernity, Phantasm, Japan*. Chicago: The University of Chicago Press.

Joshi, S. T. (2011): *Encyclopedia of the Vampire: The Living Dead in Myth, Legend, and Popular Culture*. Santa Barbara: ABC-CLIO.

Kakinouchi, Narumi (1998): *Kakinouchi Narumi Irasuto-shū* [„Kakinouchi Narumi Illustrationen. Sammelband"] (2000) 3. Auflage. Tokyo: Akita Shoten.

Karan, P.P. (2005): *Japan in the 21st Century: Environment, Economy, and Society*. Lexington: University of Kentucky Press.

Kawana, Sari (2008): *Murder most modern*. Minnesota: University of Minessota Press.

King, Stephen (1975): *'Salem's Lot*. 1st. Garden City, N.Y: Doubleday.

King, Stephen (1983): *Norowareta machi* [„Die verfluchte Stadt"]. Tōkyō: Shūeisha.

King, Stephen (2007): *'Salem's lot*. Illustrated edition. London: Hodder.

Lyotard, Jean-Francois (1979): *The Postmodern Condition: A Report on Knowledge*. Minneapolis: University of Minnesota Press.

Magistrale, Tony (2009): „Toward Defining an American Gothic: Stephen King and the Romance Tradition“. In: Bloom, Harold (Hg.) (2009): *Stephen King*. New York: Infobase Publishing.

Marigny, Jean (1993): *Vampires: The World of the Undead*. London: Thames & Hudson.

McGray, Douglas (2002): „Japan's Gross National Cool“, http://www.douglasmcgray.com/grossnationalcool.pdf [30.11.2011].

McNally, Raymond T. (1994). *In Search of Dracula: The History of Dracula and Vampires*. Boston: Houghton Mifflin Harcourt.

Ministerium für Wirtschaft, Handel und Industrie (2012): *kūru japan/ kurieitibu sangyō-seisaku* (Cool Japan/ Kreativindustrie Strategie). http://www.meti.go.jp/policy/mono_info_service/mono/creative/ [15.12.2012].

Mizuta-Lippit, Noriko (2002): „Poe in Japan“. In: Vines, Lois Davis (Hg.) (2002): *Poe Abroad: Influence Reputation Affinities*. Iowa: University of Iowa Press.

Nye, Joseph (1990): „Soft Power“, http://faculty.maxwell.syr.edu/rdenever/PPA-730-27/Nye\\\%201990.pdf [30.11.2011].

Ono, Fuyumi (2002 a): *Shiki ichi* [„Leichendämon 1“]. Tōkyō: Shinchōsha.

Ono, Fuyumi (2002 b): *Shiki ni* [„Leichendämon 2“]. Tōkyō: Shinchōsha.

Ono, Fuyumi (2002 c): *Shiki san* [„Leichendämon 3“]. Tōkyō: Shinchōsha.

Ono, Fuyumi (2002 d): *Shiki shi* [„Leichendämon 4“]. Tōkyō: Shinchōsha.

Ono, Fuyumi (2002 e): *Shiki go* [„Leichendämon 5“]. Tōkyō: Shinchōsha.

Pütz, Susanne (1992). *Vampire und ihre Opfer: Der Blutsauger als literarische Figur*. Bielefeld: Aisthesis.

Said, Edward (2000): *Orientalism*. New York: Vintage Books.

Saxonhouse, Gary; Stern, Robert (2004): *Japan's Lost Decade: Origins, Consequences and Prospects for Recovery*. New York: John Wiley & Sons.

Setogawa Takeshi (1999): *Yoake no suima – kaigai misuteri no atarashii nami* (Schläfrigkeit am Tagesanbruch – Die neue Welle ausländischer Mystery). Tokyo: Tsogen.

Strengell, Heidi (2006) *Dissecting Stephen King: From Gothic to Literary Naturalism*. Wisconsin: Popular Press.

Filmographie

Ashida, Toyoo; Kikuchi, Hideyuki (1985, c1999): *Vampire hunter D*. English dubbed. [Los Angeles, Calif.]: Urban Vision [distributor].

Hajime, Sato (1979): *Kyūketsuki dorakyura kōbe ni arawaru: akuma wa onna o utsukushiku suru* [„Der Vampir Dracula erscheint in Kobe: Der Dämon macht Frauen schön“]. Japan: TV Asahi.

Nakagawa, Nobuo; Ikebe, Ryo; Kuji, Asami (1956): *Kyūketsu-ga* [„Die Vampir-Motte“]. Japan: Tōhō.

Shindō Kaneto; Nakamura, Kichiemon; Otowa, Nobuko; Satō, Kei; Tōra, Rokko; Taichi, Kiwako et al. (2011): Kuroneko [*Yabu no naka no kuroneko*]. DVD special. [New York]: Criterion Collection.

Kokkuri-san trifft Bloody Mary: Unheimliche folkloristische Praktiken als transkulturelles Motiv

Katharina Hülsmann

1 Einleitung

Ein geisterhafter Anhalter am Straßenrand, ein Wendigo[1] aus den Tiefen des Waldes, ein gruseliger Clown, der einem Kind von der Kirmes nach Hause folgt – in der ersten Staffel der seit 2005 ausgestrahlten amerikanischen TV-Serie *Supernatural* bekämpfen die beiden Protagonisten, die Brüder Sam und Dean Winchester, jede Folge ein anderes übernatürliches Wesen. Jede Folge führt den Zuschauer zu einem anderen kleinen Ort im zumeist ländlichen US-Amerika, der dann Schauplatz von nahezu kriminologischen Ermittlungen und schließlich der Beseitigung von übernatürlichen Wesen wird.

Mit diesem Spannungsbogen lehnt sich die Serie nicht nur an das Krimi-Genre an, sondern sie ähnelt zudem sehr stark einem Mystery-Meilenstein der 1990er, den *X-Files* („Akte X"). Die Serie handelte von dem Agentenduo Dana Scully und Fox Mulder und lief in den USA von 1993 bis 2002. *Supernatural* teilt sich mit den *X-Files* einen großen Teil des Produktionsteams, die düstere Ästhetik und das Aufgreifen von Elementen aus dem Volksglauben (vgl. Tosenberger 2010: 1.10). Damit knüpft die Serie *Supernatural* an die Popularität dieser Thematiken bei einem bereits existierenden Zielpublikum an. Eric Kripke, Erfinder der Serie, betont: „I have always been obsessed with urban legends and American folklore" (Supernatural Season 1, Making Of 2008: 01:01). Hier wird also bewusst betont, dass die TV-Serie sich stark auf den amerikanischen Volksglauben bezieht.

Da *Supernatural* aber eine beachtlich große internationale Fangemeinde begeistern konnte und in Japan sogar (als erste US-amerikanische TV-Serie über-

[1] Ein übernatürliches Wesen aus dem Volksglauben der Anishinabe (indigene Völker in Nordamerika). Der Legende nach wird ein Mensch durch Kannibalismus zum Wendigo und muss daraufhin auch weiter zwanghaft Menschenfleisch essen. Außerdem ist der Wendigo als Fabelwesen mittlerweile ein oft verwendetes Motiv in der Populärkultur geworden.

haupt) als Anime adaptiert wurde, ist davon auszugehen, dass die Motive, die in *Supernatural* verarbeitet werden, auch für ein Publikum verständlich sind, das nicht mit amerikanischen Volkserzählungen vertraut ist. Welche Gemeinsamkeiten in Volkserzählungen unterschiedlicher Kulturen eine derartige Resonanz möglich machen, ist eine zentrale Fragestellung dieses Aufsatzes, die ich beispielhaft anhand der Rezeption der Serie *Supernatural* in Japan untersuche.

Ich konzentriere mich dabei auf das Motiv der „Bloody Mary“, das in der fünften Folge der ersten Staffel der TV-Serie auftaucht. Meine Analyse geht über ein bloßes „motif spotting“ (Koven 2008: 3) hinaus, indem ich die Funktion dieser modernen Sage (*urban legend*) für die Handlung der Episode aufzeige und darlege, auf welche filmischen Vorbilder sich die Macher der Serie stützen. In meine Argumentation bringe ich auch Ergebnisse einer qualitativen Rezeptionsstudie zu *Supernatural* ein, die ich 2012 in Japan durchgeführt habe.[2] Ich befragte meine Interviewpartnerinnen zu Ähnlichkeiten zwischen dem „Bloody Mary“-Motiv und der in Japan verbreiteten Geschichte von „Hanako-san“[3], dem Geistermädchen von der Schultoilette. Ein weiteres Beispiel, das auffallend oft von den Interviewpartnerinnen selbst ins Gespräch eingebracht wurde, ist das Spiel *kokkuri-san*, das in seiner ursprünglichen Form vom amerikanischen Spiritismus des 19. Jahrhunderts beeinflusst wurde und in seiner heutigen Form ähnlich wie das amerikanische Ouija-Brett[4] gespielt wird (vgl. Foster 2006: 251, 258).

In meinem Aufsatz behandele ich die Darstellungsweise und Funktion der Bloody-Mary-Erzählung in der TV-Serie. Es wird deutlich, dass die Gestaltung sich an das in den 2000er Jahren vom Westen sehr stark rezipierte und adaptierte Genre des *J-Horror* (japanischer Horror) anlehnt. Dabei ist wichtig zu beachten,

---

2 Bei meiner Studie habe ich fünf jungen japanischen Frauen jeweils einige Ausschnitte aus verschiedenen *Supernatural*-Episoden gezeigt (darunter auch die „Bloody Mary“-Episode) und anhand eines Leitfadeninterviews zu verschiedenen Aspekten befragt. Die hier im Fokus stehenden Segmente umfassen Fragen zu Legenden aus dem Volksglauben, wie „Hanako-san“ und *kokkuri-san*.

3 Ein verbreitetes Spiel unter japanischen Kindern, bei dem an eine Toilettenkabinentür in der Mädchentoilette geklopft wird, um eine Antwort von einem Geist namens Hanako-san zu erhalten.

4 Ein Brett, das üblicherweise mit dem Alphabet, sowie Zahlen und den Antwortmöglichkeiten „Ja“ und „Nein“ versehen ist. Es wird heute kommerziell hergestellt und verkauft, etwa von Spielzeugherstellern wie *Hasbro*.

dass es sich bei den Stilmitteln des *J-Horror* zumeist nicht um ‚ureigene' japanische Kreationen handelt, sondern die Gestaltung dieser Filme bereits stark von westlichen Horrorfilmen beeinflusst wurde (vgl. Scherer 2011: 226 u. Beitrag hier im Band).

Um die Funktion der Bloody-Mary-Erzählung innerhalb der Folge zu erfassen, orientiere ich mich an Kovens Konzept der Ostension[5], das auch schon Tosenberger in einem Artikel von 2010 auf *Supernatural* anwendet und dadurch verdeutlicht, wie in dieser Serie moderne Sagen *performt* (d. h. aufgeführt) werden, anstatt sie lediglich zu erzählen (vgl. Tosenberger 2010: 3.2). Das Konzept der Ostension ist deswegen besonders interessant für diese Arbeit, da es umschreibt, wie Medien den Zuschauer zu einem „ostensive play" einladen, einem spielerischen Akt, der es ermöglicht, folkloristische Erzählungen selbst zu erfahren (vgl. Tosenberger 2010: 3.1).

Auch dem japanischen Publikum von *Supernatural* sind derartige Praktiken des *ostensive play* nicht unbekannt, wie ich in einem Kapitel über das Spiel *kokkuri-san* verdeutliche. Nach einer kurzen historischen Einordnung, die *kokkuri-san* als eine vom Westen beeinflusste Praktik verortet, soll hier auf die Ähnlichkeit der Motive von Bloody Mary und *kokkuri-san* eingegangen werden. Die Parallelen, die sich hier feststellen lassen, ermöglichen japanischen ZuschauerInnen einen einfachen Zugang zu dieser Episode von *Supernatural.*

Mein Artikel wird zeigen, dass die Benutzung von spezifisch amerikanischen *urban legends* in *Supernatural* auch bei einem „kulturell fremden" Publikum auf fruchtbaren assoziativen Boden fällt. Einerseits ist dies durch die Darstellungsweise zu begründen, da diese sich an bereits existierende Horrorfilme (ein hybrides Genre an sich, vgl. van Bebber 2011: 19) anlehnt. Andererseits wird dies dadurch ermöglicht, dass moderne Sagen und Praktiken des Volksglaubens häufig nicht regional begrenzt sind, sondern als transkulturelle Mischformen auftreten, wie das Beispiel *kokkuri-san* verdeutlicht. Zudem werden moderne Sagen in *Supernatural* in einer Weise dargestellt, die einen Bezug zum Alltagsleben des Zielpublikums herstellt – moderne Sagen und folkloristische Spielpraktiken sind

---

5 Der englische Begriff *ostension* hat im Deutschen keine direkte Entsprechung. Gemeint ist in diesem Fall die anschauliche Darbietung von folkloristischen Praktiken als Handlungselement in Populärkultur. Mehr dazu in Kapitel 2.3.

besonders durch ihre populärkulturellen Reflexionen ein wichtiger Bestandteil der Jugendkultur, wie die dieser Arbeit zugrunde liegende Rezeptionsstudie verdeutlicht.

2 Bloody Mary in *Supernatural*

2.1 Bloody Mary als moderne Sage aus dem amerikanischen Volksglauben

Es gibt viele verschiedene Versionen der Erzählung von Bloody Mary, auch bekannt als „Mary Wolf", „Mary Worth" oder „Mary Whales". Die meisten dieser Geschichten haben gemeinsam, dass derjenige, der Mary herbeirufen will, dies vor einem Spiegel in einem abgedunkelten Badezimmer tut. Details, etwa wie oft man ihren Namen ausruft, ob man eine Kerze dabei in der Hand hält, oder was geschieht, wenn sie erscheint, variieren (vgl. Tucker 2005: 186, 187). Diese folkloristische Praktik ist in den USA als Initiationsritus sehr weit verbreitet. Elizabeth Tucker führte von 1999 bis 2003 eine Untersuchung an der Binghamton Universität in New York durch, bei der sie erzählte Geschichten ihrer Studierenden sammelte und diese unter psychoanalytischen Gesichtspunkten betrachtete. Sie kommt zu dem Schluss, dass die Studierenden durch dieses „ostensive play" – also das Erleben von Geschichten – ein komplexeres Verständnis ihres Selbst erlangen (vgl. Tucker 2005: 199).

Auch über das Internet verbreiten sich ähnliche Spiele, etwa durch ein populäres Posting auf dem Forum *Reddit* aus dem Jahr 2012, das unter dem Titel „The Three Kings" eine elaborierte Anleitung für ein Spiel lieferte, bei dem ebenfalls Spiegel zum Einsatz kommen. Der Spieler braucht hierzu eine Reihe von Gegenständen, wie Kerzen, eine Tasse mit Wasser sowie Spiegel, die in einer genau beschriebenen Weise angeordnet werden müssen. Der Anleitung nach muss der Spieler mitten in der Nacht aufstehen und sich dann vor die vorher angeordneten Spiegel setzen, was zu einer ähnlichen „Versuchsanordnung" führt wie bei der traditionellen Bloody-Mary-Praktik: Der Spielende befindet sich mit einer Kerze in der Hand in einem abgedunkelten Raum, vor einem Spiegel (vgl. Reddit.com 2012).

Eine Erklärungsmöglichkeit für etwaige Erscheinungen, die bei diesen Praktiken entstehen, liefert eine von Giovanni B. Caputo durchgeführte Studie aus dem Jahre 2010, bei der Versuchsteilnehmer zehn Minuten lang bei gedimmtem Licht in einen Spiegel blicken mussten. Im Anschluss daran beschrieb eine Mehrheit der Teilnehmer, verschiedene Dinge im Spiegel gesehen zu haben, wie etwa die Entstellung des eigenen Gesichts, eine andere Person, Tiere oder Monster (vgl. Caputo 2010: 1007). Auch wenn Caputo dieses Phänomen nicht gänzlich theoretisieren kann, formuliert er einen Erklärungsansatz: Es entstehe aus einem komplexen Zusammenspiel zwischen kognitiven Prozessen bei der Selbsterkenntnis im Spiegel und anderen kognitiven Prozessen, die beim längeren Fokussieren eines Objektes auftreten (vgl. Caputo 2010: 1008).

Das Spiel mit Spiegeln ist als Initiationsritus und spannender Zeitvertreib fest in der heutigen Jugendkultur verankert (vgl. auch Swendson 2009: 256). *Supernatural* bedient sich dieses leicht wiederzuerkennenden und nachzuspielenden Motivs und widmet der Geschichte um Bloody Mary eine ganze Folge der ersten Staffel.

Mit der Verwendung der Erzählung von Bloody Mary ist *Supernatural* in der US-amerikanischen populärkulturellen Landschaft nicht alleine: Zwei Filme (*Bloody Mary*, 2006, Regie: Richard Valentine; *The Legend of Bloody Mary*, 2008: Regie: John Stecenko) und einzelne Episoden von Mystery-Serien wie *X-Files* („Syzygy", 1996) und *Charmed* („Chick Flick", 2000) benutzen Bloody Mary als narratives Element. Jüngst trat Bloody Mary auch als Figur im Videospiel *The Wolf Among Us* („A Crooked Mile", 2014) auf.

2.2 Filmische Darstellung: Orientierung am J-Horror

Die fünfte Folge der ersten Staffel von *Supernatural* stieß beim Publikum auf besonders positive Resonanz, da die filmische Gestaltung der Bloody Mary sehr an Sadako bzw. Samara aus dem J-Horror *Ringu* (Nakata Hideo, 1998) und dem amerikanischen Remake *The Ring* (Gore Verbinski, 2002) erinnert. *Supernatural* trifft damit den Zeitgeist, denn 2005 waren japanische Horrorfilme im Westen sehr populär.

Schon im Aufbau der Episode kann man eine Parallele des Bloody-Mary-Motivs zu dem Fluch aus *Ringu / The Ring* erkennen. Ein kleines Mädchen ruft bei einer Übernachtungsparty als Teil einer Mutprobe Bloody Mary herbei. Dem spielenden Mädchen passiert nichts, aber gleich darauf stirbt ihr Vater vor dem Badezimmerspiegel (03:12). Das Rätsel, das es in dieser Folge zu lösen gilt, ist also, nach welchen Kriterien Bloody Mary ihre Opfer aussucht, wenn sie nicht zwingend denjenigen holt, der sie auch gerufen hat (09:00). In *Ringu* ist ebenfalls die Funktionsweise des Fluches und die Motivation des Geistes ein Rätsel, das erst im Laufe des Filmes durch Ermittlungen gelöst wird (vgl. Scherer 2011: 214).

Darüber hinaus lässt sich die visuelle Gestaltung der Bloody Mary in der Episode eindeutig auf Sadako bzw. Samara zurückführen. Hier vereint *Supernatural* Elemente, die sich im japanischen Original und im amerikanischen Remake von 2002 finden. Das Kostüm, das einer weißen Robe oder einem Nachthemd ähnelt, orientiert sich hier stärker an der Version aus dem Remake. Zwar ist die ursprünglich weiße Farbe noch erkennbar, aber das Kleid weist eine starke Verschmutzung und Zerschlissenheit auf, etwa im Saum-Bereich der Ärmel und des Rockes. Sadakos Kleid in *Ringu* hingegen ist nicht verschmutzt. Allen drei Figuren gemeinsam ist das lange schwarze Haar, das mit gesenktem Haupt nach vorne fällt und das Gesicht verdeckt.

Auch die wohl markanteste Szene aus *Ringu / The Ring*, in der das Mädchen dem Fernseher entsteigt, wird in *Supernatural* kopiert: Hier kriecht Bloody Mary aus dem Rahmen eines zerbrochenen Spiegels (vgl. Abb. 1). *Supernatural* orientiert sich auch hier stärker an der amerikanischen Adaption, besonders in der Art und Weise, wie Bloody Mary sich bewegt. Ihre Bewegungen wirken zwischendurch etwas abgehackt, da einzelne Frame-Abfolgen schneller abgespielt werden (36:58), ähnlich wie bei Samara aus *The Ring*, bei deren Bewegungen einzelne Frames vollständig ausgelassen werden (1:41:53).

In *Ringu / The Ring* ist der Fernseher das Medium, über das der Geist von Sadako in Erscheinung tritt und sich schließlich in der finalen Szene im Diesseits materialisiert. In *Supernatural* sind Spiegel die Wege, über die Bloody Mary ihre Opfer verfolgen kann, bevor sie sie schließlich tötet. Nicht nur Spiegel, sondern jegliche Form von reflektierenden, gläsernen Oberflächen können von Bloody

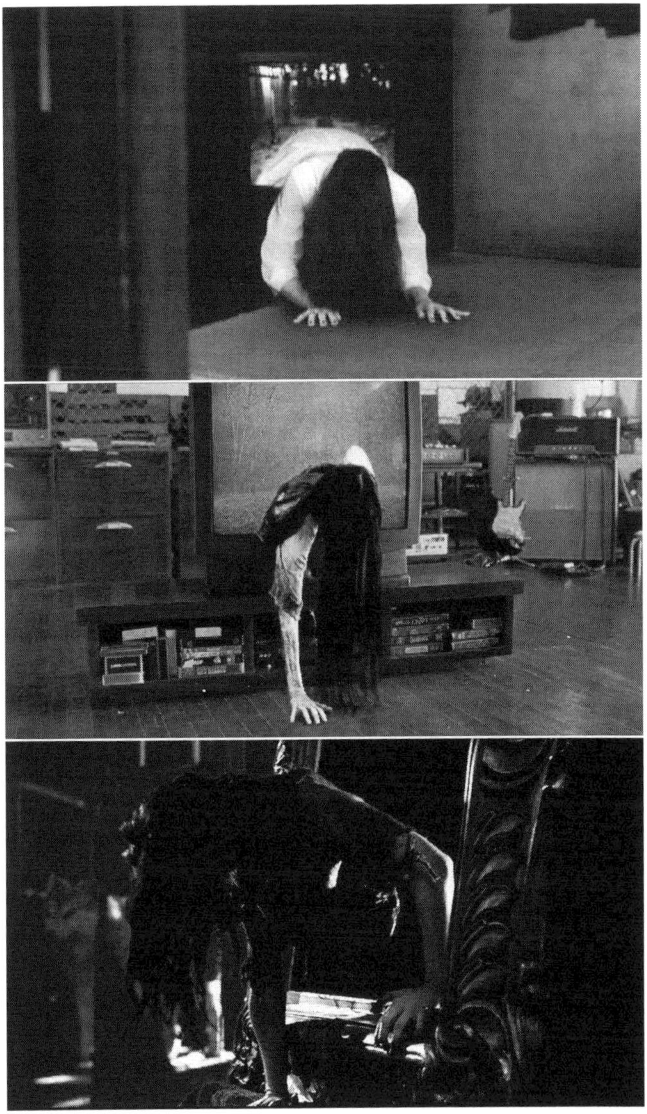

Abbildung 1: Direkte Gegenüberstellung der Erscheinungen von Sadako in *Ringu* (1998 Toho Films), Samara in *The Ring* (2002, Paramount) und Bloody Mary in *Supernatural* (2005, Warner Bros.).

Mary als Medium genutzt werden, wie etwa Fensterscheiben oder Brillengläser. Bloody Mary erscheint unter anderem in der spiegelnden Oberfläche eines Fernsehers – wie in *Ringu*, wo das gleiche geschieht, nachdem sich die Protagonistin das Video erstmals angesehen hat.

In *Ringu* wird durch die Kameraführung vor allen Dingen Sadakos Blick als Quelle der Zerstörung des Opfers ausgemacht (vgl. Scherer 2011: 224). In *Supernatural* findet sich ein ähnliches Motiv: Am Anfang der Folge wird dem Zuschauer vermittelt, dass Bloody Mary ihren Opfern die Augen auskratze, wenn sie mithilfe eines Spiegels herbeibeschworen werde (01:02). Die Opfer von Bloody Mary werden später entsprechend ohne Augen aufgefunden (06:15; 16:35). Im Falle des zweiten Opfers und später, bei der letzten Herbeirufung von Bloody Mary durch den Protagonisten Sam, wird der Zuschauer Zeuge von Bloody Marys Methode: Das Opfer steht vor einem Spiegel, und das eigene Spiegelbild bewegt sich unabhängig vom Opfer. Schließlich beginnt Blut aus den Augen zu laufen, und das Spiegelbild erinnert das Opfer an eine Schuld, die es mit sich trägt. Kurz darauf folgt der Tod (14:37). In *Ringu* / *The Ring* taucht Sadako / Samara auf und tötet, obwohl durch die Lösung des Rätsels und die Entdeckung ihrer Leiche im Brunnen ihr Fluch gebrochen sein sollte (vgl. Scherer 2011: 222). In *Supernatural* finden Sam und Dean den ursprünglichen Spiegel, mit dem Marys Geist verbunden ist, und zerstören diesen, um den Fluch zu brechen – was allerdings ebenfalls nicht abschließend gelingt. Bloody Mary kann am Ende nur durch ihr eigenes Spiegelbild, das Dean ihr vorhält, besiegt werden. Damit wird dem Blick von Bloody Mary – bzw. ihrem verheerenden Spiegelbild – eine ähnliche Zerstörungskraft zugeschrieben wie Sadakos Blick.

Betrachtet man den gesamten Spannungsbogen der Episode im Vergleich zu den *Ringu*-Filmen, so fallen auch hier einige Parallelen auf. Am Anfang der Geschichte steht ein unerklärlicher Tod, dann folgen die Ermittlungen bezüglich des Fluches, dessen Ursprung schließlich ausgemacht wird. Der so entdeckte weibliche Geist soll durch einen performativen Akt der Protagonisten (Hinabsteigen in den Brunnen / Herbeirufen von Bloody Mary in ihren eigenen Spiegel) unschädlich gemacht werden. Dies stellt sich aber, in einer letzten Plotwende, als ineffektiv heraus, und der Geist muss auf andere Weise besiegt werden. In *Ringu*

/ *The Ring* kann der Geist nicht vollständig besiegt werden und der Fluch verbreitet sich unaufhaltsam weiter. In *Supernatural* wird Bloody Mary hingegen schließlich durch ihr eigenes Spiegelbild vernichtet.

2.3 Funktion der modernen Sage in der Serie

Wie Catherine Tosenberger darstellt, ist die Art und Weise, wie Volkserzählungen und moderne Sagen in *Supernatural* verarbeitet werden, mit dem Konzept von Ostension zu beschreiben (vgl. Tosenberger 2010: 1.4). Das Konzept der Ostension wurde im Zusammenhang mit Volkserzählungen zuerst von Linda Dégh aufgebracht und durch Koven im Hinblick auf die populärkulturelle Verarbeitung aktualisiert. Es beschreibt die Darbietung von Volkserzählungen, im Gegensatz zu deren bloßer Erzählung (vgl. Koven 2008: 137). In seinem Werk *Film, Folklore and Urban Legends* (2008) schreibt Koven, dass jeder Text, der durch Populärkultur (insbesondere Filme) dargeboten wird, bereits eine Ostension beinhalte, da der Plot und damit auch die im Plot enthaltene folkloristische Erzählung über das Handeln der Figuren vermittelt werde und nicht durch bloße Narration (wie solche Geschichten ursprünglich weitergegeben wurden). Anstatt eine Figur nur von solchen folkloristischen Praktiken erzählen zu lassen, werden diese von den Protagonisten ausgeführt und auf diese Weise viel anschaulicher und für das Publikum nachvollziehbarer dargeboten. Die Referenz auf „echte" *urban legends* im Film dient dazu, die Fiktionalität des Films/der Serie scheinbar in Frage zu stellen und lädt das Publikum somit ein, über den Wahrheitsgehalt solcher Erzählungen aus dem Volksglauben zu spekulieren (vgl. Koven 2008: 139).

Dieses Verständnis der Darbietung von folkloristischen Motiven eignet sich sehr gut für die Betrachtung der Serie *Supernatural*. Tosenberger schreibt hierzu:

> [T]he series not only uses ostension because it is a mass-media text that dramatizes folk narratives, it also actively and consistently depicts ostension as a process. Almost every episode features the majority of the characters performing ostensive acts – and Sam and Dean, at least, are fully conscious of this ostension. (Tosenberger 2010: 1.5)

In *Supernatural* werden moderne Sagen also nicht nur erzählt, sie werden von den handelnden Charakteren dargeboten. Die Protagonisten vollziehen vorgegebene Handlungen und Rituale, um zu einem bestimmten Ergebnis zu kommen, das in den modernen Sagen vorhergesagt wird. Die Winchester-Brüder verbringen in jeder Folge einige Zeit damit, herauszufinden, um welches übernatürliche Wesen es sich handelt und mit welchen Mitteln es bekämpft werden kann, um schließlich die im Volksglauben überlieferten Handlungen auszuführen (vgl. Tosenberger 2010: 1.6). Damit wird das Übernatürliche durch eine nahezu logische Ursache-Wirkungs-Beziehung in das Realitätsgefüge eingegliedert, in dem sich auch das Publikum von *Supernatural* befindet (vgl. Brickley 2009: 263; Jensen 2009: 30; Rzeszotnik 2011: 249)[6]. Auch Line Nybro Petersen geht in ihrem Text über *Supernatural* und religiöse Elemente darauf ein, wie die Serie verschiedene Elemente in den Plot einbindet, um einen Anschein von Authentizität beim Publikum zu wecken:

> Furthermore, *Supernatural* often draws upon the history of supernatural concepts in order to challenge their popular image. In this way, the occult in *Supernatural* is made to seem authentic, allowing viewers to play with the idea that the show portrays something beyond fiction. [...] viewers are invited to link the fictional stories to the nonfictional world. In *Supernatural* the sense of connection to a distant past is strengthened by introducing figures from folklore and religious contexts [...] (Petersen 2010: 3.3)

Die Beschäftigung der Protagonisten mit Volksglauben und modernen Sagen in *Supernatural* ist zudem nicht von der Auffassung geprägt, dass derartige Praktiken ‚rückständig' seien. Damit teilt *Supernatural* eine weitere Eigenschaft mit den *X-Files*:

> Neither *The X-Files* nor *Supernatural,* for the most part, depict folklore solely as traces of ancient beliefs that have survived among ignorant peasants – *Supernatural,* in particular, relies heavily upon urban legends, which often circulate, both in real life and on the show, among contemporary middle-class educated Westerners. (Tosenberger 2010: 2.8)

Supernatural geht sogar noch weiter: Während die Protagonisten der *X-Files*, Mulder und Scully, als professionelles und teilweise skeptisches Agentenduo auftreten, zeigen Sam und Dean wesentlich weniger Skepsis bei ihren Ermittlungen

[6] Dieses Verhältnis wird in Genres wie dem *Found-Footage*-Horror noch weiter kompliziert, da die Prämisse des Genres ist, dem Zuschauer zu suggerieren, es handele sich um authentisches Filmmaterial, das nicht industriell produziert wurde und somit nicht fiktional ist.

zu übernatürlichen Phänomenen und sind darüber hinaus einer gänzlich anderen, niedrigeren sozialen Schicht als die FBI-Agenten zuzuordnen (vgl. Tosenberger 2010: 2.8).

In der fünften Folge der ersten Staffel von *Supernatural* wird die moderne Sage der Bloody Mary von einem kleinen Mädchen erzählt und daraufhin von einem anderen Mädchen als Teil eines *Truth-or-Dare*-Spiels praktiziert (02:21). Nachdem das erste Opfer zu Tode gekommen ist, treten die Winchester-Brüder auf und beginnen ihre Ermittlungen mit Zeugenbefragungen und einer Recherche in der örtlichen Bibliothek. Die Recherche zu übernatürlichen Wesen macht einen großen Teil der frühen Episoden von *Supernatural* aus. Brickley charakterisiert dies folgendermaßen: „[T]he aid and answers they seek usually reside, rather surprisingly, in newspapers, Web sites and folktale anthologies. In other words, the lowest rungs on the un-credible source list“ (Brickley 2009: 264). Die Erzählweise von *Supernatural* jedoch legitimiert diese Quellen. In der Episode *Bloody Mary* gelingt es den Winchester-Brüdern schließlich mithilfe ihrer Recherche, die verstorbene Mary Worthington ausfindig zu machen – und damit den Spiegel, an den ihr Geist gebunden ist. Am Höhepunkt dieser Episode (35:03) schließlich führt Sam die überlieferte Praktik aus, um anschließend den Spiegel zu zerschlagen und den Geist – wie er meint – unschädlich zu machen.

Die Funktion der Bloody-Mary-Sage in der Episode ist, wie in *Supernatural* üblich, dem Publikum einerseits ein bereits bekanntes Motiv zu liefern und durch dessen Wiedererkennungswert Interesse zu wecken, gleichzeitig aber auch mit einer neuen, transformierten Darstellungsweise ein neues Erlebnis zu ermöglichen. Bei der Bloody-Mary-Adaption liegt die Besonderheit darin, dass die Geschichte um den rächenden weiblichen Geist mit filmischen und strukturellen Anlehnungen an das *J-Horror*-Genre dargestellt wird.

Die Art und Weise, wie *Supernatural* moderne Sagen und andere Motive aus dem Volksglauben darbietet, bindet das Publikum in einer besonderen Weise ein. Die Protagonisten diskutieren die Authentizität von derartigen Erzählungen bewusst und regen damit das Publikum an, eigene Diskussionen zu führen oder sogar eigene Ermittlungen anzustellen (vgl. Tosenberger 2010: 1.2, 1.3). Die meisten Quellen, die die Winchester-Brüder bei ihren Ermittlungen benutzen –

etwa Zeitungsarchive und das Internet – stehen dem Publikum der Serie ebenso zur freien Verfügung. Zudem handelt es sich bei dem Spiegel, der in der Bloody-Mary-Erzählung zum Portal des Übernatürlichen wird, um einen alltäglichen Gegenstand. Das Medium, über das Bloody Mary sich materialisiert, hängt somit in jedem Badezimmer und das Publikum kann leicht dazu angeregt werden, die gezeigte Praktik selbst nachzuvollziehen.

Auch wenn es sich bei Bloody Mary um eine moderne Sage handelt, die eindeutig dem US-amerikanischen Volksglauben zugeordnet werden kann, ist das Motiv, wie es in der Serie dargestellt wird, ebenso für ein japanisches Publikum interessant. Ein Anhaltspunkt dafür ist die Tatsache, dass die Erzählung von Bloody Mary für eine Folge der japanischen Anime-Adaption der Serie ausgewählt wurde – in der allerdings die J-Horror-Anleihen wegfallen. Der Reiz dieses Motivs ist also nicht nur durch die filmische Darstellung zu erklären, sondern vielmehr durch die Transkulturalität der folkloristischen Bloody-Mary-Praktik, die Ähnlichkeiten mit japanischen modernen Sagen aufweist. Eine Praktik, die von meinen japanischen Interviewpartnerinnen im Rahmen meiner Rezeptionsstudie sehr häufig in diesem Zusammenhang erwähnt wurde, ist das sogenannte *kokkuri-san*, mit dem sich das folgende Kapitel genauer beschäftigt.

3 *Kokkuri-san* als Ostensive Play

Ich habe die Bloody-Mary-Folge für meine Rezeptionsstudie ausgewählt und sie meinen Interviewpartnerinnen in Auszügen gezeigt, da mich ihre Reaktionen auf die Darstellung dieser modernen Sage aus dem amerikanischen Volksglauben und das Spiel mit dem Spiegel interessierte. Anschließend habe ich die Interviewpartnerinnen zu ihren Eindrücken bezüglich der Ausschnitte, zur japanischen modernen Sage von „Hanako-san" und zu ähnlichen *urban legends* befragt. Die Mehrheit der Interviewpartnerinnen erwähnte bei der Frage nach ähnlichen modernen Sagen (jap. *toshi-densetsu*, „Stadt-Legende") die magische Praktik *kokkuri-san*.

Kokkuri-san ist, ebenso wie Bloody Mary, sowohl der Name einer modernen Sage als auch einer dazugehörigen folkloristischen Spielpraktik. Es handelt sich um ein Wahrsage-Spiel, das seit dem Ende des 19. Jahrhunderts in Japan gespielt wurde und in seiner heutigen Form in den 1970ern erneute Beliebtheit erlangte (vgl. Foster 2006: 251). Die Motive Bloody Mary und *kokkuri-san* weisen verschiedene Parallelen auf, etwa im Ursprung der Praktik, in der Art und Weise, wie die Praktik heute Verbreitung unter Kindern und Jugendlichen findet und schließlich in ihrer Eigenschaft als ostensives Spiel.

3.1 *Kokkuri-sans* Ursprung als hybride Praktik

Das Wahrsage-Spiel *kokkuri-san* wurde zuerst Ende der 1880er Jahre in Japan beliebt. Es war einfach zu spielen, da man dafür nur drei Bambusstäbe und den Deckel eines Reisbehälters brauchte. Diese Dinge wurden kombiniert zu einer Art Hocker, auf den die Spielenden ihre Hände legten und dann einen Geist namens *kokkuri-san* anriefen, durch dessen Einfluss sich dann angeblich der Hocker als Antwort auf gestellte Fragen bewegte (vgl. Foster 2006: 251). Die Bedeutungen des Namens *kokkuri* sind dabei vielfältig. Am häufigsten wird der Name mit den Schriftzeichen für die Tiere Fuchs, Hund und Tanuki (Marderhund) geschrieben, die im japanischen Volksglauben Wesen mit übernatürlichen Kräften (*yōkai*) sind. Fuchs und Hund wird nachgesagt, von Menschen Besitz ergreifen zu können, während Tanuki dem Volksglauben nach Fähigkeiten wie Gestaltwandlung haben (vgl. Foster 2006: 256). Andererseits umschreibt das Wort *kokkuri* auch den Laut, der beim Wackeln des Hockers entsteht (vgl. Foster 2006: 255). Auch in einem Farbholzschnitt aus den 1880er Jahren ist die Darstellung dieses Spiels zu erkennen, das hier (vgl. Abb. 2) von vier Frauen gespielt wird. Im Text wird anschaulich – sogar durch Verwendung von *step-by-step*-Abbildungen! – erklärt, wie der Leser drei Bambusstäbe zu einem Hocker kombiniert und so *kokkuri-san* herbeirufen kann. Im oberen Abschnitt des Holzschnittes sind zudem die *yōkai* Tanuki, Fuchs und Tengu (Vogelwesen) zu erkennen, die über dem Geschehen schweben. Die Verbindung dieses Spiels mit bereits bekannten *yōkai* unterstützt die Glaubwürdigkeit der beim Spielen entstehenden Phänomene und bringt eine Art Wiedererkennungswert mit sich. Foster schreibt hierzu:

> Each of the three graphs that were to make up *Kokkuri* alludes to a constellation of beliefs and legends that were no doubt evoked in the popular imagination. By linking the name of the technique to traditional entities, the experience of Kokkuri becomes animated by distinct, visualizable spirits; the odd behavior

> of the apparatus is attributed to the machinations of well-known, identifiable creatures. (Foster 2006: 256)

Auch wenn die Praktik von *kokkuri-san* auf diese Weise recht traditionalistisch im japanischen Volksglauben verortet wird, liegt der Ursprung doch zwischen den Kulturen. Es gibt verschiedene Theorien darüber, wie die Praktik nach Japan kam. Eine häufig genannte Theorie ist die, dass sie 1884 in New York erfunden wurde und im nächsten Jahr über Yokohama und die Vergnügungsdistrikte in Shinagawa nach Japan kam. Eine andere Theorie, die zum Beispiel von dem Philosophen Inoue Enryō vertreten wird, besagt, dass ein amerikanisches Schiff in Shimoda auf den Izu-Inseln gestrandet sei und die amerikanischen Seeleute das Spiel zusammen mit den dort lebenden Menschen gespielt hätten (vgl. Foster 2006: 258).

Eine vergleichbare folkloristische Praktik stellt zu dieser Zeit das amerikanische Table-Turning dar. Foster beschreibt die Praxis des Table-Turnings als eine ähnliche Methode wie die Séance[7], bei der ein Tisch sich bewegt und durch Rotieren, Heben und Senken der Beine mit den Spielenden kommuniziert. Diese Phänomene wurden geistigen Wesen und insbesondere den Geistern der Vorfahren zugeschrieben (vgl. Foster 2006: 259). Laut Foster ist es naheliegend, dass die Seeleute dieses Spiel gespielt haben könnten und dass dieses Spiel dann von der regionalen Bevölkerung aufgenommen und rekontextualisiert wurde: „One can imagine the practice being passed from place to place, accruing on its journey a richer and richer association with the native spirits of Japan“ (Foster 2006: 260). Er geht so weit, diesen Akt der Übertragung einer folkloristischen Praxis als „transculturation“, einen transkulturellen Austausch, zu bezeichnen (vgl. Foster 2006: 260).

Interessant ist auch der historische Kontext, in dem dieser Austausch stattfand. Japan befand sich zu dieser Zeit im Umbruch zwischen Vormoderne und Moderne. *Kokkuri-san* ist hier als hybride Praktik zwischen westlichem Einfluss und japanischem Volksglauben zu sehen. Ebenso kann diese Praktik entweder

[7] Eine spiritistische Sitzung, bei der unter Verwendung oder Anleitung eines Mediums mit übernatürlichen Wesen oder Verstorbenen Kontakt aufgenommen werden soll.

Abbildung 2: Die ursprüngliche Spielweise, bei der *kokkuri-san* mithilfe eines Hockers herbeigerufen wird (städt. Museum von Kawasaki 2001: 81).

in einem mystischen oder rationalen Kontext erklärt werden. Foster beschreibt diese Mehrdeutigkeit von *kokkuri-san* folgendermaßen:

> Indeed this period of interaction with the West and the advent of new ideas is characterized by an often paradoxical collusion of opposites combining dynamically to create a unique whole. [...] In playing Kokkuri, one was forced to contend with the question of what made it move; the different answers to this question [...] reveal how a range of people, from ordinary folk to the intellectual elite, grappled with the unexplainable, calling alternately on traditional mystic notions and newly developed scientific explanations. (Foster 2006: 253)

Kokkuri-san kam also zu einer Zeit auf, in der es als hybride Praktik durch verschiedene Deutungen in verschiedenste kulturelle Kontexte integriert werden konnte. Einerseits war es eine Praktik, die durch die Einflüsse des amerikanischen Spiritismus exotisch und neuartig wirkte, andererseits wurde sie mit den bekannten *yōkai* Fuchs, Hund und Tanuki in Verbindung gebracht. Die Bewegungen des Hockers konnten durch das Wirken von übernatürlichen Wesen erklärt werden, andererseits ließen sie sich auch auf psychologische Phänomene zurückführen, wie das unbewusste Bewegen des Tisches.

Kokkuri-san ist auch heute noch eine bekannte Praktik unter Jugendlichen und ist ähnlich wie „Bloody Mary" vor allen Dingen als Initiationsritus und ostensives Spiel einzuordnen.

3.2 *Kokkuri-san* als *urban legend* und Spiel

Die gegenwärtige Art, *kokkuri-san* zu spielen, unterscheidet sich in einigen Punkten von der ursprünglichen Spielweise mit dem Hocker, integriert aber ebenfalls alltägliche Elemente, zu denen jederzeit Zugang besteht. In meiner Befragung lieferte eine Interviewpartnerin die folgende Anleitung für *kokkuri-san*:

> Also, man nimmt ein Blatt Papier und auf dieses Blatt Papier schreibt man, angefangen mit „A, I, U, E, O", alle 50 Silbenzeichen und auch „YES" und „NO". Dann legt man eine 10 Yen Münze darauf. Dann macht man mit allen Leuten so [zeigt], also alle zusammen berühren die Münze mit dem Finger, und man sagt so etwas wie „Kokkuri-san, Kokkuri-san, bitte komm!" und dann, naja, dann stellt man die Fragen, die man wissen möchte, zum Beispiel: „Gibt es irgendjemanden, der mich mag?". Sowas fragen Mädchen dann. Und dann, naja, bewegt sich die Münze nach „Ja" oder „Nein". Und dann gibt es noch, naja, wenn man

> zum Beispiel eine Sache verlegt hat und sie wiederhaben möchte, kann man fragen: „Wo ist es?" und dann sagt es: „Da ist es", zum Beispiel, wenn das unter dem Tisch ist, dann geht es so [zeigt], naja, dann geht es über den Ort wo die 50 Silbenzeichen geschrieben sind hinaus, und zeigt. Und dann sagt man „Ach so."[8] (Frau C.)

Aus Papier und Kleingeld – Gegenständen, zu denen auch Kinder jederzeit Zugang haben – wird eine Art Spielfeld gefertigt, das dem heutigen amerikanischen Ouija-Brett ähnelt (vgl. Foster 2006: 251). Die Art der Fragen, die gestellt werden, sind ähnlich denen, die bei der traditionellen Variante von *kokkuri-san* gestellt werden – etwa über das Wetter und andere Dinge, die Menschen selbst nicht bestimmt vorhersagen können (vgl. Foster 2006: 255). Zusätzlich weist die Interviewpartnerin darauf hin, dass es eine typische Frage gebe, die Mädchen beim Spielen stellen: Ob es jemanden gibt, der sie mag. Bei folkloristischen Praktiken mit Spiegeln (zu denen die Bloody-Mary-Praktik gehört) ist es ebenfalls ein Ziel von Mädchen und jungen Frauen, das Gesicht des zukünftigen Ehemannes erblicken zu können (vgl. Tucker 2005: 200).

Die Interviewpartnerin weist jedoch ebenso auf Risiken beim Spiel hin:

> Naja und am Ende, also, muss man die ganze Zeit die 10-Yen-Münze berühren, und Kokkuri-san muss auch zurück gehen, also, wenn man mittendrin aus Versehen den Finger von der Münze nimmt, dann kann es sein, dass etwas Furchtbares passiert. Deswegen muss man sagen: „Kokkuri-san, Kokkuri-san, bitte geh wieder zurück", und wenn er dann sagt: „Ja", dann ist das Spiel vorbei. Aber es kann auch sein, dass er im Haus bleibt, dass er nie wieder zurückgeht, und dann ist das Spiel nie vorbei. Deswegen, wenn man aufhören will und dann die Münze loslässt, kann es sein, dass danach Kokkuri-san kommt und spukt. Solche gruseligen Geschichten gibt es auch. Kokkuri-san hat die Form eines Fuchses. Das ist bekannt, er hat neun Schwänze. Ist ein *yōkai.* (Frau C.)

Kokkuri-san bietet einerseits Antworten auf Fragen, die von den Spielenden gestellt werden. Andererseits wird im Spiel auch eine Gefahr gesehen, da der *yōkai* sich weigern könnte, wieder zu verschwinden bzw. es nur durch bestimmte Vorkehrungen möglich ist, ihn unter Kontrolle zu halten. Dies ähnelt der Bloody-Mary-Praktik, bei der die Möglichkeit angenommen wird, von dem Wesen im Spiegel verletzt zu werden (vgl. Tucker 2005: 187). Nicht nur Frau C. verwies im

[8] Die Interviewteile wurden von der Autorin aus dem Japanischen übersetzt.

Interview auf die Risiken des Spiels. Auch im Interview mit Frau A. wurden diese erwähnt: „Wenn man Kokkuri-san macht, dann bleibt dieser Fuchs ein ganzes Leben. Auch wenn man aufhört, dann wird dieser Fuchs immer bleiben. Das ist nicht gut" (Frau A.). Frau E. wiederum erzählt im Interview, dass sie die Praktik von *kokkuri-san* zwar gut kenne, allerdings nur von populärkulturellen Darstellungen, und es selbst noch nie gemacht habe, da dies zu gruselig sei. Frau B. stellt fest, dass ihr selbst beim Spielen noch nie etwas Übernatürliches widerfahren sei, und Frau D. erklärt, dass sie nicht daran glaube.

Kokkuri-san ist, wie an diesen Aussagen erkennbar, als ostensive Spielpraktik unter jungen Menschen in Japan weit verbreitet. Auch wenn ein Teil der Interviewpartnerinnen, wie sie selbst erklären, nicht an die Existenz von übernatürlichen Dingen glauben, oder in ihrem Spiel enttäuscht worden sind, weil nichts passierte (wie dies bei Frau B. und Frau D. der Fall ist), so haben sie doch das Spiel zumindest einmal ausprobiert. Tosenberger beschreibt genau eine solche ausprobierende Handlung als das stärkste Merkmal von Ostension (vgl. Tosenberger 2010: 3.4). Die Spieler führen die Praktik *kokkuri-san* aus, da sie nicht von vornherein deren Potential für ein übernatürliches Erlebnis ausschließen.

Die kleine Anzahl von qualitativen Interviews, die ich in Japan geführt habe, reicht natürlich nicht aus, um eine Aussage über die tatsächliche Popularität von derartigen Spielen treffen zu können. Allerdings hat Imaizumi Toshiaki im Jahre 1995 eine Studie veröffentlicht, die die Kenntnis der Praktik *kokkuri-san* sowie die Spielerfahrung und Deutung unter verschiedenen Altersgruppen in Japan erfasst. Diese Studie umfasst 1636 Versuchsteilnehmer zwischen 20 und 69 Jahren. Imaizumi teilt die Versuchsteilnehmer aufgrund der Ergebnisse der Studie in drei Kohorten ein. Eine Kenntnis von und Erfahrung mit dem Spiel *kokkuri-san* ist besonders bei der Kohorte der 20- bis 39-Jährigen vorhanden (zwischen 93,7 % und 99,5 %), sowie bei der älteren Kohorte der 60- bis 69-Jährigen (zwischen 77,1 % und 88,2 %) (vgl. Imaizumi 1995: 34). Die Nachkriegsgeneration und Generation des anhaltenden Wirtschaftswachstums weist eine schwächere Kenntnis der Praktik auf. Bei der reinen Kenntnis der Praktik ist kein Unterschied zwischen den Geschlechtern erkennbar. Allerdings sind es vor allen Dingen Frauen, die das Spiel selbst gespielt haben (vgl. Imaizumi 1995: 34).

Kenntnis der Praktik haben die meisten Befragten von Freunden in der Grundschule und Mittelschule erhalten. Dies deckt sich mit den Erfahrungen meiner Interviewpartnerinnen. Die meisten der von Imaizumi Befragten, die angaben, das Spiel selbst gespielt zu haben, taten dies ausschließlich während der Adoleszenz (vgl. Imaizumi 1995: 37). Diese Verbindung unterstützt das Verständnis der Praktik von *kokkuri-san* als Initiationsritus, der gemeinsam unter Kindern und Jugendlichen praktiziert wird.

Laut Lisette Gebhardt lässt sich *kokkuri-san* in dem Boom von *ikai*-Diskursen verorten, die in Japan vermehrt in den 1980er Jahren aufkamen. Das Wort *ikai* wurde neu geschaffen, um über die Art von „anderer Welt“ zu sprechen, die in *urban legends* wie *kuchisake onna*[9], Hanako-san oder *kokkuri-san* in die moderne Alltagswelt der Stadtbevölkerung aufgenommen wird. Besondere Popularität erlangte die von Tsunemitsu Tōru seit 1990 veröffentlichte Bücherreihe *Gakkō no Kaidan* („Spukgeschichten aus der Schule“), die mehrfach verfilmt wurde (vgl. Gebhardt 2001: Internet).

Populärkulturelle Verarbeitungen dieser modernen Sagen und folkloristischen Praktiken sind neben den Erzählungen von Freunden und Schulkameraden ebenfalls eine Quelle, über die Jugendliche mit diesen Geistergeschichten in Berührung kommen. Nach Imaizumis Studie ist der Anteil von Jugendlichen, die über Massenmedien das erste Mal mit diesen Geschichten in Berührung gekommen sind, zwar sehr gering (Imaizumi 1995: 36), aber in meinen Interviews wurden Verfilmungen und Fernsehprogramme als Referenzpunkt zu dieser Art von Geistergeschichten mehrfach erwähnt (Frau B. und Frau E.). Da Imaizumis Studie nun schon zwei Dekaden zurückliegt, kann man mutmaßen, dass die Populärkultur bei der Reflexion und Verbreitung von modernen Sagen und Motiven aus dem Volksglauben seit dieser Zeit eine immer stärkere Rolle spielt.

Auch wenn aus kleinen qualitativen und quantitativen Studien keine allgemeingültigen Schlüsse zum Verhältnis von ostensiven Praktiken und Populärkultur gewonnen werden können, so bleibt doch festzuhalten, dass eine breite

---

9 Eine moderne Sage um eine Frau, die in den Straßen umgeht und ihr entstelltes Gesicht mit einem Mundschutz verbirgt, der in Japan üblicherweise getragen wird, um Ansteckungen bei Erkältungen zu vermeiden.

Kenntnis derartiger Praktiken unter Jugendlichen besteht. Insbesondere in den 1980er und 1990er Jahren lässt sich ein Boom dieser Geschichten in der japanischen Populärkultur ausmachen. Es ist davon auszugehen, dass hier eine kreative Wechselbeziehung zwischen Populärkultur und ostensiven Spielen besteht, die tatsächlich unter Kindern und Jugendlichen gespielt werden.

4 Fazit

Auch wenn es sich bei den modernen Sagen, die vornehmlich in der ersten Staffel der TV-Serie *Supernatural* verarbeitet werden, um Elemente aus dem amerikanischen Volksglauben handelt, so sind die Motive doch für ein internationales (in diesem Fall japanisches) Zielpublikum verständlich und haben einen gewissen Wiedererkennungswert.

Das Beispiel der Erzählung von Bloody Mary in der fünften Episode zeigt, dass hier auf verschiedenen Ebenen eine transkulturelle Ausrichtung vorliegt, die eine globale Rezeption ermöglicht. Zum einen erinnern die filmische Darstellung und der Handlungsbogen der Episode sehr stark an den populären japanischen Horrorfilm *Ringu* und die amerikanische Adaption *The Ring*. Die Figur der Bloody Mary wird beinahe als Kopie von Sadako, bzw. Samara inszeniert. Dadurch erlangt die Figur Bloody Mary, so wie sie in *Supernatural* dargestellt wird, einen starken Wiedererkennungswert.

Darüber hinaus greift die Behandlung von Motiven aus dem Volksglauben und modernen Sagen in *Supernatural* häufig auf ostensive Darstellungsweisen zurück: Folkloristische Praktiken, wie das Herbeirufen von Bloody Mary vor dem Spiegel, werden in der Serie nicht nur von den handelnden Charakteren dargestellt, das Publikum wird außerdem sehr stark mit einbezogen. Die übernatürlichen Elemente werden in der TV-Serie als Teil der modernen Alltagswelt erklärt und logischen Ursache-Wirkungs-Beziehungen zugeordnet. Da die Protagonisten Sam und Dean bei der Recherche zu den übernatürlichen Wesen und bei deren Bekämpfung zumeist Gebrauch von alltäglichen Dingen machen, wird das Publikum eingeladen, diese Praktiken auch einmal zu versuchen.

Ostensive Spiele wie Bloody Mary und *kokkuri-san* sind vornehmlich unter Kindern und Jugendlichen verbreitet. Die Praktiken ähneln sich dabei sehr stark in ihrer Ausführung: Sie werden gemeinsam mit Freunden während der Adoleszenz praktiziert, ein übernatürliches Wesen wird befragt, und es heißt, sie bergen ein gewisses Risiko. *Kokkuri-san* wurde über die Verbindung zu *yōkai* in den japanischen Volksglauben eingegliedert, war aber bereits von Anfang an von westlichen spirituellen Praktiken wie dem Table-Turning beeinflusst.

Aufgrund ihrer Ähnlichkeit oder tatsächlicher Verbindungen durch transkulturellen Austausch bieten derartige folkloristische Praktiken interessante Motive für populärkulturelle Verarbeitungen. Auch die Bloody-Mary-Erzählung in *Supernatural* gewinnt auf diese Weise ein transkulturelles Potential: Der Reichtum an folkloristischen Motiven in der japanischen Kultur, die Hybridität und transkulturell geprägte Geschichte dieser Motive und das Aufgreifen bekannter Horror-Stilmittel ermöglichen eine fruchtbare assoziative Rezeption, unabhängig vom kulturellen Ursprung der Erzählung und der kulturellen Herkunft des Publikums.

Literatur

Bebber, Jörg van (2011): „Dawn of an Evil Millenium: Horror/Kultur im neuen Jahrtausend" [Einleitung]. In: van Bebber, Jörg (Hg.) (2011): *Dawn of an Evil Millenium: Horror/Kultur im neuen Jahrtausend*. Darmstadt, Büchner Verlag, S. 17–26.

Brickley, London E. (2009): „Ghouls in Cyberspace – *Supernatural* Sources in the Modern, Demon-Blogging World". In: DeCandido, Keith R. A. (H.g.) (2009): *In the Hunt: Unauthorized Essays on* Supernatural. Dallas: Benbella Books, S. 263–273.

Caputo, Giovanni B. (2010): „Strange-Face-in-the-Mirror Illusion". In: *Perception*, Vol. 39, S. 1007–1008.

Foster, Michael Dylan (2006): „Strange Games and Enchanted Science: The Mystery of Kokkuri". In: *The Journal of Asian Studies*, Vol. 65, Number 2, S. 251–275.

Imaizumi, Toshiaki (1995): „Kokkuri-san ni kansuru shakai shinrigakuteki chōsa: 1930 nendai kara 1992 nen made no ryūkō shi" [Eine gesellschaftlich-psychologische Untersuchung über Kokkuri-san, die Geschichte der Verbreitung von den 1930ern bis ins Jahr 1992]. In: *Shūkyō to shakai*, 6 (1), S. 29–48.

Jensen, Randall M. (2009): „What's Supernatural about *Supernatural*?". In: DeCandido, Keith R. A. (H.g.) (2009): *In the Hunt: Unauthorized Essays on* Supernatural. Dallas: Benbella Books, S. 27–37.

Kawasaki-shi shimin myūjiamu [„Städt. Museum von Kawasaki"] (2001): *Majinai to uranai* [„Zaubersprüche und Wahrsagen"]. Kawasaki: Kawasaki-shi Shimin Museum.

Koven, Mikel J. (2008): *Film, Folklore and Urban Legends*. Lanham, Maryland; Toronto; Plymouth, UK: The Scarecrow Press Inc.

Petersen, Line Nybro (2010): „Renegotiating religious imaginations through transformations of ‚banal religion' in *Supernatural*". In: *Transformative Works and Cultures*, Number 4.

Rzeszotnik, Jacek (2011): „‚Star Wars in Truck-Stop America' Supernatural – zur Hölle mit dem Bösen (2005–) oder Han Solo und Luke Skywalker auf der Monsterjagd". In: van Bebber, Jörg (Hg.) (2011): *Dawn of an Evil Millenium: Horror/Kultur im neuen Jahrtausend*. Darmstadt, Büchner Verlag, S. 249–258.

Scherer, Elisabeth (2011): *Spuk der Frauenseele: weibliche Geister im japanischen Film und ihre kulturhistorischen Ursprünge*. Bielefeld: Transcript Verlag.

Swendson, Shanna (2009): „Keepers of the Lore". In: DeCandido, Keith R. A. (H.g.) (2009): *In the Hunt: Unauthorized Essays on* Supernatural. Dallas: Benbella Books, S. 251–261.

Tucker, Elizabeth (2005): „Ghosts in Mirrors: Reflections of the Self". In: *Journal of American Folklore*, Vol. 118, Number 468, Spring 2005, S. 186–203.

Tosenberger, Catherine (2010): „‚Kinda like the folklore of its day': *Supernatural*, fairy tales, and ostension". In: *Transformative Works and Cultures*, Number 4.

Filmographie

Nakata, Hideo (1998): *Ringu*. Toho Films.

Verbinski, Gore (2002): *The Ring*. Dreamworks SKG.

TV-Serie

Supernatural, Season 1, Episode 5: *Bloody Mary* (2005) Regie: Peter Ellis, Drehbuch: Eric Kripke, Ron Milbauer, Terri Hughes Burton.

Supernatural, Season 1 Making-Of. DVD-Bonus Features (2008).

Internetquellen

Gebhardt, Lisette (2001): *Report from a research on the ‚intellectual ikai' of contemporary Japan*. http://www.japanologie.uni-frankfurt.de/japlehre/geb/intelikai.html [Onlineversion von: *Japan Anthropology Workshop Newsletter, No. 33*: S. 19–33.] [4.9.2013].

Reddit.com (2012): *Please don't actually try this*. http://www.reddit.com/r/nosleep/comments/wbo0u/please_dont_actually_try_this/ [4.9.2013].